编 著 王雪珍 俞雪华

CAIWU FENXI YU ANLI YANJIU

财务分析与案例研究

（第二版）

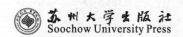
苏州大学出版社
Soochow University Press

图书在版编目(CIP)数据

财务分析与案例研究 / 王雪珍,俞雪华编著. —2版. —苏州:苏州大学出版社,2019.8
ISBN 978-7-5672-2914-3

Ⅰ.①财… Ⅱ.①王… ②俞… Ⅲ.①会计分析 – 高等学校 – 教材 Ⅳ.①F231.2

中国版本图书馆 CIP 数据核字(2019)第 158894 号

财务分析与案例研究(第二版)
王雪珍　俞雪华　编著
责任编辑　孙志涛

苏州大学出版社出版发行
(地址:苏州市十梓街1号　邮编:215006)
丹阳兴华印务有限公司印装
(地址:丹阳市胡桥镇　邮编:212313)

开本 787 mm×960 mm　1/16　印张 15.25　字数 316 千
2019 年 8 月第 2 版　2019 年 8 月第 1 次印刷
ISBN 978-7-5672-2914-3　定价:46.00 元

苏州大学版图书若有印装错误,本社负责调换
苏州大学出版社营销部　电话:0512 – 67481020
苏州大学出版社网址　http://www.sudapress.com
苏州大学出版社邮箱　sdcbs@ suda. edu. cn

第二版前言

伴随着我国企业改革的不断深入，在财务分析中出现了许多新领域、新问题，需要我们在吸收国内外最新研究成果的基础上，努力探索，勇于实践。对于广大的经营者而言，熟悉财务分析的基本方法和技巧显得尤为重要。本书在第一版的基础上做了大量调整，如第二章财务分析，运用近几年企业的财务报表分析替换了原来的案例分析；第三章财务预算管理，增加了10张财务预算的分析表替换原来的案例分析，另外每一章后面增加了一些练习题。本书的特色是：既介绍财务分析的理论知识，又借鉴国内外同类教材的经验，且以案例分析为主，既有理论性又有实践性，既保持严谨性又注重生动性。旨在为读者建立一个理论与实践相结合的实际通道。

本书按财务管理的教学顺序编排，一共分为八章。每章首先介绍相关的财务分析的理论知识。其次，引入两至三个案例，这些案例都是在我国企业中发生的真实事件，非常具有典型性，对于企业经营者进行财务分析具有一定的参考意义。每个案例相对独立，并由三个部分组成：（1）案例的基本情况，主要是让分析者了解案例的背景资料；（2）案例分析，主要是针对案例中出现的情景做相应的分析，如指出问题的性质，采用一定的财务分析方法找出产生问题的原因，提出解决问题的办法；（3）问题探讨，主要是针对案例中存在的问题，做进一步的分析探讨，如案例中给我们提供了有益的启示等。最后，给出思考题和案例分析题，以便加深读者对相关理论知识的理解。这些案例研究不是唯一答案，仅供读者参考。

本书由俞雪华执笔第一、二、五、六章，王雪珍执笔第三、四、八章，闫京萍执笔第七章。全书由王雪珍最后定稿。

限于时间和水平，本书可能还有不足之处，恳请读者批评指正。

作 者
2019年1月

目 录

第一章 绪论 …………………………………………………………… (1)
   第一节 案例教学法及其作用 ……………………………………… (1)
   第二节 财务管理的特点与财务案例研究 ………………………… (5)
   第三节 财务管理案例教学的组织 ………………………………… (9)

第二章 财务分析与案例 ……………………………………………… (11)
   第一节 理论概述 …………………………………………………… (11)
   第二节 上海汽车财务状况综合分析 ……………………………… (32)
   第三节 红豆集团有限公司营运能力分析 ………………………… (37)

第三章 财务预算管理案例 …………………………………………… (49)
   第一节 理论概述 …………………………………………………… (49)
   第二节 山东华乐集团全面预算管理制度案例 …………………… (60)
   第三节 山东华乐集团全面预算管理的运行案例 ………………… (73)
   第四节 东方公司财务预算编制案例 ……………………………… (103)

第四章 筹资管理案例 ………………………………………………… (118)
   第一节 理论概述 …………………………………………………… (118)
   第二节 可转换债券发行案例 ……………………………………… (129)
   第三节 可转换债券转股案例 ……………………………………… (134)

第五章 投资管理案例 ………………………………………………… (144)
   第一节 理论概述 …………………………………………………… (144)
   第二节 新光照相机厂项目投资决策分析案例 …………………… (160)
   第三节 新钢公司新增生产能力投资额预测分析案例 …………… (166)

第六章　成本费用管理案例 …………………………………………… (172)
第一节　理论概述 …………………………………………………… (172)
第二节　大地化工公司的目标成本管理案例 ……………………… (188)
第三节　兖州矿业集团东滩煤矿的管理费用控制案例 …………… (191)

第七章　股利决策案例 ………………………………………………… (197)
第一节　理论概述 …………………………………………………… (197)
第二节　高额派现股利政策案例 …………………………………… (208)
第三节　混合股利政策案例 ………………………………………… (210)

第八章　财务预警案例 ………………………………………………… (218)
第一节　理论概述 …………………………………………………… (218)
第二节　中港集团财务风险控制制度案例 ………………………… (227)

第一章 绪　论

　　财务管理学是研究如何对企业的资金运动进行规划和控制的一门应用性管理学科。它是高等财经院校会计专业和财务管理专业的专业核心课。通过开设财务管理学课程，旨在使学生树立科学的理财新观念，系统掌握企业理财的方法和手段，培养学生具有较强的财务决策、计划、控制和分析能力。为了达到财务管理学的教学目标，除了传统的课堂讲授式的理论教学以外，还通过结合财务管理的特点革新教学方法，理论联系实际，使学生能够学以致用。而案例教学是适合财务管理教学的一种有效方法。

第一节　案例教学法及其作用

　　案例教学法是一种具有启发性、实践性，能提高学生决策能力和综合素质的新型的教学方法。案例教学法已风靡全球，成为工商管理教育的基本方式之一。

一、案例教学法的含义

　　"案例"一词来源于英语的 case，原意为情况、事情、病例、案件、战例等。翻译成中文在不同的领域里其意思不同，在医学上译为病例，在法律上译为判例，在军事上译为战例，在经济及企业管理领域里一般翻译为实例或案例。

　　案例教学法是一种具有启发性、讨论性、实践性，能激发学生创造思维能力，提高学生判断分析能力、决策能力和综合素质的一种新型教学方法。

　　把财务管理典型案例应用于课堂教学，通过教师讲授、组织学生讨论、撰写案例分析报告及最后教师进行归纳总结讲评等过程来实现教学目的的教学方法，我们称之为财务管理案例教学法。

　　案例教学始于美国。20世纪初，哈佛大学管理学院开始在课堂教学中讲授企业的实际事例，然后在课堂上让学生讨论，这是企业管理案例教学的雏形。到了30年代，案例教学作为一种独特的教学方法，逐渐在有关商学院的教学实践中使用，并不断得到发展。目前，西方各大学的工商管理、会计与财务管理等学科普遍采用案例教学。80年代，随着我国的改革开放，案例教学开始引入我国，但因为种种原因，案例教学法未能在我国高等财经院校中得到广泛应用。进入 90 年代，我国 MBA（工商管理硕士）教育事业蓬勃发展，MBA 教育主要是培养在日益纷繁复杂的管理环境下，能够进行独立思考、科学决策的高级应用型管理人才。案例教学法的独特优势开始得到开展 MBA 教育的大学的重视，它们在课堂教学中逐步实施案例教学法，并受到绝大多数学生的欢迎。目前，许多高等财经院校和大学中的商学院都引入了财务管理案例教学。在财务管理教学中引入案例教学相比于传统的课堂教学具有不可替代的作用。

二、案例教学的作用

1. 财务管理案例教学既可强化与巩固学生所学的财务管理理论和方法，又可增强与提高学生实际操作能力

财务管理是企业为了达到既定的生产经营目标，对生产经营过程中所需资金的筹集和形成、投放、运用和周转、耗费和成本、收回和分配，以及贯穿于全过程的财务预测、决策、预算、控制和分析考核等所进行的全面管理工作。财务管理是以价值形式对企业经济资源所进行的一项综合性管理。作为管理学的分支，它包括丰富的管理价值观念、管理内容和多样化的管理方法。财务管理理论和方法具有一定的抽象性和综合性。如果我们仍然采用传统的教学方法，在课堂上限于理论讲授、布置一定量的课外练习要求学生按期完成、期末通过考试考核和检验学生掌握财务管理理论知识的程度，其教学效果将难以达到课程培养目标的要求。学生即使通过死记硬背，一时记住了一大堆的财务管理概念、原则和计算方法，在面临企业财务管理实际时，仍然不懂得该如何运用财务管理方法去解决问题。高分低能的学生，社会是不会欢迎的。使用案例教学法，组织学生进行案例讨论，有针对性地运用财务管理理论和方法去分析问题，学生不仅要知其然，而且要知其所以然，可以加深对课堂教学内容的理解。另外，在案例讨论中，学生还会发现自己在学习该课程时的薄弱环节，从而在平时的学习中加以弥补。例如，通过提供公司筹资的案例，让学生讨论和了解，在特定的宏观金融环境和特定的公司财务状况下，如何分析、选择对公司有利的筹资渠道和方式，并确定公司的最佳资金结构。学生通过案例的学习和讨论，就能够牢固地掌握财务管理的筹资理论和分析方法，并在以后的实际工作中加以灵活运用。

2. 财务管理案例教学有利于激发学生的创新性思维，并提高其自学能力

知识经济时代的高等教育越来越注重培养学生的创新思维和创新能力。案例教学法作为一种独特的教学方法，它不仅要在课堂上传播已有的经济管理理论知识，而且更重视培养学生的独立思考能力，重视开发学生的创新思维。在案例中设置各种问题，让学生经过独立思考，充分考虑公司的约束性条件，创造性地提出解决问题的方案和措施，并利用已学的理论和方法，对解决问题的方案进行论证、分析、评价及优化。学生在积极参与讨论和分析案例的过程中，其创新性思维能力将不断得到锻炼和

强化。例如，提供公司进行项目投资决策的案例，在案例中涉及投资项目的物理寿命周期和经济寿命周期的预测资料、投资项目在寿命周期内每年现金流量的预测资料、资本市场利率的未来发展趋势预测资料、项目投资风险的预测资料、项目融资规模与公司资本结构变动对财务风险的影响等，上述资料的预测方法是否科学合理，需要学生独立思考，认真分析评价，创造性地提出多种备选方案，然后利用已学过的项目投资决策分析方法从不同角度进行评价，选出合理满意的投资方案。在讨论分析过程中，学生的理论知识得到深化，同时创新思维能力增强。

3. 财务管理案例教学有利于调动学生的积极性和主动性

传统的财务管理教学方法主要注重于传授理论知识，强调理论的系统性，在课堂教学中，知识是一种单向的流动，学生处于被动接受知识的地位。虽然有些教师在讲授进程中也采用提问式和启发式教学法，但在整个教学环节中所占的比重还是较低的。"满堂灌"的教学模式难以调动学生的学习积极性。现代高等教育为适应现代科技广泛应用的发展趋势和要求，越来越注重学生的参与。案例教学是互动式的教学，在课堂教学中强调教师和学生知识、观念的互动交流，学生在进行案例讨论时，充当企业管理者"当事人"角色，身临其境，思考企业在特定环境下面临的问题，提出解决问题的方案。学生在学习中有了成就感，这样就能有效地调动学生的学习积极性和主动性。

4. 财务管理案例教学有利于提高学生的语言表达能力和文字表达能力

财务管理案例教学要求学生参与案例的讨论，积极发言，对案例中的问题发表自己的管理观念、解决问题的方案和措施，而且允许学生相互辩论，这对提高学生的思辨能力和语言表达能力是很有帮助的。另外，学生在案例讨论之前，必须进行充分的准备，要求写出发言提纲，在案例讨论结束之后，要求撰写案例分析报告。例如，公司筹资案例要求学生写出筹资计划分析报告，项目投资案例要求写出项目投资可行性分析报告，综合财务案例要求写出年度财务分析报告等，这些都有利于提高学生的财经写作能力。

5. 财务管理案例教学有利于促进教师理论和业务水平的提高

财务管理案例教学注重案例选编的针对性、启发性和客观实践性，要求授课教师不仅具有较高的财务管理理论水平，而且要有相当的管理实践经验，这有利于教师理论和业务水平的提高。教师在选择和编写案例过程中，要考虑课程培养目标的要求，注重通过案例教学提高学生分析问题和解决问题的能力。每个案例的设计都应该体现财务管理课程的重点和难点，让学生在案例讨论中得到启发，加深对课程内容的理解。

三、财务管理案例的种类

财务管理教学案例是为了适应教学目的的需要，围绕一定问题，在对有关企业单位和其他相关部门进行广泛调查研究的基础上所编写的，反映财务管理典型业务的实例。有学者提出按以下三个标志对财务管理教学案例进行分类。

1. 按案例的功能，分为描述性案例和分析性案例

描述性案例通常是把企业经济活动和经营管理情况原原本本地、具体生动地描述出来，学生通过阅读案例，可以了解企业的情况，掌握管理理论，积累实际资料，丰富专业知识。这是一种示范性的业务实例，它本身就给学生以具体的管理知识，而不要求学生做出答案。这种案例通常用于课堂讲授。

分析性案例是指在描述过程中既记叙情况，又隐含一定的问题，要求学生通过分析把这些问题发掘出来，并指出问题的性质，找出产生问题的原因，提出解决问题的办法。这种案例适用于案例讨论。

描述性案例和分析性案例事实上是很难截然划分开的。一个描述性案例不可能没有一点不需要分析的问题，而分析性案例则肯定要在详细描述事实的基础上展开，所以这种分类是相对的。

2. 按案例的范围，分为专题性案例和综合性案例

专题性案例是针对企业财务管理中的某一问题编成的案例，如企业资金筹集决策案例、长期投资决策案例、目标利润制定案例等。

综合性案例是针对企业财务管理中某几个有关联的问题或企业财务管理的整体性问题综合编成的案例，如企业财务状况分析案例、企业经济效益分析案例、企业内部财务管理体制案例等。

由于财务管理的内容具有层次性，专题性案例和综合性案例的区分也是相对的。例如，流动资金管理案例相对于整个财务管理来说是专题性案例，但相对于货币资金管理来说则属于综合性案例。

3. 按所用的分析方法，分为定性分析案例、定量分析案例和定性与定量相结合的案例

定性分析案例是运用财务管理的基本理论和知识分析案例的含义以及蕴含的理念，并从中得到启示，以分析为主，没有或有较少的计算。

定量分析案例是运用财务管理的基本模型和公式，对财务活动做出数据上的测定，进而做出判断和决策。

单纯的定量案例与作业题相似，往往不能体现管理案例所应有的特征和功能。但是，财务管理教学案例又离不开财务数据，完全不需要进行定量分析的财务管理教学案例实际上是很罕见的。因此，财务管理教学通常采用定性与定量相结合的案例。

第二节　财务管理的特点与财务案例研究

财务管理学是一门研究如何最佳控制资金运动和处理财务关系的学科，具体内容由资金筹集、资金投放、资金营运和盈利分配等几大部分组成。在上述几个部分中，均涉及处理与企业相关的各种利益集团间的利益关系，即处理财务关系的问题。但在企业筹资、投资和盈利分配中并不存在一个强制性的法律上的目标，甚至也不存在一个理论界和实务界所公认的目标。在实际中，财务目标完全是随企业相关利益集团的利益矛盾变化而变化的。这样，就不可避免地存在多种财务目标及财务目标的多样化，必然带来分析方法的复杂化和结论的多元化。

一门课程的教学规律，往往取决于该学科本身的规律，财务管理的特点决定了财务管理学的教学至少应当把握以下特点。

一、财务管理内容具有系统性

财务管理是基于企业再生产过程中客观存在的财务活动和财务关系而产生的，是企业组织财务活动、处理与各方面财务关系的一项经济管理工作。财务管理内容的特点导致财务管理学具有很强的系统性。财务管理包含着有机联系的这样几个方面的基本内容：

1. 资金筹集管理

企业从各种渠道筹集资金是资金活动的起点。企业筹集资金，可以通过吸收国家拨入款项、发行股票等方式形成所有者权益。投资者包括其他企业、单位和个人等。此外，企业还可通过向银行借款、发行债券、应付款项等方式来吸收借入资金，构成企业的负债。企业从投资者、债权人那里筹集资金，需要考虑资金的需要量、资金需要的时间、资金成本、资金结构等问题。

2. 资金投放和使用

企业筹集来的资金要投放于经营资产上，主要是通过购买、建造等过程形成各种生产资料。一方面进行固定资产投资，兴建房屋和建筑物、购置设备等；另一方面使用货币资金购进原材料、燃料、商品等，这样货币资金就转化为固定资产和流动资产。企业通过投资形成的资产在生产经营过程中要进行营运使用，并发生耗费。此外，企业还可以用现金、实物或无形资产采用一定的方式向其他单位投资，形成短期投资和长期投资。企业投放资金和使用资金是为了取得尽可能大的收益。

3. 资金收入和分配

企业通过销售过程将生产的产品或购入的商品发送给有关单位，并且按照商品的价值取得销售收入。在这一过程中，企业资金从商品资金形态转化为货币资金形态。

企业取得销售收入，实现产品的价值，不仅可以补偿产品成本，而且可以实现企业的利润，企业自有资金的数额随之增大。此外，企业还可能取得投资收益和其他收入。

企业所取得的产品销售收入，要用以弥补生产耗费、缴纳流转税，其余部分为企业的营业利润。营业利润和投资净收益、其他净收入构成企业的利润总额。利润总额首先要按国家规定缴纳所得税，税后利润要提取公积金和公益金，分别用于扩大积累、弥补亏损和职工集体福利设施，剩余利润作为投资收益分配给投资者。企业从经营中收回的货币资金，还要按计划向债权人还本付息。而用以分配投资收益和还本付息的资金，则从企业资金运动过程中退出。

4. 特殊财务问题

除了以上日常的财务活动以外，企业必须处理与自己相关的特殊问题。例如，企业联合与兼并的财务问题、企业破产与清算的财务问题、外汇风险防范问题、集团企业的财务问题等。

筹资、投资、收回和分配以及其他财务问题形成了财务管理的内容体系。学习和认识财务问题需要理论联系实际，系统、全面地掌握财务管理的全部内容。

二、财务关系具有多元性

在企业财务活动过程中存在着企业与各方面发生的经济利益关系，即财务关系，具体表现为以下几个方面：

（1）企业同其所有者之间的财务关系，体现所有权的性质，反映经营权和所有权的关系。

（2）企业同其债权人之间的财务关系，体现债务与债权关系。

（3）企业同其被投资单位之间的财务关系，体现所有权性质的投资与受资关系。

（4）企业同其债务人之间的财务关系，体现债权与债务关系。

（5）企业内部各单位之间的财务关系，体现企业内部各单位之间的利益关系。

（6）企业与职工之间的财务关系，体现职工和企业在劳动成果上的分配关系。

（7）企业与政府机关之间的财务关系，体现依法纳税和依法经营的权利义务关系。

财务关系的多元性决定了财务决策的复杂性，书本理论不可能说明全部的情况，而案例教学可以弥补某些不足。

三、财务管理方法具有内在逻辑性

按财务管理的环节区分，财务管理方法包括预测、决策、计划（预算）、控制与分析等。

财务预测是财务人员根据历史资料，依据现实条件，运用特定的方法对企业未来的财务活动和财务成果所做出的科学预计和测算。

财务决策是指财务人员在财务目标的总体要求下，从若干可以选择的财务活动方案中选择最优方案的过程。

财务计划是在一定的计划期内以货币形式反映生产经营活动所需要的资金及其来源、财务收入和支出、财务成果及其分配的具体实施方案。

财务控制是指在财务管理过程中，利用有关信息和特定手段对企业的财务活动施加影响或调节，以便实现计划所规定的财务目标。

财务分析是根据有关信息资料，运用特定方法，对企业财务活动过程及其结果进行分析和评价的一项工作。

财务管理各方法之间具有内在的逻辑性，形成了一个方法体系。财务管理的核心是财务决策。财务预测是为财务决策服务的，是决策和计划的前提；财务计划是财务决策的具体化，是以财务决策确立的方案和财务预测提供的信息为基础编制的，同时它又是控制财务活动的依据；财务控制是落实计划任务，保证财务计划实现的有效措施；财务分析可以掌握各项财务计划的完成情况，评价财务状况，以改善财务预测、决策、计划和控制工作，提高管理水平。财务分析既是对前期工作的总结和评价，同时又是下期工作的经验指导或警示，在财务管理方法中起着承上启下的作用，随着财务管理的持续进行，正是因为分析的存在，才使预测、决策、计划、控制、分析首尾相接，形成所谓的财务循环。

灵活、全面地运用财务管理方法体系需要实际案例的指导，理论知识只是基础，案例教学为学生适应这种需要做好了准备。

四、财务管理环境具有复杂性和多变性

从系统论的观点来看，所谓环境就是存在于研究系统之外的，对研究系统有影响作用的一切系统的总和。财务管理环境是指对企业财务活动和财务管理产生影响作用的企业外部条件。

企业的财务活动运作受理财环境制约，企业只有在理财环境的各种因素作用下实现财务活动的协调平衡，才能生存和发展。理财环境的不断变化给企业财务管理目标带来种种不确定性，即风险。投资者宁愿要确定的某一报酬率，而不愿意要不确定的同一报酬率，这种现象叫作风险反感。在风险反感存在的情况下，诱使投资者进行风险投资的，是超过时间价值（即无风险报酬率）的那部分额外报酬率，即风险报酬率。财务管理人员只有善于研究理财环境，科学地预测环境的变化，从而采取有效措施，在风险与报酬之间做出平衡的抉择，才会有助于理财目标的实现。财务管理学必须研究理财环境，分析在各种理财环境下进行财务预测、决策、计划和控制的方法。

案例教学可以体现各种不同的环境，让学生置身于实际的决策者的位置上进行财务决策。

五、财务管理目标既具有统一性又具有多变性

财务管理目标是在特定的理财环境中，通过组织财务活动，处理财务关系所要达到的目的。投资者建立企业的重要目的在于创造尽可能多的财富。这种财富首先表现为企业的价值。企业价值通俗地说是指企业本身值多少钱。企业虽不是一般意义上的商品,但也可以被买卖。要买卖必然要对企业进行市场评价,通过市场评价来确定企业的市场价值或者企业价值。在对企业进行评价时,看重的不是企业已经获得的利润水平,而是企业潜在的获利能力。因此,企业价值不是账面资产的总价值,而是企业全部财产的市场价值,它反映了企业潜在的或预期的获利能力。投资者在评价企业价值时,是以投资者预期投资时间为起点的,并将未来收入按预期投资时间的同一口径进行折现,未来收入的多少按可能实现的概率进行计算。可见,这种计算办法考虑了资金的时间价值和风险问题。企业所得的收益越多,实现收益的时间越近,应得的报酬越是确定,则企业的价值或股东财富越大。

在评价企业的价值时不同的投资主体在不同时期对收益、风险等的认识有很大差异,所以,虽然对价值最大化有同样的认识,但具体的财务目标可能各不相同。

案例教学有助于学生了解不同背景下的财务决策程序和方法。

六、财务管理的特点与财务案例研究的必要性

财务管理属于应用型的经济管理学科,与实践活动密不可分。这门课程既要从大量的财务实践中概括出财务活动的规律性,并做出理论上的说明,又要通过理论指导实践,发展实践,使实践活动取得更好的效果。因此,财务管理的教与学,一定不能脱离实践,一定要做到理论与实践相结合,科学性与实用性相结合。如何做到理论与实践相结合?同其他任何一门课程一样,财务管理的教学首先要求阐述清楚它的基本理论、基本知识和基本方法。如企业财务的实质,财务管理的概念,财务管理的对象、目标、职能、原则、组织方法等,特别是对有关资金、资本、价值、成本、利润等概念,国家对企业财务的有关政策、法规、制度等,必须让学生全面、系统地深刻领会,牢牢把握,以便为全面系统地学习研究企业的财务管理奠定坚实的基础。这就要求我们在教学中对有关理论部分应尽可能精辟、生动、透彻地讲授。"学习的目的在于运用",学习财务管理的目的,当然最终还是为了探索如何加强企业财务管理,提高管理水平,以提高企业效益。所以,财务管理的教学,还应该以实带虚,突出方法。要让学生很好地掌握一些加强企业财务管理的方法,如财务预测方法、财务决策方法、财务控制方法、财务评价方法以及各种定性分析或定量分析方法。并且,要让学生能够将所学方法运用于社会实践中,也就是能运用这些方法解决实际经济活动中出现的各种财务问题,如筹资问题、投资问题、利润分配问题等。同时,由于客观实践是不断变化的,需要我们不断深入了解、发现问题,故我们的教学还不能只是停留在书本上,必须时刻关注客观实践,紧密联系社会实践。

运用案例教学是一种紧密联系实践的形式。财务管理的案例教学适应教学目标的需要,围绕一个或几个问题,在对企业单位或有关部门进行实地调查的基础上编写出

具有典型性的财务活动实例,然后让学生运用所学知识来解决实践中的有关问题。案例教学的实践性、启发性、针对性等特点能把学生的学习引向更深的领域,能帮助学生巩固所学理论知识,加深对理论的理解,提高学生思考问题、分析问题的能力以及实际操作能力,还能够开发学生智力,发掘学生内在智慧。学生犹如掌握了打开知识宝库的钥匙,可以受益终身。所以,我们在教学中应尽可能地多运用案例教学形式。

第三节 财务管理案例教学的组织

财务管理案例教学作为一种互动式教学,与传统的教学方法有所不同,它不仅包括听课、复习、考试等教学环节,而且包括案例讨论前的准备、案例的分析与讨论、案例讨论结果的总结、案例分析报告的撰写等新的教学环节。要成功开展案例教学,必须对整个教学环节进行科学的组织。案例教学一般要经过以下几个步骤。

一、案例教学的宣传工作

财务管理作为一门理论性和应用性较强的学科,学生大多不欢迎从书本到书本的照本宣科,普遍欢迎教师在教学中理论结合实际,渴望了解现实经济环境下公司的财务活动是如何运作的。学生希望通过学习该门课程后,具有独立的财务分析能力,能够利用所学的理论和方法解决公司面临的各种财务问题,而不是仅仅死记硬背了一大堆财务指标和计算公式。案例教学法是一种新的教学方法,它注重培养学生的实际操作能力,因此,这种教学方法很受学生欢迎。首先要向学生广泛宣传案例教学,让学生了解案例教学的特点、作用和教学过程安排,明确学生在案例教学中的角色和地位,使学生在案例教学过程中积极主动配合。

二、案例讨论前的准备工作

开展案例教学,首先要根据财务管理课程培养目标和教学大纲要求,精心选择或编写案例。其次,教师要认真备课,充分考虑、研究和分析案例讨论中可能出现的问题,并设计相应的思考题,搜集相关的背景资料或补充资料,以便在讨论中向学生介绍和提问。第三,教师根据教学进度和教学要求,把准备好的案例资料提前发给学生,并指导学生如何去图书馆查阅、搜集与案例相关的资料。同时要求学生安排时间认真细致地阅读案例,对案例中的思考题进行分析,提出案例问题的解决方案或措施,编写发言提纲。

三、案例分析与讨论

案例分析与讨论是案例教学中的关键性环节。如果没有学生积极主动的参与,在案例讨论中积极发言,通过相互探讨、辩论激发创新性思维,案例教学的效果将会大打折扣。首先,教师要创造平等的自由讨论的气氛和环境。在案例讨论中不再以教师为中心，教师主要是扮演组织者和听众的角色，利用各种手段调动学生积极参与讨论，畅所欲言，充分发表观点和见解。其次，教师在案例讨论中要注意听学生发言，必要时做适当引导，使案例讨论紧紧围绕中心问题展开。例如，在综合性财务管理案例讨论中，学生也许不知道从哪些角度进行讨论和分析，不知道如何运用众多的财务指标建立科学的评价体系，这时就需要教师做适当的提示和引导。在案例讨论中，教师对学生提出的创新性观点应适时鼓励和表扬；对学生分析判断中出现的错误，教师不必立即纠正，而应是有针对性和启发式地提出问题，让学生独立思考，发现错误，并自己改正错误。第三，学生要积极参与讨论，充分利用讨论的机会，锻炼和提高自己的思维能力、分析判断能力、决策能力和口头表达能力。学生应克服害羞心理，在案例讨论中大胆表明自己经过认真思考的观点和方案，哪怕是错误的观点和方案，对其他学生也有启发性的作用。在讨论和辩论中学习，这是案例教学的一大优点。

四、案例讨论后的总结

教师应在案例讨论后做简要总结，总结不一定是讲出标准答案，因为有些案例并没有标准答案，关键是看讨论的思路是否清晰、分析的方法是否恰当、解决问题的途径是否正确。当然，在总结时要肯定一些好的分析问题的思路及一些独到的见解，指出讨论中存在的缺点和不足。

五、撰写案例分析报告

财务管理案例讨论结束后，教师应对学生的讨论发言做适当总结，肯定一些有创新性的分析问题的思路、见解和方案，指出存在的缺点和不足。同时，指导学生认真撰写案例分析报告，这是财务管理案例教学的最后环节。学生通过撰写案例分析报告，可锻炼和提高财经写作水平。教师应要求学生按时完成案例分析报告，并对每一份案例分析报告进行检查、评阅。

第二章 财务分析与案例

第一节 理论概述

一、财务分析的定义

财务分析是指财务分析主体利用财务报表及与之有关的其他数据资料,采用一定的方法对企业财务活动中的各种经济关系及财务活动结果进行综合分析、评价及对企业未来经营状况进行预测,为财务战略选择、财务诊断、咨询、评估、监督、控制提供所需财务信息。其实质是财务分析主体对企业财务活动进行全面分析和评价的过程。

根据上述定义,财务分析的本质内涵应从以下几个方面加以认识。

第一,财务分析是一门综合性、边缘性学科。财务分析是在企业经济分析、财务管理和会计基础上形成的一门综合性、边缘性学科。所谓综合性、边缘性是指财务分析不是对原有学科中关于财务分析问题的简单重复或拼凑,而是依据经济理论和实践的要求,综合相关学科的长处产生的一门具有独立性的理论体系和方法体系的应用经济学科。

第二,财务分析有完整的理论体系。随着财务分析的产生和发展,财务分析的理论体系不断完善。从财务分析的内涵、财务分析的目的、财务分析的作用、财务分析的内容,到财务分析的原则、财务分析的形式及财务分析的组织等,都日趋成熟。

第三,财务分析有健全的方法论体系。财务分析的实践使财务分析的方法不断得到发展和完善,既有财务分析的基本方法,又有财务分析的因素分析方法及综合分析方法等。

第四,财务分析有系统可观的资料依据。财务分析有以财务会计报表为基础和其他信息如企业内部报表信息、市场信息、宏观政策信息等为辅助的完整的资料体系。财务会计报表体系和财务报表结构及内容的科学性、系统性、客观性为财务分析的系统性与客观性奠定了坚实的基础。市场信息、政策信息等外部信息的使用不仅保证了财务分析信息的完整性,而且还保证了财务分析结论的真实有效性。

第五，财务分析有明确的目的和作用。财务分析的目的受财务分析主体和财务分析服务对象所制约，不同的分析主体进行财务分析的目的是不同的，不同的财务分析服务对象所关心的问题也是不同的。各种财务分析主体的分析目的和财务分析服务对象所关心的问题，就构成了财务分析的目的或财务分析的研究目标。财务分析的作用从不同角度看是不同的。从财务分析的服务对象看，财务分析不仅对企业内部生产经营管理有着重要作用，而且对企业外部投资决策、贷款决策、赊销决策等也有着重要作用；从财务分析的职能作用看，它对于正确预测、决策计划、控制、考核、评价都有着重要作用。

二、财务分析的内容与形式

（一）财务分析的内容

财务分析是由不同的利益主体实施的，他们各自关注的重点有所不同，在分析内容上也有一定区别，但各利益主体在进行财务分析时也有共同关心的问题，这些问题就构成了财务分析的基本内容，归纳起来主要包括以下几个方面。

1. 财务报表分析

财务报表是企业财务活动的综合反映，财务分析一般是以阅读财务报表为起点的，通过对财务报表的系统分析，可以具体揭示企业的财务结构及其成因，从而有利于更好地分析企业财务效率。企业的财务结构一般可归纳为四类，即收入利润结构、成本费用结构、资产结构和资本结构，因此财务报表分析中的结构分析，亦可分为四个方面的内容：① 收入利润结构分析；② 成本费用结构分析；③ 资产结构分析；④ 资本结构分析。

2. 财务效率分析

现代企业的生存与发展，在很大程度上取决于企业的财务效率，财务效率又通过具体的财务能力表现出来。企业财务能力归纳起来主要有四个方面，即偿债能力、营运能力、盈利能力和发展能力，相应的财务效率分析就有四个方面的内容：① 偿债能力分析；② 营运能力分析；③ 盈利能力分析；④ 发展能力分析。

3. 信用风险分析

在市场经济环境中，企业是整个社会信用体系中极其重要的环节，也是风险的主要载体。企业既接受信用又提供信用，企业经营活动过程中也伴随着大量的风险，因此各利益主体在进行财务分析时，往往都很关注企业的信用与风险状况，并构成财务分析的重要内容。

4. 财务综合分析

从不同侧面、不同环节或不同角度进行财务分析是必要的，但具体的单向分析不能替代综合分析，有时更需要对企业进行综合财务分析，以便对企业财务状况和经营情况有一个更加全面和完整的理解与把握，如企业前景分析、企业发展趋势分析等都需要运用综合分析。

（二）财务分析的形式

为了实现财务分析的目的，不同财务分析主体除了应准确把握财务分析的内容外，还要注意采用适当的财务分析的形式，根据不同的标准，财务分析形式可以做如下划分。

1. 按财务分析主体的不同，可分为内部财务分析与外部财务分析

（1）内部财务分析。内部财务分析是指企业内部经营管理人员对企业财务状况的分析，其目的在于判断和评价企业生产经营状况。如通过流动性分析，判断企业资金周转速度、支付能力与偿债能力；通过收益性分析，评价企业盈利能力、资本保值增值能力。内部财务分析能够及时准确地发现企业取得的成绩和存在的不足，为未来生产经营活动提供借鉴。

（2）外部财务分析。外部财务分析是指企业外部的投资者、债权人以及其他利益主体，根据自身需要或特定目的，对企业财务状况进行的分析。投资者分析的重点是企业的盈利能力和发展能力，债权人分析则偏重于企业信用状况与偿债能力。

应当指出，内部分析与外部分析的划分不是绝对的，两者常常需要结合，以防止分析结论的片面性。由于外部分析只能利用公开披露的信息，相对于内部分析而言，其信息不够充分，所以需要考虑或借鉴内部分析的结论。

2. 按分析方法的不同可分为静态分析与动态分析

（1）静态分析。静态分析是根据某一时点或一个时期的报表数据或信息，分析报表中各项目或报表间各项目关系的分析形式，如将同期资产负债表中的流动资产与流动负债比较形成流动比率指标，就是静态分析形式。静态分析的目的是探究财务活动的内在联系，揭示其相互影响，用以反映财务效率和财务状况。

（2）动态分析。动态分析是指运用若干个时期的财务报表或分析信息构成时间序列，分析财务状况变动情况的分析形式，水平分析、趋势分析都属于动态分析。动态分析的目的在于反映不同时期财务活动的发展变化，揭示财务活动的变动及其规律。

3. 按分析范围的不同，可分为全面分析与专题分析

（1）全面分析。全面分析是指对企业一定时期的财务活动各环节和过程进行全面系统综合的分析与评价。全面分析的目的是发现企业本期取得的成绩和存在的问题，为协调企业生产经营活动提供依据。全面分析通常在年终进行，并形成综合分析报告。

（2）专题分析。专题分析是指根据分析主体或分析目的的不同，对企业生产经营过程中某一特定问题所进行的比较深入的分析。专题分析能够及时深入地揭示某一领域的财务状况，为决策者提供详细的有针对性的信息，对解决企业的关键性问题有

重要作用。

三、财务分析的方法

企业财务分析的方法主要有比率分析法、比较分析法、因素分析法等。

（一）比率分析法

比率分析法是将财务报告或与其有关资料的相关项目进行对比，得出一系列财务比率，以此来揭示企业的财务状况和经营成果的方法。企业的财务分析主要是通过计算各种财务比率进行的。企业的各种财务比率构成了一个指标体系，通过对财务指标体系的分析，能了解企业各个方面的情况。

（二）比较分析法

比较分析法，它是对同一个指标的不同方面进行比较，揭示矛盾和差距，为进一步分析和解决问题提供线索的一种方法。它是财务分析的最基本的方法。在运用比较分析法时，必须注意对比指标的可比性，要剔除不可比因素。所谓指标的可比性，是指指标的内容、范围、计量单位、计价标准、计量方法、时间等口径都必须一致。

进行比较分析时常用的基准指标有：计划、预算指标、上期指标、同行业平均指标或先进指标、本企业历史平均指标或最好指标等。

（三）因素分析法

因素分析法，是将某一综合性的经济指标分解为具有内在联系的各个原始因素，并用一定的计算方法，从数值上测定各因素对该经济指标的差异影响程度的一种方法。根据其繁简程度，分为连环替代法和差额计算法。

在运用因素分析法时，应注意以下几个问题：

第一，被分析的指标首先应分解为若干个有内在联系的小指标，而不是任意拼凑的。

第二，替代要注意顺序性。当有数量指标和质量指标时，首先应替代数量指标，然后替代质量指标；当有实物量指标和价值量指标时，首先应替代实物量指标，然后再替代价值量指标；当一个因素在变，其他因素不变时，替代因素用报告期指标，尚未替代的因素用基期指标。

第三，替代要注意环比性。

四、财务分析的程序

不同的财务报告使用者，由于财务分析的目的不同，财务分析的程序也可能不同。但是，归纳起来大致有以下几个基本步骤。

（一）明确财务分析的范围，搜集有关的经济资料

财务报告使用者在进行财务分析时首先要明确财务分析的范围。如债权人最关心企业的偿债能力，这样他就不必对企业经营活动的全过程进行分析，而企业的经营管理者则需要进行全面的财务分析。财务分析的范围决定了所要搜集的经济资料的数

量，范围小，所需资料也少，全面的财务分析，则需要搜集企业各方面的经济资料。

（二）采用一定的财务分析方法进行对比，找出差异

在进行财务分析时，可以结合多种财务分析方法，以便进行对比，做出客观的、全面的评价。利用这些分析方法，比较分析企业的有关财务数据、财务指标，对企业的财务状况和经营成果做出评价。

（三）进行因素分析，查明原因

通过财务分析，可以找出影响企业经营活动和财务状况的各种因素。在诸多因素中，有的是有利因素，有的是不利因素；有的是外部因素，有的是内部因素。在因素分析时，必须查明影响企业生产经营活动财务状况的主要因素，然后才能有的放矢，提出相应的办法，做出正确的决策。

（四）综合评价，总结报告

财务分析的最终目的是为经济决策提供依据。通过因素分析，权衡各种方案的利弊得失，从中选出最佳方案，做出经济决策。同时，决策者通过财务分析可以总结经验，吸取教训，以便改进工作。

五、财务分析的资料

企业财务报告使用者主要是以财务报告为基础展开财务分析的。财务报告是企业向政府部门、投资者、债权人等与企业有利害关系的组织或个人提供的，反映企业在一定时期内的财务状况、经营成果以及影响企业未来经营发展的重要经济事项的书面文件。提供财务报告的目的在于为报告使用者提供财务信息，为他们进行财务分析、经济决策提供充足的依据。企业的财务报告主要包括资产负债表、损益表、现金流量表、其他附表以及财务情况说明书。

由于会计报表是根据应计制和历史成本原则确认的会计账册数据编制的，因此，在财务分析时要注意以下几个方面问题。

（一）未进行资产评估调账的老企业

这类企业资产负债表的项目，尤其是资产项目以及由此计算的指标值与新办企业和近期经过评估调账的企业比较相差甚远，因此，对这类企业的财务指标计算值，应做进一步的分析。

（二）未经独立审计机构审计调整的会计报表数据

这类企业由于未按国家统一会计政策和会计制度进行调整，其会计科目和对应会计科目的数据，缺乏可比性，由此计算出的指标值，也就缺乏可比性。

（三）潜在的资产项目

这类项目包括待摊费用、待处理流动资产净损失、待处理固定资产净损失、开办费、长期待摊费用等虚拟资产项目和高账龄应收账款、存货跌价和积压损失、投资损失、固定资产损失等潜在资产项目。对这两类资产项目，我们一般称之为不良资产。

如果不良资产总额接近或超过净资产，既说明企业的持续经营能力可能有问题，也可能表明企业在过去几年因人为夸大利润而形成"资产泡沫"；如果不良资产的增加额及增加幅度超过利润总额的增加额及增加幅度，说明企业当期的利润表数据有"水分"。

（四）关联交易

通过对来自关联企业的营业收入和利润总额的分析，判断企业的盈利能力在多大程度上依赖于关联企业，判断企业的盈利基础是否扎实、利润来源是否稳定。如果企业的营业收入和利润主要来源于关联企业，就应该特别关注关联交易的定价政策，分析企业是否以不等价交换的方式与关联交易进行会计报表粉饰。如果母公司合并会计报表的利润总额大大低于企业的利润总额，就可能意味着母公司通过关联交易，将利润"包装注入"企业。

（五）非主营业务利润

通过对其他业务利润、投资收益、补贴收入、营业外收入在企业利润总额的比例，分析和评价企业利润来源的稳定性，特别是进行资产重组的企业。

（六）现金流量

通过经营活动产生的现金净流量、投资活动产生的现金净流量、现金净流量的比较分析以判断企业的主营业务利润、投资收益和净利润的质量，如果企业的现金净流量长期低于利润，将意味着与已经确认利润相对应的资产可能属于不能转化为现金流量的虚拟资产。

六、财务比率分析

（一）偿债能力指标分析

反映企业偿债能力的财务比率主要有流动比率、速动比率、现金比率、现金流量比率和到期本息偿付比率、资产负债率、产权比率、有形净值债务率、利息保障倍数、现金利息保障倍数、股东权益比率、权益乘数、偿债保障率等。

1. 流动比率

流动比率是企业流动资产与流动负债的比率，其计算公式为：

$$流动比率 = \frac{流动资产}{流动负债}$$

流动比率指标值越高，说明企业偿还流动负债的能力越强。一般而言，生产企业合理的最低流动比率是2。这是因为存货在流动资产中约占一半，存货是变现能力最差的流动资产。因此，剔除存货后，剩下的变现能力较强的流动资产在数量上至少要等于流动负债，企业的短期偿债能力才会有保证。

对流动比率的分析，应注意以下几个方面：

（1）不同的行业，流动比率可以不一样。如商业企业，其销售收入大部分是现金销售收入，流动比率略低于 2 时也是正常的；生产企业为了销售其产品，大量使用赊销的话，即使其流动比率约大于 2，也不能说明企业有较强的短期偿债能力。

（2）以会计期末资料计算的流动比率不一定能代表企业一年的短期偿债能力。有时流动比率较高，但其短期偿债能力未必很强，因为可能是存货积压或滞销的结果，而且，企业很容易伪造这个比率，以掩饰其偿债能力。例如，在会计期末偿还流动负债，下年初再重新借入，这样就可以人为地提高流动比率。

（3）计算出的流动比率有必要与企业不同时期的流动比率相比，以及与同行业平均水平相比，以判断企业的流动比率是高还是低。通过对应收账款和存货的详细分析，找出企业流动比率异常的主要原因。

2. 速动比率

从前面的分析可以知道，在评价企业短期偿债能力时，流动比率存在一定的局限性。在流动资产中，短期有价证券、应收账款、应收票据的变现能力均比存货强。一般来说，流动资产扣除存货后的资产称为速动资产。速动资产与流动负债的比率称为速动比率，其计算公式为：

$$速动比率 = \frac{流动资产 - 存货}{流动负债} = \frac{速动资产}{流动负债}$$

用速动比率来判断企业短期偿债能力比用流动比率进了一步，因为它剔除了变现能力最差的存货。速动比率越高，说明企业的短期偿债能力越强。

一般认为，速动比率为 1 时比较合适。但在分析时，往往需要注意下面几个问题：

（1）不同的行业之间，速动比率存在差异。例如，小型的零售店一般采用现金销售而没有赊销，这些企业的速动比率略低于 1 时也有较强的短期偿债能力。

（2）速动资产的确认问题。我国的财务制度规定，速动资产等于流动资产扣除存货。但是，待摊费用、待处理流动资产损失、预付账款等资产，其变现能力也很差，如果这些资产在流动资产中占相当大的比重，在计算速动比率时理应扣除。这样，速动资产才能真实地反映流动性强、能快速变现的资产。

（3）应收账款、应收票据的变现能力。如果企业的应收账款中，有较大部分不易收回而可能成为坏账，那么速动比率就不能真实地反映企业的短期偿债能力。

3. 现金比率

现金比率是企业的现金类资产与流动负债的比率，其计算公式为：

$$现金比率 = \frac{现金 + 现金等价物}{流动负债}$$

现金比率反映了企业立即支付的能力，因为企业的债务最终都需要用现金来清偿，如果企业缺乏现金，将不能应付业务开支甚至会面临财务危机。一般而言，现金比率越高，说明企业有较好的支付能力，资产的流动性越强，短期债权人的债务风险就越小。但是这个比率过高，也不是一件好事，可能反映了该企业不善于利用现有的现金资源，企业拥有过多的获利能力较低的现金及现金等价物。一般认为，分析者怀疑企业存货和应收账款的流动性时才运用该指标分析企业的短期偿债能力。

4. 现金流动负债比率

现金流动负债比率是企业经营活动产生的现金净流量与流动负债的比率，其计算公式为：

$$现金流动负债比率 = \frac{经营活动产生的现金净流量}{年末流动负债}$$

这一比率反映企业本期经营活动产生的现金净流量是流动负债的多少倍，当这个倍数足够大时，说明企业经营活动产生的现金净流量足以抵付流动负债，能够保障企业按时偿还到期债务。这是因为，有利润的年份不一定有足够的现金来偿还债务，所以利用以收付实现制为基础的现金流动负债比率指标，能充分体现企业经营活动所产生的现金净流量可以在多大程度上保证当期流动负债的偿还，直观地反映出企业偿还流动负债的实际能力。运用该指标评价企业偿债能力更为谨慎。

该指标值过高，表明企业的流动资金没有得到充分利用，收益能力不强。

5. 到期债务本息偿付比率

到期债务本息偿付比率是经营活动产生的现金净流量与本期到期债务本息的比率，其计算公式为：

$$到期债务本息偿付比率 = \frac{经营活动产生的现金净流量}{本期到期债务本金 + 现金利息支出}$$

到期债务本息偿付比率反映经营活动产生的现金净流量是本期到期债务本息的倍数。该指标值小于100%，表明企业经营活动产生的现金不足以偿付本期到期的债务本息。公式中的数据均可从现金流量表中得到，分母中的债务本金及利息支出来自现金流量表中筹资活动现金流量。

6. 资产负债率

资产负债率是企业的负债总额与资产总额的比率，也称为负债比率，其计算公式为：

$$资产负债率 = \frac{负债总额}{资产总额}$$

资产负债率是反映企业偿还长期债务的综合能力，它反映了企业的总资产中有多少是有负债形成的，也可以衡量企业在清算时保护债权人利益的程度。通常，这个比率越高，说明企业偿还债务的能力越差；反之，偿还债务的能力越强。但从企业的各个利害关系人的角度来看，则有所不同。

从债权人的角度来看,他们希望资产负债率越低越好,这样,他们的债权才有保障,风险更小。

从企业的股东来看,当企业的资产利润率大于负债利率时,他们希望资产负债率越高越好,以获得财务杠杆收益;反之,当企业的资产利润率小于负债利率时,希望降低资产负债率以减小损失。因为企业借入的资金与股东投入的资金在生产经营活动中可以发挥同样的作用,如果企业的资产利润率超过负债利率时,股东可以通过举债经营方式,以有限的资金取得企业的控制权,并且可以取得更多的投资收益。

从经营者的角度来看,如果资产负债率过大,企业的经营风险就会加大,企业想再借入资金的难度就会增大;如果资产负债率过低,说明企业比较保守,缺乏冒险精神,从而丧失负债经营给企业带来的额外收益。

企业的资产负债率多少为合理,并没有一个固定的标准。一般而言,处于高速成长时期的企业,其资产负债率可能会高一些,这样所有者会得到更多的杠杆利益。但作为企业的财务管理人员应郑重权衡借入资本的比例,在收益与风险之间权衡利弊得失,然后才能做出正确的决策。

7. 产权比率

产权比率是指负债总额与所有者权益总额的比率,又称债务股权比率或负债股权比率,其计算公式为:

$$产权比率 = \frac{负债总额}{所有者权益总额}$$

产权比率反映了债权人所提供的资金与所有者提供的资金的对比关系,它是资产负债率的另一种表现形式。产权比率高是高风险、高收益的财务结构,反之是低风险、低收益的财务结构。此外,该比率还反映了债权人的资金受所有者权益保障的程度。

8. 有形净值债务率

有形净值债务率是指企业的负债总额与有形净值的比率,其计算公式为:

$$有形净值债务率 = \frac{负债总额}{所有者权益总额 - 无形资产净值}$$

一般认为,无形资产不宜用来偿还债务,故将其从产权比率公式的分母中扣除计算出有形净值。可见,有形净值债务率实际上是产权比率的延伸,比较保守地反映了企业在清偿时债权人投入的资金受到所有者权益的保护程度。该比率越低,说明企业的财务风险越小。

9. 利息保障倍数

利息保障倍数是指息税前利润(EBIT)与利息费用的比率,也叫已获利息倍数,用以衡量偿付借款利息的能力,其计算公式为:

$$\text{利息保障倍数} = \frac{\text{息税前利润}}{\text{利息费用}}$$

公式中的利息费用不仅包括财务费用中的利息费用，还包括计入固定资产价值的资本化利息费用。该指标反映了损益表中企业的长期偿债能力，当指标值太低，企业无力偿还债务的可能性很大，这会引起债权人的担心。一般而言，企业的利息保障倍数至少要大于1，否则，就难以偿付债务及利息，如长此以往，甚至会导致企业破产倒闭。此外，应把企业的利息保障倍数与其他企业，尤其是该行业平均水平以及本企业连续几年的指标水平进行比较，对于后者，从稳健性原则出发，以最低指标值年度的数据为标准较好，因为这样可保证该企业最低的偿债能力。

10. 现金利息保障倍数

由于利息保障倍数指标是根据权责发生制计算出来的，本期的利息费用不一定就是本期实际利息支出，而本期发生的实际利息支出也并非全部是本期的利息费用；同时，本期的息税前利润也并非是本期的经营活动所获得的现金。因此，为了更明确地反映企业实际偿付利息支出的能力，可以计算现金利息保障倍数指标来分析，其计算公式为：

$$\text{现金利息保障倍数} = \frac{\text{经营活动现金净流量} + \text{现金利息支出} + \text{付现所得税}}{\text{现金利息支出}}$$

现金利息保障倍数是企业一定时期经营活动所取得的现金是支付利息支出的倍数。这个指标究竟是多少，才说明企业偿付利息的能力强，这并没有一个确定的标准，通常要根据历年的经验和行业的特点来判断。

11. 权益乘数

权益乘数是指资产总额是所有者权益的多少倍。该乘数越大，说明所有者投入的资金在总资产中所占比重越小，企业的偿债压力越大。其计算公式如下：

$$\text{权益乘数} = \frac{\text{资产总额}}{\text{所有者权益总额}}$$

也可以用平均权益乘数来表示企业的长期偿债能力，其计算公式为：

$$\text{平均权益乘数} = \frac{\text{平均资产总额}}{\text{平均所有者权益总额}}$$

12. 偿债保障比率

偿债保障比率是指负债总额与经营活动现金净流量的比率，其计算公式为：

$$\text{偿债保障比率} = \frac{\text{负债总额}}{\text{经营活动现金净流量}}$$

偿债保障比率反映了企业经营活动产生的现金净流量偿还全部债务所需的时间，所以该比率也称为债务偿还期。用该指标可以衡量企业通过经营活动所获得的现金偿还债务的能力。一般认为，该比率越低，企业偿还债务的能力越强。

在分析企业偿债能力时还需要考虑以下因素：

（1）长期租赁。当企业急需某项资产（一般为设备）而又缺乏足够的资金时，可以通过租赁的方式解决。财产租赁主要有两种形式：融资租赁和经营租赁。融资租赁资产已包含在固定资产中，相应的租赁费用已作为长期负债处理。如果企业发生长期的经营租赁业务，其租赁费用又不包含在长期负债中，应考虑这些租赁费用对长期偿债能力的影响。

（2）或有项目。或有项目是指在未来某事件发生或不发生的情况下，最终会带来收益、财产增加或损失、负债，但现在无法肯定的状况、条件或因素。在评价企业长期偿债能力时应考虑这些项目潜在的影响。

常见的或有项目有：附有条件的捐赠资产、产品售后服务责任、应收账款抵借、未决诉讼等。

（3）担保责任。担保项目的时间长短不一，有的涉及短期负债，有的涉及长期负债。在分析企业的长期或短期偿债能力时，应充分考虑担保带来的潜在负债问题。

另外，在分析偿债能力时要注意指标之间的可比性和标准比率等问题。以短期偿债能力为例说明如下：

关于流动比率和速动比率的标准，长期以来，生产性企业合理的最低流动比率和速动比率分别被确认为2.0和1.0。这一观点主要由经验支持，迄今尚未见有理论上的证明。

20世纪60年代中期以来，美国的多数企业不能成功地将流动比率和速动比率控制在2.0和1.0以上，而呈现持续下降趋势。它们的持续下降表明了传统的2.0和1.0的标准已不适用于当时情况。1991年美国制造业的流动比率和速动比率是1.5和0.75。

我国现行的行业平均比率也并非合理的比率。我国1993—1995年全国独立核算工业企业的流动比率平均为1.04；1996年全国现代企业试点单位的流动比率是1.06，速动比率是0.722。指标明显偏低，需要进行调整。从定性上看，由于我国在生产结构、货物供销状况及资金周转速度等方面均不如发达国家，所以我国的流动比率和速动比率应高于发达国家的1.50和0.75。专家认为，在剔除了企业流动资金投资不足、营运资金抵偿长期债务不足和产成品积压这三种影响后，我国现阶段工业企业合适的流动比率应为1.60，而速动比率应为0.80。

（二）企业的营运能力分析

企业的营运能力是指企业的资金周转效率。可以通过产品销售情况与企业资金占用量来分析企业的资金周转状况，评价企业的营运能力。评价企业资金营运能力常用的财务比率有：应收账款周转率、存货周转率、营业周期、流动资金周转率、固定资产周转率、总资产周转率、不良资产比率、资产损失率等。

1. 应收账款周转率

应收账款周转率是企业一定时期内赊销收入净额与应收账款平均额的比率。它反映了企业应收账款的周转速度。其计算公式为：

$$应收账款周转率 = \frac{赊销收入净额}{平均应收账款}$$

$$平均应收账款 = \frac{期初应收账款 + 期末应收账款}{2}$$

公式中赊销收入净额是指销售收入扣除了销货退回、销货折扣及折让以及现金销售收入后的赊销净额，其资料来自损益表，而应收账款来自资产负债表，两个指标时间不一致，故应收账款要计算平均值。

该指标反映了企业一定时期内应收账款转变为现金的次数。应收账款周转次数越多，说明收账的速度越快，企业的支付能力也就越强，其管理应收账款的效率就越强。在计算该比率时，要注意季节性经营、大量使用现金销售以及大量使用分期付款结算方式对该指标的影响。

2. 存货周转率

存货周转率是衡量和评价企业购入存货、投入生产、销售收回等各环节管理状况的综合性指标。它是销售成本与存货的比率，也叫存货的周转次数。其计算公式为：

$$存货周转率 = \frac{销售成本}{平均存货}$$

公式中的销售成本数据来自损益表，平均存货来自资产负债表中的"期初存货"与"期末存货"的平均值。存货周转率表示在一定时期内存货周转的次数。

在正常情况下，存货管理效率的高低直接从周转速度中就可分析出：存货周转率越高，说明存货储备保证销售的可靠性就越高，实现的销售收入和盈利额就越多，而且存货的储备量也较合理。在生产企业中，存货周转率是一个综合性指标，还可以进一步分析材料、在产品等的周转率，以便找出存货周转速度快慢的原因。

3. 营业周期

营业周期是指企业在正常营业过程中，从支付原材料货款起到销售产成品收回资金为止所需的时间。其计算公式为：

$$营业周期 = 存货周转天数 + 应收账款周转天数 = \frac{360}{存货周转率} + \frac{360}{应收账款周转率}$$

企业营业周期的长短，反映了资金周转速度的快慢，营业周期短，说明资金周转速度快，企业的短期偿债能力相应增强；反之，营业周期长，说明资金周转速度慢，短期偿债能力相应减弱。

4. 流动资产周转率

流动资产周转率是指销售收入净额与平均流动资产的比率，反映了企业流动资产的周转速度。其计算公式为：

$$\text{流动资产周转率} = \frac{\text{销售收入净额}}{\text{平均流动资产}}$$

5. 固定资产周转率

固定资产周转率是指销售收入净额与平均固定资产的比率，反映出每一元钱固定资产能创造出多少销售收入，是衡量固定资产使用效率的一个重要指标。其计算公式为：

$$\text{固定资产周转率} = \frac{\text{销售收入净额}}{\text{平均固定资产净值}}$$

6. 总资产周转率

总资产周转率是指销售收入净额与平均总资产的比率，它反映了企业在一个会计年度内总资产的运行效率。其计算公式为：

$$\text{总资产周转率} = \frac{\text{销售收入净额}}{\text{平均总资产}}$$

总资产周转速度快，表示企业全部资产运行效率高，从销货所产生的资金再投入生产，便可以扩大企业的获利能力。

7. 不良资产比率

不良资产比率是指企业年末不良资产总额占年末资产总额的比重。其计算公式为：

$$\text{不良资产比率} = \frac{\text{年末不良资产总额}}{\text{年末资产总额}}$$

公式中的年末不良资产总额是指企业资产中存在问题、难以参加正常生产经营运转的部分，主要包括三年以上应收账款、积压商品物资和不良投资等。该比率反映了企业资产的质量，揭示了企业在资产管理和使用上存在的问题，也有利于企业管理人员发现自身不足，改善管理，提高资产利用效率。

该指标值越高，表明企业沉积下来、不能正常参加经营运转的资金越多，资金利用率越差。该指标越小越好，0 是最优水平。

8. 资产损失比率

资产损失比率是指企业一定时期待处理资产损失净额占资产总额的比重。资产损失率用以分析判断企业资产损失对资产营运状况的直接影响。其计算公式为：

$$\text{资产损失比率} = \frac{\text{待处理资产损失净额}}{\text{年末资产总额}}$$

公式中的待处理资产损失净额是指企业待处理流动资产净损失，待处理固定资产净损失以及固定资产毁损、待报废三项的合计。

资产损失比率指标是衡量企业资产营运管理水平的一项比较重要的指标。该指标表明企业资产损失的严重程度,从企业资产质量的角度,揭示了企业资产管理状况。

(三) 企业获利能力分析

获利能力是指企业赚取利润的能力。评价企业获利能力的指标有总资产报酬率、净资产收益率、销售(净)利润率、销售毛利率、成本费用利润率等,对于股份有限公司,还应分析每股盈余、每股现金流量、每股股利、每股发放率、每股净资产、市盈率等。

1. 总资产报酬率

总资产报酬率是指企业一定时期内获得的报酬总额与平均资产总额的比率。它表示企业的全部资产的总体获利能力,是评价企业资产营运效益的重要指标。其计算公式为:

$$总资产报酬率 = \frac{利润总额 + 利息支出}{平均资产总额}$$

公式中的利息支出是指企业在生产经营过程中实际支出的借款利息、债券利息等;利润总额是指损益表中的利润总额;平均总资产是指企业资产总额年初数与年末数的平均值。

该指标全面反映了企业的获利能力和投入产出的状况。指标值越高,说明企业投入产出的水平越高,企业的资产营运效率就越高。当该指标值大于市场利率时,则表明企业可以充分利用财务杠杆,进行负债经营,获取尽可能多的收益。

2. 净资产收益率

净资产收益率是指企业一定时期内的净利润与平均净资产的比率,又称权益净利润率。其计算公式为:

$$净资产收益率 = \frac{净利润}{平均净资产}$$

平均净资产是指企业年初所有者权益同年末所有者权益的平均值,企业的净资产包括实收资本、资本公积、盈余公积和未分配利润。

该指标充分体现了投资者投入企业的自有资本获取净收益的能力,突出反映了投资与报酬的关系,是评价企业资本经营效益的核心指标。一般认为,企业净资产收益率越高,企业自有资本获利能力越强,营运效益越好,对企业投资人、债权人的保证程度越高。

3. 销售利润率与销售净利率

(1) 销售利润率。销售利润率是指企业一定时期销售利润与销售收入净额的比率。其计算公式为:

$$销售利润率 = \frac{销售利润}{销售收入净额}$$

公式中的销售利润是指企业销售收入扣除销售成本、销售费用、销售税金及附加后的利润，它是企业的主营业务利润。

该指标是从企业主营业务的盈利能力和获利水平方面对资本金收益率指标的进一步补充，体现了企业主营业务利润对利润总额的贡献，以及对企业全部收益的影响程度。

该指标值越高，说明企业产品或商品定价科学，产品附加值高，营销策略得当，主营业务市场竞争力强，发展潜力大，获利水平高。

（2）销售净利率。销售净利率是指企业净利润与销售收入净额的比率。其计算公式为：

$$销售净利率 = \frac{净利润}{销售收入净额}$$

销售净利率说明了企业净利润占销售收入净额的比例，表明企业每元销售净收入可实现的净利润是多少。该比率越高，企业通过扩大销售获取收益的能力越强。

4. 成本费用利润率

成本费用利润率是指企业一定时期的利润总额与企业成本费用总额的比率，它表示企业为获取利润而付出的代价。其计算公式为：

$$成本费用利润率 = \frac{利润总额}{成本费用总额}$$

成本费用总额是指企业销售成本、销售费用、销售税金及附加、管理费用、财务费用、所得税之和。该指标从企业的内部管理等方面，对资本收益状况做进一步说明，通过企业收益与支出的直接比较，客观评价企业的获利能力，也有利于促进企业加强内部管理，节约开支，提高经济效益。

一般认为，该指标值越高，表明企业为获取收益所付出的代价越小，企业成本费用控制得越好，企业的获利能力越强。

5. 每股盈余（EPS）与每股现金流量

（1）每股盈余。每股盈余是指税后净利润扣除优先股股利后的余额与发行在外的普通股平均股数的比率。其计算公式为：

$$每股盈余 = \frac{净利润 - 优先股股利}{发行在外的普通股平均股数}$$

每股盈余反映了股份公司的获利能力的大小。每股盈余越高，说明股份公司获利能力越强。但是，它是一个绝对数，投资者不能片面地分析每股盈余，应该结合净资产收益率（股东权益报酬率）来分析公司的获利能力。

（2）每股现金流量。每股现金流量是指经营活动产生的现金净流量扣除优先股股利后的余额，除以发行在外的普通股平均股数。其计算公式为：

$$每股现金流量 = \frac{经营活动现金净流量 - 优先股股利}{发行在外的普通股平均股数}$$

公司每股盈余很高，并不表示其能支付现金股利。当公司缺乏现金时，投资者无法获取现金股利。因此，有必要分析公司的每股现金流量。一般认为，每股现金流量越高，说明公司越有能力支付现金股利。

6. 每股股利

每股股利是指股利总额与发行在外的普通股股份数的比率。其计算公式为：

$$每股股利 = \frac{现金股利总额 - 优先股股利}{发行在外的普通股平均股数}$$

该指标反映了普通股每股获取现金股利的多少，它的高低不仅取决于公司获利能力高低，还取决于公司股利政策和现金是否充裕以及倾向于分派现金股利的投资者在公司中的地位高低。

7. 市盈率

市盈率是指普通股每股市价与每股盈余的比率。其计算公式为：

$$市盈率 = \frac{每股市价}{每股盈余}$$

该比率是投资者做出投资决策的重要指标，也是反映公司获利能力的一个重要指标。一般而言，该指标值高，说明投资者对公司的评价良好，愿意出较高的价格购买该公司的股票。但是，市盈率过高也意味着公司的股票具有较高的风险。

七、趋势分析

在财务分析中，如果只分析一年的财务报告往往是不全面的，因为这一年中可能有许多非正常项目不能代表企业的过去，也不能代表企业的未来。而企业通过比较连续几期的财务报告或财务比率，就能看出其发展趋势，有助于预测企业的未来财务状况，判断企业的发展前景。这种根据一个企业连续几期的财务报告，比较各期项目的有关金额，以揭示当前财务状况和经营情况增减变化的性质及其趋势的方法，就是趋势分析法。

财务分析人员通过趋势分析法可以确定企业财务状况变动的主要原因，判断这些项目变化的趋势是否对企业有利，从而采取相应的措施。常用的趋势分析法有：多期比较法、结构百分比法、定基百分比法等。

（一）多期比较法

多期比较分析是指比较企业连续几期财务报表的数据，逐项分析，以查明哪些项目发生了显著的变化及其变动的原因，来判断企业财务状况的发展趋势。多期比较可用连续几期的各项目金额进行比较，也可用百分率的变化或计算出的各期财务比率进行比较。在比较分析时，必须考虑到各期数据的可比性。如果某些时期的数据因特殊原因变化比较大，在分析过程中应该剔除不可比因素，使各期财务数据具有可比性。

（二）结构百分比分析

结构百分比分析是将财务报表换算成结构百分比报表，然后，将不同年份的百分比报表逐项比较或与同行业平均数之间作比较，以此来判断企业的财务状况的发展趋势。

同一报表中不同项目的结构百分比分析的计算公式为：

$$结构百分比 = \frac{部分}{总体} \times 100\%$$

（三）定基百分比分析

定基百分比分析，是先选定一个基期，将基期报表上的各项金额的指数均定为100，其他各年度财务报表上的数据也均用指数表示，从而得出定基百分比财务报表，以查明各项目的变化趋势。

不同时期同类报表项目的对比计算公式为：

$$报告期指数 = \frac{报告期数值}{基期数值} \times 100\%$$

（四）比较财务比率法

比较财务比率法是将企业连续几期的财务比率进行对比，从而分析企业财务状况的发展趋势的一种方法。这种方法更加直观地反映了企业各方面财务状况的变化趋势。

八、企业财务状况综合分析

（一）杜邦分析法

企业的财务状况是一个完整的系统，财务分析人员在进行财务分析时，必须深入了解企业财务状况内部的各项因素及其相互之间的关系，这样才能比较全面地揭示企业财务状况的全貌。杜邦分析法就是利用几种主要的财务比率之间的关系来综合地分析企业的财务状况。这种方法是由美国杜邦公司首先创造的，故称为杜邦分析法。著名的杜邦公式如下：

$$净资产利润率 = \frac{净利润}{平均所有者权益}$$

$$= \frac{平均总资产}{平均所有者权益} \times \frac{销售收入净额}{平均总资产} \times \frac{净利润}{销售收入净额}$$

$$= 权益乘数 \times 总资产周转率 \times 销售净利率$$

（二）财务比率综合评分法

财务比率反映了企业财务报告各项目之间的对比关系，以此来揭示企业财务状况。但是，一项财务比率只能反映企业某一方面的财务状况。为了进行综合的财务分析，可以编制财务比率汇总表，并进行比较分析。但这种分析只能进行定性分析，即定性地描述企业的财务状况,如比同行业平均水平略好、与同行业平均水平相当或略差,而不能用定量的方式来评价企业的财务状况究竟处于何种程度。因此,为了克服这个缺点,可以采用财务比率综合评分法。

财务比率综合评分法,是在20世纪初由亚历山大·沃尔首创的,故也称为沃尔评分法。这种方法是通过对选定的7项财务比率指标进行评分,然后计算出综合得分,并据此评价企业的综合财务状况。其基本步骤如下:

(1) 选定评价企业财务状况的财务比率。在选定财务比率时,一要具有全面性,既能反映出企业的偿债能力,还能反映出企业的营运能力和盈利能力。二要具有代表性,即要选择能够说明问题的财务比率指标。三要具有变化方向的一致性,即当财务比率增大时,表示财务状况的改善;反之,财务比率减少时,表示财务状况的恶化。

(2) 根据各项财务比率的重要程度,确定其标准的评分值,即重要性系数。各项财务比率的标准评分值之和应等于100分。对各项财务比率的重要程度,不同的分析者会有不同的看法,但可根据企业的经营活动的性质、市场形象和分析者的分析目的等因素来确定。

(3) 规定各项财务比率评分值的上限和下限,即最高评分值和最低评分值。这主要是为了避免个别财务比率的异常给总分造成不合理的影响。

(4) 确定各项财务比率的标准值。财务比率的标准值是指各项财务比率在本企业现时条件下最理想的数值,即最优值,它可以参照同行业的平均水平,并经过调整后确定。

(5) 计算企业在一定时期各项财务比率的实际值。

(6) 计算出各项财务比率实际值与标准值的比率,即关系比率。关系比率等于财务比率的实际值除以标准值。

(7) 计算出各项财务比率的实际得分。各项财务比率的实际得分是关系比率和标准值的乘积,每项得分都不得超过上限或下限,各项财务比率实际得分的合计数就是企业财务状况的综合得分。如果综合得分等于或接近100分,说明企业的财务状况是良好的,达到了预期的目的;如果得分低于100分较多,说明企业的财务状况较差,应当采取适当的措施加以改善。

九、现金流量表分析

(一) 现金流量表分析的方法

现金流量表的分析可以采取以下四种不同的方法。

1. 现金流量表的结构分析

现金流量表的结构分析可分两个方面。一方面,分析企业现金流量净额的构成情况,即经营活动、投资活动和筹资活动的现金流量净额。通过这方面的分析,可以发现在一定时期内影响现金余额增减变化的主要因素,以便抓住重点,采取有效措施,促使现金流量结构合理。另一方面，分析经营活动、投资活动和筹资活动三项现金流量中各具体现金流入和流出项目占全部现金流入量和流出量的比重。通过分析，可以得出现金流量的主要来源和去向。

2. 现金流量表的对比分析

现金流量表的对比分析主要是指净利润与经营活动产生的现金流量净额之间的分析。通过净利润和经营活动产生的现金流量净额之间的对比分析，可以使我们了解企业管理层进行会计选择的意图，防止企业因操纵利润而给报表使用者带来的误导。还可以正确评价企业的盈利能力，这比仅仅从利润表中评估企业盈利能力要可靠得多。

3. 现金流量表的结合分析

现金流量表的结合分析主要是指投资活动和筹资活动的结合分析。一方面，要分析长期投资活动流出的现金流量是否与长期筹资活动流入的现金流量相匹配。例如发行股票、长期债券以及长期借款等筹资活动所筹集到的现金，是否与购置固定资产、无形资产等投资活动所需要的现金相匹配。另一方面，是要分析短期投资活动流出的现金流量是否与短期筹资活动流入的现金流量相匹配。将长期筹资获得的现金用于满足短期投资的资金需求，会导致融资成本上升；将短期筹资流入的现金用于长期投资，会影响近期的资金周转。

4. 现金流量表的比率分析

通过相关比率分析了解企业的投资回报、支付能力、再投资能力等。

（二）现金流量表分析的内容

1. 分析企业投资回报率

分析企业投资回报率的有关指标主要有现金回收额和现金回收率。

（1）现金回收额（或剩余现金流量）的计算公式为：

$$现金回收额 = 经营活动现金净流量 - 偿付利息支付的现金$$

该指标相当于净利润指标，可用绝对数考核。分析时，应注意经营活动现金流量中是否有其他不正常的现金流入和流出。如果是企业集团或总公司对所属公司进行考核，可根据实际收到的现金进行考核。如：现金回收额 = 收到的现金股利或分得的利润 + 收到的管理费用 + 收到的折旧 + 收到的资产使用费和场地使用费。

（2）现金回收率的计算公式为：$现金回收率 = \dfrac{现金回收额}{投入资金或全部资本}$

现金回收额除以投入资金，相当于投资报酬率；如除以全部资金，则相当于资金报酬率。

2. 分析企业短期偿债能力

分析企业短期偿债能力主要是看企业的实际现金与流动负债的比率，即期末现金和现金等价物余额/流动负债。由于流动负债的还款到期日不一致，这一比率一般在

0.5 至 1 之间。

3. 分析经营活动现金净流量存在的问题

分析经营活动现金净流量存在的问题主要从以下几个方面进行。

(1) 分析经营活动现金净流量是否正常。在正常情况下，经营活动现金净流量＞财务费用＋本期折旧＋无形资产递延资产摊销＋待摊费用摊销。计算结果如为负数，表明该企业为亏损企业，经营的现金收入不能抵补有关支出。

(2) 分析现金购销比率是否正常。现金购销比率＝购买商品接受劳务支付的现金/销售商品出售劳务收到的现金。在一般情况下，这一比率应接近于商品销售成本率。如果购销比率不正常，可能有两种情况：购进了呆滞积压商品；经营业务萎缩。两种情况都会对企业产生不利影响。

(3) 分析营业现金回笼率是否正常。营业现金回笼率＝本期销售商品出售劳务收回的现金/本期营业收入×100%。此项比率一般应在100%左右，如果低于95%，说明销售工作不正常；如果低于90%，说明可能存在比较严重的虚盈实亏。

(4) 支付给职工的现金比率是否正常。支付给职工的现金比率＝用于职工的各项现金支出/销售商品出售劳务收回的现金。这一比率可以与企业过去的情况比较，也可以与同行业的情况比较，如比率过大，可能是人力资源有浪费，劳动效率下降，或者由于分配政策失控，职工收益分配的比例过大；如比率过小，反映职工的收益偏低。

4. 分析企业固定付现费用的支付能力

固定付现费用支付能力比率＝（经营活动现金流入－购买商品接受劳务支付的现金－支付各项税金的现金）/各项固定付现费用。这一比率如小于1，说明经营资金日益减少，企业将面临生存危机。可能存在的问题是：经营萎缩，收入减少；资产负债率高，利息过大；投资失控，造成固定支出膨胀；企业富余人员过多，有关支出过大。

5. 分析企业资金来源比例和再投资能力

(1) 企业自有资金来源＝经营活动现金净流量＋吸收权益性投资收到的现金＋投资收回的现金－分配股利或利润支付的现金－支付利息付出的现金。

(2) 借入资金来源＝发行债券收到的现金＋各种借款收到的现金。

(3) 借入资金来源比率＝借入资金来源/（自有资金来源＋借入资金来源）×100%。

(4) 自有投资资金来源比率＝自有投资资金来源/投资活动现金流出×100%。自有投资资金来源比率，反映企业当年投资活动的现金流出中，有多少是自有的资金来源。在一般情况下，企业当年自有投资资金来源在50%以上，投资者和债权人会认为比较安全。

十、财务分析报告的撰写

财务分析报告（主要指内部管理报告）是对企业经营状况、资金运作的综合概括和高度反映。要写出一份高质量的财务分析报告以下几点值得注意。

（一）要清楚明白地知道报告的阅读对象及报告分析的范围

报告的写作应因人而异。比如，提供给财务部领导的报告可以专业化一些，而提供给其他部门领导尤其对本专业相对陌生的领导的报告则要力求通俗一些；同时提供给不同层次阅读对象的分析报告，则要求分析人员在写作时准确把握好报告的框架结构和分析层次，以满足不同阅读者的需要。再如，报告分析的范围若是某一部门或二级公司，分析的内容可以稍细、具体一些；而分析的对象若是整个集团公司，则文字的分析要力求精练，不能对所有问题面面俱到，集中性地抓住几个重点问题进行分析即可。

（二）了解读者对信息的需求

写好财务分析报告的前提是财务分析人员要尽可能地多与领导沟通，捕获他们"真正想了解的信息"，避免过于烦琐和冗长。

（三）报告写作前要有一个清晰的框架和分析思路

财务分析报告的框架具体如下：报告目录—重要提示—报告摘要—具体分析—问题重点综述及相应的改进措施。"报告目录"告诉阅读者本报告所分析的内容及所在页码；"重要提示"主要是针对本期报告新增的内容或须加以重点关注的问题事先做出说明，旨在引起领导高度重视；"报告摘要"是对本期报告内容的高度浓缩，一定要言简意赅，点到为止。无论是"重要提示"还是"报告摘要"，都应在其后标明具体分析所在页码，以便领导及时查阅相应分析内容。以上三部分内容非常必要，其目的是让领导在最短的时间内获得对报告的整体性认识以及本期报告中将告知的重大事项。"具体分析"部分，是报告分析的核心内容。要想使这一部分写得很精彩，首要的是要有一个好的分析思路。例如，某集团公司下设四个二级公司，且都为制造公司。财务报告的分析思路是：总体指标分析—集团总部情况分析—各二级公司情况分析。在每一部分里，按本月分析—本年累计分析展开；再往下按盈利能力分析—销售情况分析—成本控制情况分析展开。如此层层分解，环环相扣，各部分间及每部分内部都存在着紧密的勾稽关系。"问题重点综述及相应的改进措施"一方面是对上期报告中问题执行情况的跟踪汇报，同时对本期报告"具体分析"部分中揭示出的重点问题进行集中阐述，旨在将零散的分析集中化，再一次给领导留下深刻印象。

(四) 财务分析报告一定要与公司经营业务紧密结合,切实揭示业务过程中存在的问题

财务人员在做分析报告时,由于不了解业务,往往闭门造车,并由此陷入就数据论数据的被动局面,得出来的分析结论也就常常令人啼笑皆非。因此,有必要强调的一点是:各种财务数据并不仅仅是通常意义上数字的简单拼凑和加总,每一个财务数据背后都反映了资产的增减、费用的发生、负债的偿还等。财务分析人员通过对业务的了解和明察,并具备对财务数据敏感性的职业判断,即可判断经济业务发生的合理性、合规性,由此写出来的分析报告也就能真正为业务部门提供有用的决策信息。财务数据毕竟只是一个中介(是对各样业务的如实反映,或称为对业务的映射),因而若以财务数据为对象的分析报告就数据论数据,报告的重要质量特征"相关性"受挫,对决策的"有用性"自然就难以谈起。

(五) 分析过程中应注意的其他问题

首先,对公司政策尤其是近期公司大的方针政策要有一个准确的把握,在吃透公司政策精神的前提下,在分析中应尽可能地立足当前,瞄准未来,以便使分析报告发挥"导航器"的作用。其次,财务人员在平时的工作当中,应多了解一些国家宏观经济环境尤其是尽可能捕捉、搜集同行业竞争对手资料。因为,公司最终面对的是复杂多变的市场,在这个大市场里,任何宏观经济环境的变化或行业竞争对手政策的改变都会或多或少地影响到公司的竞争力甚至决定着公司的命运。再次,勿轻易下结论。财务分析人员在报告中所用的所有结论性词语对报告阅读者的影响相当之大,如果财务人员在分析中草率地下结论,很可能形成误导。如目前在国内许多公司中核算还不规范,费用的实际发生期与报销期往往不一致,如果财务分析人员不了解核算的时滞差,则很容易得出错误的结论。最后,分析报告的行文要尽可能流畅、通顺、简明、精练,避免口语化、冗长化。

第二节 上海汽车财务状况综合分析

一、基本情况

上海汽车于1997年8月经上海市人民政府以〔1997〕41号文和上海市证券管理办公室沪证司〔1997〕104号文批准,由上海汽车工业(集团)总公司独家发起,在上海汽车工业有限公司资产重组的基础上,以上海汽车齿轮总厂的资产为主体,采用社会募集方式设立的上海汽车股份有限公司。1997年11月7日,经中国证券监督管理委员会以证监发字〔1997〕500号文批准,公司向社会公众公开发行境内上市内资股(A股)股票并上市交易,当时总股本为1 000 000 000股。公司属汽车制造业,

主要生产汽车、摩托车、拖拉机等各种机动车整车、总成及零部件、物业管理、国内贸易（除专项规定外）、咨询服务。主要产品有汽车及轿车变速箱、底盘、弹簧、散热器、车灯、制动器、转向机等零部件。

公司2003年资产负债表、损益表资料如表2-1、表2-2所示。

表2-1　　　　　　　　　　　　　　资产负债表

编制单位：上海汽车　　　　　2003年12月31日　　　　　　　　　单位：千万元

资　产	年初数	年末数	负债及股东权益	年初数	年末数
流动资产：			流动负债：		
货币资金	188.89	170.96	短期借款	1.65	15.95
短期投资	82.72	36.62	应付票据	1.46	3.18
应收票据	19.73	31.75	应付账款	51.31	72.79
应收账款	26.88	37.49	预收账款	1.46	2.50
应收股利	24.21	43.62	应付工资	25.31	17.99
减：坏账准备	—	—	应付福利费	4.56	5.47
应收账款净额	—	—	应付股利	105.04	14.80
预付账款	7.82	5.56	应交税金	2.49	0.79
其他应收款	9.58	2.70	其他应交款	0.24	0.28
存货	70.38	126.41	其他应付款	9.23	15.93
待摊费用	0.50	0.49	预提费用	21.63	48.45
待处理流动资产净损失	—	—	预计负债	0.45	4.29
一年内到期的长期债券投资	—	—	一年内到期的长期负债	0.50	2.73
流动资产合计	430.71	455.60	流动负债合计	225.32	205.17
长期投资合计：	396.67	461.60	长期负债：		
固定资产：			长期借款	12.48	13.09
固定资产原价	418.02	491.11	长期应付款	0.06	0.06
减：累计折旧	197.69	231.13	专项应付款	1.77	3.48
固定资产净值	220.33	259.98	长期负债合计	14.31	16.63
减：固定资产减值准备	14.46	11.55	递延税款贷项	1.90	1.52
固定资产净额	205.86	248.44	负债合计	241.54	223.32
在建工程	28.26	36.09	股东权益：		
待处理固定资产净损失	0.21	0.20	股本	252.00	252.00

续表

资　产	年初数	年末数	负债及股东权益	年初数	年末数
固定资产合计	234.34	284.73	资本公积	492.48	495.89
无形资产：			盈余公积	80.64	113.72
无形资产	4.72	4.73	未分配利润	2.41	118.12
长期待摊费用	3.61	2.55	股东权益合计	827.53	979.73
其他长期资产	—	0.00	少数股东权益	0.98	6.16
资产总计	1 070.05	1 209.21	负债及股东权益总计	1 070.05	1 209.21

表 2-2　　　　　　　　　　　　　　利　润　表

编制单位：上海汽车　　　　　　2003 年 12 月 31 日　　　　　　　单位：千万元

项　目	本月数（略）	本年累计数
一、主营业务收入		689.15
减：主营业务成本		524.23
主营业务税金及附加		1.72
二、主营业务利润		163.21
加：其他业务利润		6.86
减：销售费用		14.09
管理费用		124.60
财务费用		0.08
三、营业利润		31.29
加：投资收益		131.74
补贴收入		0.21
营业外收入		4.60
减：营业外支出		1.87
四、利润总额		165.97
减：所得税		14.22
少数股东损益		0.07
五、净利润		151.68

二、案例分析

运用杜邦分析法对上海汽车财务状况进行综合分析。

(一) 有关指标的计算

1. 股东权益报酬率

$$股东权益报酬率 = \frac{净利润}{股东权益平均余额} \times 100\% = \frac{151.68}{\frac{827.53+979.73}{2}} \times 100\% = 16.79\%$$

公司的股东权益报酬率略高于同行业平均股东权益报酬率（13.02%）。

2. 总资产报酬率

$$总资产报酬率 = \frac{净利润}{资产平均总额} \times 100\% = \frac{151.68}{\frac{1\,070.05+1\,209.21}{2}} \times 100\% = 13.31\%$$

公司的总资产报酬率略高于同行业平均总资产报酬率（8.97%）。

3. 平均权益乘数

$$平均权益乘数 = \frac{资产平均总额}{股东权益平均余额} = \frac{\frac{1\,070.05+1\,209.21}{2}}{\frac{827.53+979.73}{2}} = 1.26$$

公司的平均权益乘数低于同行业平均的权益乘数（1.45）。

4. 销售净利率

$$销售净利率 = \frac{净利润}{销售收入} \times 100\% = \frac{151.68}{689.15} \times 100\% = 22.01\%$$

公司的销售净利率高于平均同行业平均销售净利率（8.90%）。

5. 总资产周转率

$$总资产周转率 = \frac{销售收入}{平均资产总额} = \frac{689.15}{\frac{1\,070.05+1\,209.21}{2}} = 0.604\,7 次$$

公司的总资产周转率低于同行业平均总资产周转率（1.01次）相当。

6. 杜邦公式验证

总资产报酬率(13.31%) = 销售净利率(22.01%) × 总资产周转率(0.604 7)
股东权益报酬率(16.79%) = 总资产报酬率(13.31%) × 平均权益乘数(1.261 2)

(二) 杜邦分析系统图

上海汽车杜邦分析系统图如图2-1所示。

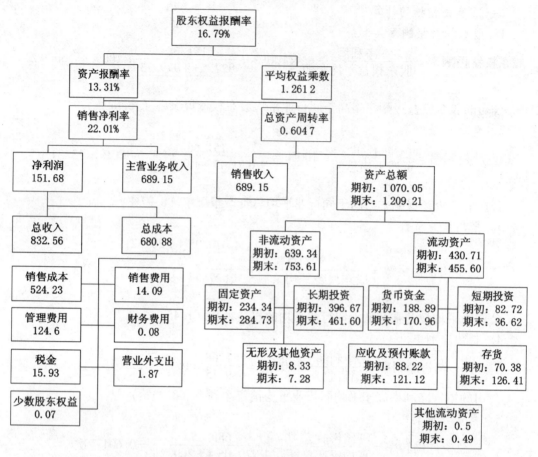

图 2-1 上海汽车杜邦分析系统图（单位：千万元）

（三）分析要点

（1）公司股东权益报酬率为 16.79%，略高于同行业平均水平（13.02%），说明公司股东获取投资报酬较高，公司的获利能力较强。进一步分析资产报酬率和权益乘数这两个指标。公司权益乘数与同行业平均水平大体相当，说明公司筹资情况较好，公司资本结构适当。同时，资产报酬率 13.31% 高于行业平均水平（8.97%），说明公司运用资产进行生产经营活动效率较高。

（2）虽然公司的销售收入、成本费用、资产结构、资产周转速度以及资金占用量等各种因素都会直接影响到资产报酬率的高低，但公司的总资产周转率与同行业平均水平相当。也就是说，公司的资产结构还是比较合理的，资产中流动资产与非流动资产的比例，流动资产中货币资金、应收账款、存货等资产的比例均比较合理。因此，影响资产报酬率的主要因素就在于销售净利率，即公司的销售净利率在市场竞争中处在优势地位。

（3）从年报查阅中可以得知，上海汽车在 2003 年新增江苏和辽宁两个业务分部，使得公司的销售收入和资产总额都明显增加。同时，从 2001 年起，公司投资收益的大幅增长，大部分是由于总部变更会计政策，对其合资合营公司的股权按权益法调整而产生的，还有的则是由于公司加大投资管理力度、清理无效投资和加强参股企业利润分配产生的。因而，我们认为公司的净利润大部分来源于投资收益，公司自身的盈利能力欠佳，如果被投资企业获利能力有限，或者经营风险较大，公司的收益就会受到很大影响。

三、问题探讨

（1）运用杜邦分析法评价企业财务状况应注意以下问题。

① 股东权益报酬率是综合性最强的财务比率，提高这一比率的途径有两个：一是在企业资本结构一定的情况下，通过增收节支提高资产利用效率来提高总资产报酬率；二是在总资产报酬率大于负债利息率的情况下，可通过提高资产负债率来提高股东权益报酬率。但这一途径会导致企业财务风险的加大。

② 提高总资产报酬率可以从销售净利率的提高和总资产周转率的提高两方面着手，具体可以分析企业的销售活动和资产管理情况。比如分析企业销售收入、成本费用、资产结构及企业的资金周转情况等。

（2）杜邦分析法通过对股东权益报酬率这一指标进行层层分解，可以综合反映企业各方面的财务状况以及各种财务比率之间的相互关系，最终体现企业股东财富最大化的理财目标，具有全面性、系统性。这种方法在西方国家（如美国）大量应用于对公司综合财务状况的评价，而在我国却应用较少。在实际应用时，可与其他方法结合使用。

第三节　红豆集团有限公司营运能力分析

一、基本情况

江苏红豆实业股份有限公司的主营业务为服装、针织品的生产与销售，锦纶丝的生产与销售，以及房地产的开发与销售。公司的主要服装产品包括西服、衬衫、羊毛衫、T恤、休闲服等。公司产品多次被国内贸易部、国家经贸委、消费者协会等单位评为"金桥奖"。红豆西服、衬衫、T恤等五大主导产品通过 ISO9002 质量体系认证。红豆衬衫、西服相继被中国名牌推进委员会推举为中国名牌产品，"红豆"品牌荣获"中国服装品牌年度价值大奖"。目前，红豆西服、衬衫、羊毛衫、T恤等产品已出口美国、意大利、法国、日本等多个国家和地区。

红豆集团早在1995年就开始试水多元化经营，2003年红豆集团大力实施多元化扩张，强势进军房地产行业，在随后数年内逐渐形成服装、橡胶轮胎、生物制药、地产四轮齐动的发展格局。红豆集团2001年才上市进入资本市场，同时，2006年红豆集团意识到非相关多元化的风险，实施相对多元化经营战略，关闭了轮毂、印染及化纤等无利可图的项目，加之房地产行业风生水起，使得市场表现良好。2006年公司有关财务资料如表2-3和表2-4所示。

表2-3　　　　　　　　　　　　　合并资产负债表

编制单位：红豆集团有限公司　　2006年12月31日　　　　　　　　　　单位：亿元

资产	年初数	年末数	负债及股东权益	年初数	年末数
流动资产：			短期借款	5.08	5.58
货币资金	6.04	4.09	应付票据及应付账款	1.92	1.96
应收票据及应收账款	1.12	1.92	其中：应付票据	0.51	0.01
其中：应收票据	0.21	0.28	应付账款	1.41	1.94
应收账款	0.91	1.64	预收款项	1.91	1.73
预付款项	0.99	1.41	应付职工薪酬	0.22	0.40
其他应收款合计	0.07	0.09	应交税费	0.43	0.65
其他应收款	0.07	0.09	其他应付款合计	1.32	1.69
存货	10.22	13.02	其他应付款	1.32	1.69
流动资产合计	18.45	20.52	流动负债合计	10.89	12.01
非流动资产：			长期借款	1.81	2.09
长期股权投资	0.06	—	负债合计	12.70	14.10
固定资产合计	4.83	5.33	所有者权益（或股东权益）：		
其中：固定资产	4.83	5.33	实收资本（或股本）	3.01	3.92
在建工程合计	0.83	0.90	资本公积	4.63	3.74
其中：在建工程	0.83	0.90	盈余公积	0.71	0.71
无形资产	0.55	0.53	未分配利润	2.68	3.15
长期待摊费用	0.05	0.03	归属于母公司所有者权益合计	11.03	11.52
递延所得税资产	—	0.03	少数股东权益	1.03	1.73
非流动资产合计	6.32	6.83	所有者权益合计	12.07	13.25
资产总计（亿元）	24.77	27.35	负债和所有者权益总计	24.77	27.35

表 2-4　　　　　　　　　　　　**合并利润及利润分配表**

编制单位：红豆集团有限公司　　　　2006 年 12 月 31 日　　　　　　　　　单位：亿元

	年初数	年末数
一、营业总收入	12.29	12.18
其中：营业收入	12.29	12.18
二、营业总成本	11.07	11.26
其中：营业成本	9.92	9.90
营业税金及附加	0.26	0.21
销售费用	0.32	0.39
管理费用	0.35	0.43
财务费用	0.22	0.27
资产减值损失	—	0.06
投资收益	—	—
三、营业利润	1.24	0.92
加：营业外收入	0.02	0.01
减：营业外支出	0.03	0.03
四、利润总额	1.23	0.90
减：所得税费用	0.40	0.38
五、净利润	0.83	0.52
归属于母公司所有者的净利润	0.74	0.49
少数股东损益	0.09	0.02
扣除非经常性损益后的归属母公司股东净利润	0.74	0.50
六、每股收益		
（一）基本每股收益（元）	—	0.13
（二）稀释每股收益（元）	—	0.13

二、案例分析

分析红豆集团 2006 年的营运能力可以从分析以下指标着手：总资产周转率、流动资产周转率、应收账款周转率、存货周转率及固定资产周转率等。

1. 总资产周转率

$$总资产周转率 = \frac{销售收入}{平均资产总额} = \frac{12.18}{\frac{27.35+24.77}{2}} = 0.4674$$

与纺织服装行业总资产周转率平均水平 0.69 相比，红豆集团总资产周转率没有达到平均水平，仅从这一指标分析，反映出公司总资产运营效果欠佳，销售能力不强。但还应结合流动资产周转率指标及流动资产占总资产的比重来分析评价。

2. 流动资产周转率

$$流动资产周转率 = \frac{销售收入}{平均流动资产总额} = \frac{12.18}{\frac{20.52+18.45}{2}} = 0.6251$$

2005 年和 2006 年公司流动资产分别占公司总资产的 74.49% 和 75.02%，略低于纺织服装行业平均流动资产周转率 0.99。公司还有必要对流动资产各构成要素进行分析，如应收账款周转率、存货周转率，以揭示影响公司流动资产周转效率的具体原因。

3. 应收账款周转率

$$应收账款周转率 = \frac{销售收入}{平均应收账款} = \frac{12.18}{\frac{1.64+0.91}{2}} = 9.5529$$

$$应收账款周转天数 = \frac{360}{9.5529} = 37.6849（天）$$

与纺织服装行业平均应收账款周转率 8.59 相比，红豆集团应收账款周转率相对偏低，公司应及时加强对应收账款的管理，以减少坏账发生，提高资产的流动性。

4. 存货周转率

$$存货周转率 = \frac{销货成本}{存货平均余额} = \frac{9.9}{\frac{13.02+10.22}{2}} = 0.8520$$

$$存货周转天数 = \frac{360}{存货周转率} = \frac{360}{0.8520} = 422.54（天）$$

在正常情况下，存货周转率越高越好。在企业保持既定存货水平的条件下，存货周转次数越多，周转一次所需天数越少，表明企业销货成本数额增多，只要这种销货成本数额的增多是由销货数量增多所引起的，则表明企业的销售流转能力增强；反之则说明企业的销售流转能力不强。公司应与同行业其他企业平均水平相比较，或与本公司历史水平相比较，以反映实际存货周转情况。

5. 固定资产周转率

$$固定资产周转率 = \frac{销售收入}{固定资产平均净值} = \frac{12.18}{\frac{5.33+4.83}{2}} = 2.3976$$

该比率越高，说明固定资产的利用率越高，管理水平越好。如果固定资产周转率不高，则说明企业的固定资产利用效率不高，企业营运能力不强。

三、问题探讨

（1）在企业财务分析实践中，欲发挥"营运能力"指标作用，以评价企业生产资料的运营效果，必须研究其具体分析方法及其应用中应关注的问题。一般情况下，在企业营运能力分析时应注意以下问题：

① 尽管总资产周转率可以综合反映企业整体的营运能力，但在企业实际财务分析和评价中却很少运用。我国企业在使用该指标时，多结合流动资产周转率指标以及流动资产占总资产的比重来进行分析评价。

② 经营者为了分析影响存货周转速度的具体原因，还可以进一步分别按原材料、在产品、产成品计算存货资产的阶段周转率，以考察、评价供产销不同阶段的存货营运效率。

③ 各指标在与同行业平均水平对比时，要注意指标计算口径的一致性，这样各指标才具有可比性。

（2）在对企业生产资料运营能力进行分析的基础上，经营者还应关注对企业人力资源营运能力的分析。

我国企业在进入市场经济后，减员增效已成为企业的共识，改变了过去企业内部生产资料和劳动力配置僵化、资金及劳动力的调剂难的局面。在这种状况下，企业经营者更要学会利用市场机制，找出企业生产资料和劳动力组合中不合理的配置所造成的落差，以提高各项资源的利用效率，最终实现企业价值最大化的理财目标。在当前的经济形势下，企业人力资源营运能力分析的重点是合理选择大量利用劳动力的资本投向，提高资本的整体利用效率。

思 考 题

1. 简述财务分析的内容。
2. 财务分析的方法有哪些？怎样运用这些方法？
3. 试述利用财务报表资料进行财务分析的局限性及其弥补措施。
4. 反映偿债能力的指标有哪些？如何运用？
5. 反映营运能力的指标有哪些？如何运用？

6. 反映获利能力的指标有哪些？如何运用？
7. 试述现金流量表分析的内容和分法。
8. 案例研究。

案例一 青岛啤酒集团有限公司偿债能力分析

（一）基本情况

2014 年，面对国内啤酒市场下降和国际化竞争不断加剧的不利形势，青岛啤酒适时做出战略调整、创新运营举措，积极致力于国内外市场的开拓，取得了销量、收入、利润、市场份额等持续增长的佳绩。公司全年实现啤酒销售量 915.4 万千升，同比增长 5.2%；实现营业收入人民币 290.49 亿元，同比增长 2.68%；实现归属于上市公司股东的净利润人民币 19.90 亿元，同比增长 0.85%，继续保持了公司在国内啤酒行业的领先水平。

青岛啤酒在 2014 年应市场的变化，调整了发展战略，在提高市场份额的同时，努力提升产品结构。通过多种渠道、方式加大市场推广力度，发挥青岛啤酒品牌、品质的核心优势，加快品牌和品种结构升级。公司在 8 月份明确将品牌战略调整为"1+1+N"，即青岛啤酒主品牌＋全国性第二品牌崂山啤酒＋汉斯、山水、银麦等区域品牌，更加适应市场竞争的需求，使公司在行业性衰退的情况下继续保持了销量、收入、利润的持续增长，市场份额获得不断提升。同时公司积极开拓中高端产品市场，保持了在国内中高端市场的领先地位，全年实现主品牌青岛啤酒销量 450 万千升，其中听装、小瓶、纯生和奥古特等高附加值产品实现国内销售量共计 166 万千升，同比增长 5.3%。

青岛啤酒 2014 年财务状况如表 2-5 和表 2-6 所示。

表 2-5　　　　　　　　　　　资产负债表（简表）

编制单位：青岛啤酒集团有限公司　　　　　　　　　　　　　　　　　　　单位：亿元

资　　产	2014 年年报	资　　产	2014 年年报
流动资产：		其中：应收利息	1.72
货币资金	63.89	其他应收款	1.64
应收票据及应收账款	1.67	存货	24.87
其中：应收票据	0.42	其他流动资产	7.83
应收账款	1.25	流动资产合计	103.52
预付款项	1.92	非流动资产：	
其他应收款合计	3.35	可供出售金融资产	0.00

续表

资　　产	2014年年报	资　　产	2014年年报
长期股权投资	15.36	其他应付款	42.99
投资性房地产	0.11	一年内到期的非流动负债	0.02
固定资产合计	91.37	流动负债合计	92.28
其中：固定资产	91.19	非流动负债：	
固定资产清理	0.18	长期借款	0.03
在建工程合计	10.52	长期应付款合计	3.25
其中：在建工程	10.52	专项应付款	3.25
无形资产	27.81	长期应付职工薪酬	4.91
商誉	13.07	递延所得税负债	1.58
长期待摊费用	0.33	递延收益—非流动负债	15.11
递延所得税资产	7.19	其他非流动负债	—
其他非流动资产	0.77	非流动负债合计	24.88
非流动资产合计	166.52	负债合计	117.17
资产总计	270.04	所有者权益（或股东权益）：	
流动负债：		实收资本（或股本）	13.51
短期借款	4.33	资本公积	40.79
应付票据及应付账款	25.86	其他综合收益	0.10
其中：应付票据	0.92	盈余公积	12.16
应付账款	24.94	一般风险准备	0.67
预收款项	7.88	未分配利润	86.64
应付职工薪酬	8.67	外币报表折算差额	—
应交税费	2.49	归属于母公司所有者权益合计	153.88
其他应付款合计	43.04	少数股东权益	-1.00
其中：应付利息	0.05	所有者权益合计	152.87
应付股利	—	负债和所有者权益总计	270.04

表 2-6 利润及利润分配表（简表）

编制单位：青岛啤酒集团有限公司　　　　　　　　　　　　　　　　　　单位：亿元

项　目	2014 年年报
一、营业总收入	290.49
其中：营业收入	290.49
二、营业总成本	267.89
其中：营业成本	178.99
营业税金及附加	21.83
销售费用	56.83
管理费用	13.62
财务费用	-3.35
资产减值损失	-0.04
投资收益	0.24
其中：对联营企业和合营企业的投资收益	0.24
三、营业利润	22.84
加：营业外收入	4.69
其中：非流动资产处置利得	0.03
减：营业外支出	0.71
其中：非流动资产处置损失	0.63
四、利润总额	26.83
减：所得税费用	6.63
五、净利润	20.20
归属于母公司所有者的净利润	19.90
少数股东损益	0.29
扣除非经常性损益后的归属母公司股东净利润	16.71
六、每股收益	
（一）基本每股收益（元）	1.47
（二）稀释每股收益（元）	1.47
七、其他综合收益	-0.15
（一）以后不能重分类进损益的其他综合收益	-0.15

续表

项　目	2014年年报
1. 重新计量设定受益计划净负债或净资产的变动	-0.15
（二）以后将重分类进损益的其他综合收益	0.00
八、综合收益总额	20.04
归属于母公司股东的综合收益总额	19.75
归属于少数股东的综合收益总额	0.29

（二）分析要点及要求

（1）对青岛啤酒公司的短期偿债能力进行分析，主要侧重分析流动比率、速动比率，并结合流动资产和流动负债项目中的具体项目对青岛啤酒公司的短期偿债能力进行评价。

（2）对青岛啤酒公司的长期偿债能力进行分析，主要侧重分析资产负债率、股东权益比率、权益乘数、负债股权比率等指标。

（三）问题探讨

（1）在企业财务分析实践中评价短期偿债能力应注意哪些问题？你认为青岛啤酒公司的短期偿债能力如何？

提示：在评价企业财务状况时，通常认为流动比率大于2为好，速动比率大于1为好。实际上，对这两个财务比率的分析应结合不同行业的特点、企业性质、企业流动资产结构及各项流动资产的实际变现能力等因素，不可一概而论。特别要注意分析流动资产项目中应收账款、存货项目对短期偿债能力的影响以及流动负债中短期借款项目的影响。一般应将这两个指标结合起来进行分析。

在这个案例中，虽然青岛啤酒公司的流动比率、速动比率未达到一般公认标准，但只要联系公司的实际和中国的现实，就不难得出公司短期偿债能力优良的结论。

（2）在企业财务分析实践中评价长期偿债能力时是否应对企业盈利能力进行分析？长期偿债能力与盈利能力之间有何矛盾？如何解决这一矛盾？结合青岛啤酒公司的盈利性，你认为青岛啤酒公司的长期偿债能力如何？

提示：对企业的长期偿债能力的考察，即主要评价企业偿还本金和支付利息的能力。分析长期偿债能力，既要评价资产负债表所反映的长期财务状况，又要分析利润表所反映的盈利能力。公司有大量的流动资金可提高偿债能力，但是盈利能力随之降低；流动资金减少，可提高投资比例，增强企业后劲，但会影响企业偿债能力。解决这一矛盾的关键在于企业自身的发展战略。

青岛啤酒公司既保持了利润的稳步增长，同时公司的偿债能力也较强，可以说较好地处理了盈利能力与偿债能力之间的矛盾。

案例二 四川长虹电器股份有限公司盈利能力分析

（一）基本情况

四川长虹电器股份有限公司是一家具有全球竞争力的消费电子系统供应商和内容服务提供商。公司已经实现了从单纯的家电制造商向标准制定商、内容提供商的转变，形成了集数字电视、空调、冰箱、IT、通讯、数码、网络、电源、商用系统电子、小家电等产业研发、生产、销售为一体的多元化、综合型跨国企业集团。公司建立起开放式的自主技术创新体系，成功构建起完善的全球消费类电子技术创新平台，使公司由传统的家电企业向3C融合的信息家电企业转型，并成功构架跨越广电网、通讯网及互联网的3C产业体系。

目前，长虹拥有遍及全国的30 000余个营销网络和8 000余个服务网点。同时在美洲、澳洲、东南亚、欧洲设立了子公司，经贸往来遍及全球100多个国家和地区。公司主营业务总体上在国内市场处于领先或较领先地位。2018年公司冰箱压缩机业务在全球和国内市场的销售份额稳居第一，彩电、冰箱产品销售额居国内前五，IT综合服务业务规模位居行业前三，陆军近程防空雷达、军用航空电源、碱锰电池、LED照明等业务在行业细分市场继续保持领先地位。

公司2014年利润分配和年末股东权益的有关资料如表2-7所示。

表2-7 2014年利润分配和年末股东权益 单位：元

项目	金额	项目	金额
净利润	267 502 219.16	已分配普通股股利	—
加：年初未分配利润	2 115 004 776.32	未分配利润	2 081 537 704.28
可分配的利润	2 382 506 995.48	股本	4 616 244 222.00
减：提取法定公积金	200 646 194.1	资本公积	3 870 330 230.62
提取法定公益金	50 161 548.53	其他综合收益	28 881 088.63
可供股东分配的利润	2 131 699 252.81	盈余公积	3 455 121 978.12
减：已分配优先股股利	—	所有者权益合计	14 052 115 223.65
提取任意盈余公积金	50 161 548.53		

其他资料：

2014年年末普通股股份总数为20 898 610 871.88股。另外，2012年、2013年上市公司年报摘要中列示，四川长虹主要财务指标为：

	2012 年	2013 年
每股收益（元/股）（摊薄）	0.070 5	0.111 0
每股净资产（元/股）	2.936 2	3.042 3
净资产收益率（%）	2.430 1	3.713 8

（二）分析要点及要求

（1）对于上市公司来说，最重要的财务指标是每股收益、每股净资产和净资产收益率。请根据资料计算各指标。

（2）结合 2012 年和 2013 年该公司的财务情况进行投资分析。

（三）问题探讨

（1）投资者进行投资分析时，使用每股收益这一指标分析盈利性有无局限性？投资者可结合哪些指标分析公司的盈利能力？

（2）使用每股净资产这一财务指标在进行投资分析时，为什么只能有限地使用？实际运用时投资者可结合哪些指标进行投资分析？

（3）市盈率这一指标的大小受哪些因素的影响？投资者运用这一指标进行投资分析时应注意哪些问题？

案例三　百威英博盈利能力分析

（一）基本情况

百威英博是啤酒行业全球最大的企业，旗下有世界最大的啤酒酿造公司以及美国第二大铝制啤酒酿造制造厂等。品牌包括英博、百威等。根据新浪财经公开资料，截至 2015 年 8 月 14 日，百威英博的股价为每股 117.32 美元，市盈率为 20.30，每股收益为 5.78。其 2011—2014 年的利润表简表、资产负债表简表、现金流量表如表 2-8、表 2-9、表 2-10 所示。

表 2-8　　　　　百威英博 2011—2014 年的利润表简表　　　　单位：百万美元

项　目	2011 年	2012 年	2013 年	2014 年
营业收入	39 046	39 758	43 195	47 063
营业成本	16 634	16 422	17 594	18 756
营业毛利	22 412	23 336	25 601	28 307
销售和管理费用	10 499	11 241	12 558	14 385
营业利润	11 789	12 729	20 726	15 620
利润总额	9 815	11 005	18 534	13 801
净利润	5 855	7 160	14 394	9 216

表2-9　　　　　　　百威英博2011—2014年的资产负债表简表　　　　　　单位：百万美元

项　目	2011年	2012年	2013年	2014年
现金及现金等价物	5 320	3 741	7 109	6 604
应收账款净额	4 121	2 736	2 935	3 363
流动资产总额	12 323	20 630	18 690	18 541
固定资产	0	33 108	38 107	37 485
商誉净值	51 302	51 766	69 927	70 758
无形资产净额	23 818	24 371	29 338	29 923
资产总额	112 427	122 621	14 166	142 550
流动负债	19 644	20 408	25 627	27 208
长期负债	34 598	38 951	41 274	43 630
债务总额	74 923	81 467	91 301	9 278
权益总额	37 504	41 154	50 365	49 972
已发行普通股	1 597.97	1 602.09	1 602.09	1 607.12

表2-10　　　　　　　百威英博2011—2014年的现金流量表　　　　　　单位：百万美元

项　目	2011年	2012年	2013年	2014年
经营活动产生的现金	14 144	13 864	13 268	12 486
投资活动产生的现金	-11 152	-10 281	-11 341	-2 731
融资活动产生的现金	-3 855	341	162	-8 996

（二）分析要点及要求

1. 分析评价百威英博的商品盈利能力。
2. 分析评价百威英博的资产盈利能力。
3. 分析评价百威英博的资本盈利能力。
4. 与案例一的青岛啤酒相关财务指标进行比较并进行评价。

第三章 财务预算管理案例

第一节 理论概述

一、财务预算管理的概念及内容

预算管理是指利用预算对企业内部各部门、各单位的各种财务和非财务资源进行分配、考核、控制，以便有效地组织和协调企业的生产经营活动，完成既定的经营目标。企业财务预算是在预测和决策的基础上，围绕企业战略目标，对一定时期内企业资金取得和投放、各项收入和支出、企业经营成果及其分配等资金运动所作的具体安排。财务预算与业务预算、资本预算、筹资预算共同构成企业的全面预算。预算管理是企业日常经营运作的重要工具，是企业管理支持流程之一，与其他管理支持流程相互作用，共同支持企业的业务流程（营销管理、计划管理、采购与生产管理、库存管理）。通过实施全面预算管理，可以明确并量化公司的经营目标、规范企业的管理控制、落实各责任中心的责任、明确各级权责、明确考核依据，为企业的成功提供保证。

二、财务预算的形式及其编制依据

企业编制财务预算应当按照先业务预算、资本预算、筹资预算，后财务预算的流程进行，并按照各预算执行单位所承担经济业务的类型及其责任权限，编制不同形式的财务预算。

（一）业务预算

业务预算是反映预算期内企业可能形成现金收付的生产经营活动（或营业活动）的预算，一般包括销售或营业预算、生产预算、制造费用预算、产品成本预算、营业成本预算、采购预算、期间费用预算等，企业可根据实际情况具体编制。

1. 销售或营业预算

销售或营业预算是预算期内预算执行单位销售各种产品或者提供各种劳务可能实现的销售量或者业务量及其收入的预算。它主要依据年度目标利润、预测的市场销量或劳务需求、提供的产品结构以及市场价格编制。

销售额和销售组合（即各产品占销售的比例）左右全公司的业务。因为销售计划影响着大部分的计划，所以应先予以完成。销售预算不同于销售预测。例如，以下是一段销售预测："按目前的推销情况，预测销售额将不至于有太大的改变。"相反，销售预算反映的是销售额按计划的增加，以及应增加多少业务人员，增加多少广告与促销费用，或是应如何增加或重新设计产品。

销售预算一经制定，销售费用预算即应制定，因为销售费用预算中写明了推销活动的规模与费用。但是，在这时候只需表明销售费用的重要部分便已足够，可将细节留待下一步再做。

销售预算可以说是最难制定的预算。因为公司的营业收入依靠顾客的消费行为而定，而顾客的行为却不是管理人员能直接掌握的。相反，销售费用主要由公司的行动来决定（某些成本因素的价格变化除外），所以能较明确地计划。

估计销售预算主要有下列两种方法：一是对作为分析基础的经济发展情况、该产业情况、市场情况、产品成长曲线等进行统计预测；二是收集经营者与业务人员的意见，进行内部预测。

有些公司要求其销售人员做每个客户可能购买各种产品的预测，有些公司要求其地区经理预测各该区的销售额，但也有公司根本就不要求第一线人员参与预测的工作。

统计预测与内部预测各有利弊，往往两者会被同时应用，但是由于未来的不确定性，可以说两者都不能保证预测的合理、正确。统计分析的技巧是基于假设未来和过去差不多。因此，若销售额在今年内增加了5%，而且没有明显的理由表示这个比率会改变，则我们可以合理地假设明年销售额仍将按此比率成长。这是最简单的预测，只需将过去发生的事以线性方程求之即可。更复杂更可靠的方法是分析影响销售额的各个因素，然后预测各个因素的变化。

2. 生产预算

生产预算是从事工业生产的预算执行单位在预算期内所要达到的生产规模及其产品结构的预算。它主要是在销售预算的基础上，依据各种产品的生产能力、各项材料及人工的消耗定额及其物价水平和期末存货状况编制。为了实现有效管理，还应当进一步编制直接人工预算和直接材料预算。

3. 制造费用预算

制造费用预算是从事工业生产的预算执行单位在预算期内为完成生产预算所需各种间接费用的预算。它主要是在生产预算基础上，按照费用项目及其上年预算执行情况，根据预算期降低成本、费用的要求编制。

4. 产品成本预算

产品成本预算是从事工业生产的预算执行单位在预算期内生产产品所需的生产成

本、单位成本和销售成本的预算。它主要依据生产预算、直接材料预算、直接人工预算、制造费用预算等汇总编制。

5. 营业成本预算

营业成本预算是非生产型预算执行单位对预算期内为了实现营业预算而在人力、物力、财力方面必要的直接成本预算。它主要依据企业有关定额、费用标准、物价水平、上年实际执行情况等资料编制。

6. 采购预算

采购预算是预算执行单位在预算期内为保证生产或者经营的需要而从外部购买各类商品、各项材料、低值易耗品等存货的预算。它主要根据销售或营业预算、生产预算、期初存货情况和期末存货经济存量编制。

7. 期间费用预算

期间费用预算是预算期内预算执行单位组织经济活动必要的管理费用、财务费用、销售（营业）费用等的预算，应当区分变动费用与固定费用、可控费用与不可控费用的性质，根据上年实际费用水平和预算期内的变化因素，结合费用开支标准和企业降低成本、费用的要求，分项目、分责任单位进行编制。其中，科技开发费用以及业务招待费、会议费、宣传广告费等重要项目，应当重点列示。

8. 营业外支出等相关业务预算

企业对自办医院、学校及离退休人员费用支出，解除劳动关系补偿支出，缴纳税金，政策性补贴，对外捐赠支出及其他营业外支出等，应当根据实际情况和国家有关政策规定，编制营业外支出等相关业务预算。

总之，除了销售预算之外的其他预算编制时，高级管理层制定的预算指导方针和销售计划应一层一层地传送到整个组织。各层主管要加上其他更详细的注释，以作为其对属下的指导原则。当指导方针传递到责任中心的最下层时，该责任中心的负责人应按指导方针中所制定的项目与规定来制定该中心的预算。

规划费用责任中心负责人必须估计该中心各项费用的数目。这项估计需要综合分析的技巧与恰当的判断。作估计时，数量和单价应尽可能分开表示，以便将来评价绩效比较方便。比如，物料成本应以公斤（吨）数乘以每公斤（吨）价格来表示，人工成本应以工作时数乘以每小时工资来表示。因为数量与单价的改变通常要由两个以上的部门来分别负责。例如，原料的价格由采购部门负责，而原料的使用量却应由工厂领班负责。同样，预估数值通常是按产品线或成本项目来分开表示，为的是便于将来评定绩效。

通常，估计费用时多采用现在的真实成本为估计的基础，在预算制定方针中可以对费用的估计加以限定，如假设原料的采购与外来的服务费用会提高3%，制定预算的部门负责人可根据此项指导方针加上他自己的判断来决定其他方面价格的变化。

(二) 资本预算

资本预算是企业在预算期内进行资本性投资活动的预算，主要包括固定资产投资预算、权益性资本投资预算和债券投资预算。

1. 固定资产投资预算

固定资产投资预算是企业在预算期内购建、改建、扩建、更新固定资产进行资本投资的预算，应当根据本单位有关投资决策资料和年度固定资产投资计划编制。企业处理固定资产所引起的现金流入也应列入资本预算。企业如有国家基本建设投资、国家财政生产性拨款，应当根据国家有关部门批准的文件、产业结构调整政策、企业技术改造方案等资料单独编制预算。

2. 权益性资本投资预算

权益性资本投资预算是企业在预算期内为了获得其他企业单位的股权及收益分配权而进行资本投资的预算，应当根据企业有关投资决策资料和年度权益性资本投资计划编制。企业转让权益性资本投资或者收取被投资单位分配的利润（股利）所引起的现金流入，也应列入资本预算。

3. 债券投资预算

债券投资预算是企业在预算期内为购买国债、企业债券、金融债券等所做的预算，应当根据企业有关投资决策资料和证券市场行情编制。企业转让债券收回本息所引起的现金流入，也应列入资本预算。

（三）筹资预算

筹资预算是企业在预算期内需要新借入的长短期借款、经批准发行的债券以及对原有借款、债券还本付息的预算。它主要依据企业有关资金需求决策资料、发行债券审批文件、期初借款余额及利率等编制。

企业经批准发行股票、配股和增发股票，应当根据股票发行计划、配股计划和增发股票计划等资料单独编制预算。股票发行费用，也应当在筹资预算中分项做出安排。

（四）财务预算

财务预算主要以现金预算、预计资产负债表和预计损益表等形式反映。企业应当结合自身特点制定规范的财务预算编制基础表格，统一财务预算指标计算口径。

1. 现金预算

现金预算是按照现金流量表主要项目内容编制的，反映企业预算期内一切现金收支及其结果的预算。它以业务预算、资本预算和筹资预算为基础，是其他预算有关现金收支的汇总，主要作为企业资金头寸调控管理的依据。

2. 预算资产负债表

预算资产负债表是按照资产负债表的内容和格式编制的，综合反映预算执行单位期末财务状况的预算报表。它一般根据预算期初实际的资产负债表、销售或营业预算、生产预算、采购预算、资本预算以及筹资预算等有关资料分析编制。

3．预算损益表

预算损益表是按照损益表的内容和格式编制的，反映预算执行单位在预算期内利润目标的预算报表。它一般根据销售或营业预算、生产预算、产品成本预算或者营业成本预算、期间费用预算、其他专项预算等有关资料分析编制。

三、不同预算管理模式的选择

预算管理一头连着市场，一头连着企业内部，而不同的市场环境和不同的企业规模与组织，其预算管理的模式又是不同的。为便于分析，假定预算管理模式中的企业是单一产品生产企业，因此，企业生命周期即为其产品生命周期。根据产品生命周期理论，可将预算管理分为四大模式。

（一）处于初创期的企业预算管理模式——以资本预算为起点的预算管理模式

企业初创期面临着极大的经营风险，它来自两方面：一方面是大量资本支出与现金支出，使得企业净现金流量为绝对负数；另一方面是新产品开发的成败及未来现金流量的大小具有较大的不确定性，投资风险大。

投资的高风险性，使得新产品开发及其相关资本投入需要慎重决策，这时的预算管理以资本预算为重点。这里的资本预算概念不同于传统的项目决策与选择过程，它具有更为广泛的含义，具体包括：

（1）投资项目的总预算，即从资本需要量方面对拟投资项目的总支出进行规划。

（2）项目的可行性分析与决策过程，即从决策的理性角度对项目的优劣进行取舍，从而确定哪些项目上、哪些项目不上，它需要借助于未来预期现金流量及规划，属于项目预算。

（3）在时间序列上考虑多项目资本支出的时间序列，即从时间维度上进行资本支出的现金流量规划。

（4）在考虑总预算、项目预算及时间序列后，结合企业的筹资方式进行筹资预算，以保证已上项目的资本支出需要，此为项目筹资预算。

（5）从机制与制度设计上确定资本预算的程序与预算方式，包括由谁来对项目可行性进行最终决策；由谁来编制项目预算、总预算、各时间序列下资本支出预算及最终的筹资预算；由谁来评审预算本身的合理性与可操作性；由谁负责资本预算的执行并由谁对其资本支出过程进行必需的监督；由谁最终对资本预算进行全面评价并对全部结果负最终责任。

所有这些问题，都最终以预算制度和预算表格的方式在资本支出过程中表现出来，由预算制度和预算表格指挥人们的行动，替代日常管理，人人参与，人人有责，而且人人明确自己在做什么。这就是资本预算管理模式。

(二) 企业增长期的预算管理——以销售为起点的预算管理模式

步入增长期的企业，尽管产品逐渐为市场所接受，尽管对产品生产技术的把握程度已大大提高，但企业仍然面临较高的风险。它一方面来自于产品能否为市场所完全接受、能在多高的价格上接受，从而表现为经营风险；另一方面来自于现金流的负值及由此而产生的财务风险，即由于大量的市场营销费用投入、各种有利于客户的信用条件和信用政策的制定而需要补充大量的流动资产。因此，现金净流量仍然维持在入不敷出的状态。这些特征，是由于企业的战略定位所致，增长期的战略重点不在财务而在营销，即通过市场营销来开发市场潜力和提高市场占有率。同样，预算管理的重点是借助预算机制与管理形式来促进营销战略的全面落实，以取得企业可持续的竞争优势。

在这一阶段，企业战略管理重点是扩大市场占有率，并在此基础上理顺内部组织的管理关系。以销售为起点的预算管理模式，应该而且能够为实施企业营销战略、持续提高企业竞争力提供全方位的管理支持。

该模式下预算编制思想是：

(1) 以市场为依托，基于销售预测而编制销售预算；

(2) 以"以销定产"为原则，编制生产、费用等职能预算；

(3) 以各职能预算为基础，编制综合财务预算。

从预算机制角度讲，该预算模式下的管理以营销管理为中心。具体地说，销售预测需由营销等职能部门全面参与，在市场预测的基础上确定各营销网络的销售预算，上报企业预算管理中心（简称预算中心，下同），由预算中心结合企业发展战略及区域定位来调整各网络的销售预算，防止偷懒行为，在预算中心与各网络就销售预算进行讨价还价并最终达成一致后，预算中心下达各网络的销售指令，从而形成各网络的硬预算约束；同时，对于非销售的其他辅助管理部门，它们在本质上都属于销售预算管理的支持与辅助部门。预算中心要通过测定调整各职能预算，确定并下达各职能部门的预算责任，预算责任成为各部门工作的标准和管理依据，成为自我控制与自我管理行为的指挥棒。它表明预算已使得各职能部门变被动接受上级管理为主动进行自我管理，预算管理是过程管理、机制管理。

(三) 市场成熟期的预算管理——以成本控制为起点的预算管理模式

这一阶段的生产环境与企业应变能力都有不同程度的改善，一方面生产增长减慢但企业却占有较高、较稳定的市场份额，市场价格也趋于稳定；另一方面，从企业角度讲，由于大量销售和较低的资本支出，现金净流量为正数且保持较高的稳定性。企业经营风险相对较低，但潜在的压力却非常大，这种压力体现在两个方面：一是成熟期长短变化所导致的持续经营压力与风险；二是成本下降压力与风险。前者是不可控风险，后者是可控风险。也就是说，在既定产品价格的前提下，企业收益能力大小完全取决于成本这一相对可控因素。成本下降风险是指由于其他企业的竞争，原先优势如果全部来自于总成本领先战略，则将对企业的收益构成威胁，因此，成本控制成为这一阶段财务管理乃至企业管理的核心。

以成本为控制点，以成本为预算起点的成本管理模式也就理所当然地成为这一阶段企业预算管理的主导模式。这一模式的内在逻辑在于：既然市场价格基本稳定，企业欲达期望收益必在成本上进行挖潜。用公式表示即：成本预期＝现实售价－期望利润。对于成熟期产品而言，利润实现高低不完全取决于定价策略，而是取决于成本管理策略。可见，以市场为导向、以企业成本预算为起点的预算管理模式，对于大多数产品处于成熟状态的企业，具有重要的指导意义。

以成本为起点的预算管理模式，强调成本管理是企业管理的核心与主线，它以企业期望收益为依据，以市场价格为已知变量来规划企业总预算成本，再以总预算成本为基础，分解到涉及成本发生的所有管理部门或单位，形成约束各预算单位管理行为的分预算成本。不论是总预算成本还是分预算成本，都不是传统意义上的标准成本（标准成本的最大缺陷就在于，它是与标准产量而不是与市场可接受的需要量相联系的，实现标准成本并不等于企业实现利润目标，而预算成本直接与市场相对接，从而能在制度上保证实现预算成本就意味着实现目标利润）。

（四）衰退期的预算管理——以现金流量为起点的预算管理模式

这一时期的预算管理模式只能是过渡式的，衰退期经营特征和财务特征昭示我们，采用现金流量为起点的预算管理模式可能是最合适的。这是因为，在经营上，该时期企业所拥有的市场份额稳定但市场总量下降，销售出现负增长；在财务上，大量应收账款在本期收回，而潜在投资项目并未确定。因此，自由现金流量大量闲置，并可能为个人效用最大化日益膨胀的经营者所滥用。如何针对上述特点，做到监控现金有效收回并保证其有效利用等，均应成为管理的重点，以现金流量为起点的预算管理将现金流入流出控制作为核心，也就具有必然性。

以现金流量为起点的预算管理模式必须借助于现金预算，它旨在解释企业及其各部门的现金是从哪里得来的，又用到何处去了；在某一时点上能被用以周转使用的余额是多少；企业将在未来何时需要现金；如何筹资以用于到期的现金支付；现金支出的合理程度有多大；如何通过预算方式避免不合理的现金支出；如何通过现金预算来抑制自由现金流量被滥用；与预算管理相对应的，企业应采用何种现金管理模式，是采用现金收支两条线还是采用备用金制度，是采用现金的内部结算周转信用制度还是采用集团内的财务公开制度；等等。所有这些问题都与现金预算管理模式相关，离开了预算管理，企业财务管理就失去了管理依据和管理重心。

当然，并不是只有当企业步入衰退期时，企业才采用现金预算这一妙招，事实上，现金流量及其流转与财务管理的重要性，使得以现金预算为起点的预算管理模式应当而且必须成为企业日常财务管理的关键。

从上述分析也可得知,以现金流量为起点的预算管理模式并不完全等同于现金预算。现金预算仅仅是财务预算的一部分,它旨在降低支付风险,协调现金流动性与收益性的矛盾。与此不同,以现金流量为起点的预算管理模式,要求企业管理必须以现金的收回与合理支出为核心,它以防止自由现金流量被滥用为目的(由于分权管理体制,能够滥用自由现金流量的不再是传统意义上的经营者,很可能还包括下级管理人员,这一点在我国内部管理制度尚不健全的国有企业,表现得尤为突出),同时也为下一轮新产品的开发和新的经济增长点积蓄资本潜力。

按产品生命周期及企业生命周期理论来解释预算管理模式,只是一种理论上的抽象,它适用于单一产品的生产企业,但是,这种抽象并不意味着对多产品生产企业乃至多企业的集团公司不具有指导意义。因为,不论是多产品企业还是多企业的集团公司,其管理对象最终都要落实在某一产品中,企业内部的分工与管理对象的细化,往往使得某一、二级管理主体(如某产品分部)只针对一种或少数类别的产品实施管理。这样,上述预算模式就可用于二级管理主体,总部的任务并不损害预算管理主线及其管理的权威性本身。尤其对于集团公司,总部完全可以按照分部或下属子公司的产品本身,根据上述思想所设定的不同的预算起点,制定不同的预算战略与管理体系。

四、财务预算的编制程序和方法

(一)财务预算的编制程序

企业编制预算,一般应按照"上下结合、分级编制、逐级汇总"的程序进行。

1. 下达目标

企业董事会或经理办公会根据企业发展战略和预算期经济形势的初步预测,在决策的基础上,一般于每年9月底以前提出下一年度企业财务预算目标,包括销售或营业目标、成本费用目标、利润目标和现金流量目标,并确定财务预算编制的政策,由财务预算委员会下达各预算执行单位。

2. 编制上报

各预算执行单位按照企业财务预算委员会下达的财务预算目标和政策,结合自身特点以及预测的执行条件,提出详细的本单位财务预算方案,于10月底前上报企业财务管理部门。

3. 审查平衡

企业财务管理部门对各预算执行单位上报的财务预算方案进行审查、汇总,提出综合平衡的建议。在审查、平衡过程中,财务预算委员会应当进行充分协调,对发现的问题提出初步调整的意见,并反馈给有关预算执行单位予以修正。

4. 审议批准

企业财务管理部门在有关预算执行单位修正调整的基础上,编制出企业财务预算方案,报财务预算委员会讨论。对于不符合企业发展战略或者财务预算目标的事项,企业财务预算委员会应当责成有关预算执行单位进一步修订、调整。在讨论、调整的基础上,企业财务管理部门正式编制企业年度财务预算草案,提交董事会或经理办公会审议批准。

5. 下达执行

对于董事会或经理办公会审议批准的年度总预算,企业财务管理部门一般在次年3月底以前将其分解成一系列的指标体系,由财务预算委员会逐级下达各预算执行单位执行。在下达后15日内,母公司应当将企业财务预算报送主管财政机关备案。

(二) 财务预算的编制方法

企业财务预算可以根据不同的预算项目分别采用固定预算、弹性预算、滚动预算、零基预算、概率预算等方法进行编制。

1. 固定预算

固定预算是根据预算内正常的、可实现的某一业务量水平编制的预算。它一般适用于固定费用或者数额比较稳定的预算项目。

2. 弹性预算

弹性预算是在按照成本(费用)习性分类的基础上,根据量、本、利之间的依存关系编制的预算。它一般适用于与预算执行单位业务量有关的成本(费用)、利润等预算项目。

3. 滚动预算

滚动预算是随时间的推移和市场条件的变化而自行延伸并进行同步调整的预算。它一般适用于季度预算的编制。

4. 零基预算

零基预算是对预算收支以零为基点,对预算期内各项支出的必要性、合理性或者各项收入的可行性以及预算数额的大小,逐项审议决策从而予以确定收支水平的预算。它一般适用于不经常发生的或者预算编制基础变化较大的预算项目,如对外投资、对外捐赠等。

5. 概率预算

概率预算是对具有不确定性的预算项目,估计其发生各种变化的概率,根据可能出现的最大值和最小值计算其期望值,从而编制的预算。它一般适用于难以预测其变化趋势的预算项目,如销售新产品、开拓新业务等。

五、财务预算的执行与控制

企业预算一经批复下达,各预算执行单位就必须认真组织实施,将财务预算指标层层分解，从横向和纵向落实到内部各部门、各单位、各环节和各岗位，形成全方位的财务预算执行责任体系；企业应当将财务预算作为预算期内组织、协调各项经营活动的基本依据，将年度预算细分为月份和季度预算，以分期预算控制确保年度财务预算目标的实现；企业应当强化现金流量的预算管理，按时组织预算资金的收入，严格控制预算资金的支付，调节资金收付平衡，控制支付风险。对于预算内的资金拨付，按照授权审批程序执行。对于预算外的项目支出，应当按财务预算管理制度规范支付程序。对于无合同、无凭证、无手续的项目支出，不予支付；企业应当严格执行销售或营业、生产和成本费用预算，努力完成利润指标。在日常控制中，企业应当健全凭证记录，完善各项管理规章制度，严格执行生产经营月度计划和成本费用的定额、定率标准，加强适时的监控。对预算执行中出现的异常情况，企业有关部门应及时查明原因，提出解决办法；企业应当建立财务预算报告制度，要求各预算执行单位定期报告财务预算的执行情况。对于财务预算执行中发生的新情况、新问题及出现偏差较大的重大项目，企业财务管理部门以及财务预算委员会应当责成有关预算执行单位查找原因，提出改进经营管理的措施和建议；企业财务管理部门应当利用财务报表监控财务预算的执行情况，及时向预算执行单位、企业财务预算委员会乃至董事会或经理办公会提供财务预算的执行进度、执行差异及其对企业财务预算目标的影响等财务信息，促进企业完成财务预算目标。

六、财务预算的调整

1. 关于财务预算调整的不同观点

预算是根据对未来一年预测的假设情况来制定的，而实际情况不会和假设情况完全一致，有时甚至相去甚远。问题是预算应不应该随时调整以配合实际情况。关于这点，各方意见差别很大。

赞成预算应随时调整的人认为：预算是公司据以经营的计划，若情况改变，需改变计划，则预算应该反映这些改变。若预算不予调整，那预算就不再是一种计划书。

反对调整预算的人主张：调整预算不但费时，而且会蒙蔽公司的原订目标，并使得偏离目标的原因不能被清楚地找出来。尤其调整预算往往是由于预算制定者的谈判技术高明，而不是环境真的发生很大的改变。若是为一个不真实的原因而调整预算便影响了预算的可靠性，评论家称这种调整的预算为一种"橡皮标准"。

因此，许多公司不调整预算，而是在评定执行成绩时才考虑环境变化的因素。大多数专家学者认为除极其不正常的情况以外，预算在付诸实际后，就不应该再修改。这是考虑到：

（1）预算已经设定一个界限，借以衡量差异，并分析其原因，若这个界限不时变动，那么绩效就无从评价。

（2）如果发生了重大的变动（比如通货膨胀），这项变动终究产生什么样的影响是比较重要的,如果配合这种变动而修改预算,将来人工差异分析就没有意义了。

(3) 如果为了使有不利差异的中心消除不利差异,而对预算进行修改,那么对没有不利差异的中心也应该修改预算,否则对这些运营良好的中心是不公平的。这将使中心没有动力完成预算。根据不完全契约理论,事后的处理方式会影响事前当事人的预期及行为。如果有不利差异的中心不仅没有受到惩罚,最高管理当局反而修改预算以消除这种差异,就会鼓励各个中心不完成预算。

2. 财务预算调整的不同做法

有些公司为解决这个问题,备有两个预算:一个是基准预算于年初制定,一个是流动预算反映最新估计的费用和收入。将实际成效和基准预算比较,可以得出实际成效和原订计划间的差距;将流动预算和基准预算比较,可以知道因环境的改变造成现有成效和原订计划的差异有多大。也有些公司使用流动预算来代替执行成效报告。原因是"他们不关心真实的费用,因为对于已发生的事无能为力只关心该如何来脱离困境。若这样还不能解决问题,至少可以研究该如何掌握将来。"因此,在预算调整中应注意以下几点。

(1) 企业正式下达执行的财务预算,一般不予调整。财务预算执行单位在执行中由于市场环境、经营条件、政策法规等发生重大变化,致使财务预算的编制基础不成立,或者将导致财务预算执行结果产生重大偏差的,可以调整财务预算。

(2) 企业应当建立内部的弹性预算机制,对于不影响财务预算目标的业务预算、资本预算、筹资预算之间的调整,企业可以按照内部授权批准制度执行,鼓励预算执行单位及时采取有效的经营管理对策,保证财务预算目标的实现。

(3) 企业调整财务预算,应当由预算执行单位逐级向企业财务预算委员会提出书面报告,阐述财务预算执行的具体情况、客观因素变化情况及其对财务预算执行造成的影响程度,提出财务预算的调整幅度。

企业财务管理部门应当对预算执行单位的财务预算调整报告进行审核分析,集中编制企业年度财务预算调整方案,提交财务预算委员会乃至企业董事会或经理办公会审议批准,然后下达执行。母公司审议批准的财务预算调整方案,应当在下达执行15日内报送主管财政机关备案。

(4) 对于预算执行单位提出的财务预算调整事项,企业进行决策时一般应当遵循以下要求。

其一,预算调整事项一般不能偏离企业发展战略和年度财务预算目标;

其二,预算调整方案应当在经济上能够实现最优化;

其三,预算调整重点应当放在财务预算执行中出现的重要的、非正常的、不符合常规的关键性差异方面。

第二节　山东华乐集团全面预算管理制度案例

一、基本情况

山东华乐集团是以棉纺织业为主的国家大型二级企业，主要生产精梳40S、32S、10S 纯棉纱，篷盖布，工业用橡胶帆布，缝纫线，针织内衣，服装等产品。

集团总部设有公司总部、总务部、供应部、财务部、人力资源部、预算部六个职能部门，以及棉纺厂、帆布厂、热电厂、针织厂、印染厂、制线厂六个分厂。此外，为保障利润全面预算管理模式的良好运行，集团还设立了全面预算管理委员会、改善提案委员会及物价管理委员会，委员会主任均由总经理兼任。预算部具体负责日常的全面预算管理工作，是实施利润全面预算管理的具体职能部门；改善提案委员会主要是研究、实施员工在管理方面的改善性建议；物价管理委员会主要是制定采购物资和产品销售价格政策等。集团总部作为集团的投资管理中心，下属分厂为二级法人企业。分厂拥有高度的经营自主权，各自拥有独立的生产车间和营销、企管等部门，能够独立地开拓市场及发展各项经营活动，是集团公司的利润中心。部门以上经理人员的任用及重大投资、融资决策权均在集团总部，各部门只作为职能部门对总经理负责。

利润全面预算管理制度

为推动利润全面预算管理的实施，按照利润全面预算管理理论和模式的要求，根据集团的实际情况，制定本制度，各分厂、部门应严格遵守并认真执行。

第一章　总　则

第一条　利润全面预算管理是实现企业资源优化配置、提高企业经济效益的先进而科学的一种管理方法。本制度旨在保障利润全面预算管理的顺利运行。

第二条　利润全面预算管理以实现或超额实现目标利润为管理的最终目的。在目标利润的引导下，各分厂、部门都要围绕目标利润的实现进行经济活动。

第三条　本制度的主要内容包括：总则、组织机构、预算体系、预算编制、预算控制与差异分析、预算考评与激励以及附则七部分。

第四条　利润全面预算管理的预算期主要分为短期和长期，由此编制的预算分为短期预算和长期预算。短期预算是指每个会计年度元月1日至12月31日的预算，也称年度预算，并层层分解，由年分到季，由季分到月；长期预算是指集团公司未来3～5年的发展规划性预算，长期预算是制定短期预算的重要依据。

第二章 组织机构

第五条 利润全面预算管理的组织机构包括全面预算管理委员会、预算部及预算责任网络。

第六条 全面预算管理委员会是实施全面预算管理的最高管理机构，以预算会议的形式审议各预算事项，委员会主任由集团总经理兼任，各分厂厂长、各部部长兼任委员；预算部为处理利润全面预算管理日常事务的职能部门。

第七条 全面预算管理委员会及预算部的职责为：

一、全面预算管理委员会职责

（1）审议通过有关利润管理的政策、规定、制度等；

（2）组织企业有关部门或聘请有关专家对目标利润的确定进行预测；

（3）审议通过目标利润以及预算编制的方针和程序；

（4）审查整体预算方案及各部门编制的预算草案，并就必要的改善对策提出建议；

（5）在预算编制和执行过程中，对分厂与部门、部门与部门之间可能发生或已经发生的分歧进行必要的协调；

（6）将经过审查的预算提交董事会审批，董事会通过后下达正式预算；

（7）接受预算与实际比较的定期预算报告并予以审查、分析，提出改善的措施；

（8）根据需要，就预算的修正进行审议并做出决定；

（9）对利润全面预算管理过程中出现的矛盾或问题进行调解或仲裁。

二、预算部职责

（1）传达预算的编制方针、程序，具体指导分厂、部门预算案的编制；

（2）根据预算编制方针，对分厂、部门编制的预算草案进行初步审查、协调和平衡、汇总后编制集团公司的预算案，并报全面预算管理委员会审查；

（3）在预算执行过程中，监督、控制分厂、部门的预算执行情况；

（4）每期预算执行完毕，及时形成预算执行报告和预算差异分析报告，交全面预算管理委员会审议；

（5）遇有特殊情况时，向全面预算管理委员会提出预算修正建议；

（6）协助全面预算管理委员会协调、处理预算执行过程中出现的一些问题。

第八条 预算责任网络是以企业的组织机构为基础，根据所承担的责任预算划分的，一般分为投资中心、利润中心以及成本、费用中心，集团公司为投资中心，各分厂为利润中心，各车间、部门为成本、费用中心。

第三章 预算体系

第九条 预算体系是利润全面预算管理的载体，目标利润是利润全面预算管理的起点，为实现目标利润而编制的各项预算构成利润全面预算管理的预算体系。它主要包括：① 目标利润；② 销售预算；③ 销售费用及管理费用预算；④ 生产预算；⑤ 直接材料预算；⑥ 直接人工预算；⑦ 制造费用预算；⑧ 存货预算；⑨ 产成品成本预算；⑩ 现金预算；⑪ 资本预算；⑫ 预计损益表；⑬ 预计资产负债表。

第四章 预算编制

第十条 预算编制是实施利润全面预算管理的关键环节，编制质量的高低直接影响预算执行结果。预算编制要在公司董事会和全面预算管理委员会制定的编制方针指引下进行。

第十一条 预算编制方针应包括：① 企业利润规划；② 生产经营方针；③ 部门费用预算编制方针；④ 投资与研究开发方针；⑤ 资本运营方针；⑥ 其他基准（集团公司费用分摊基准、业绩评价基准等）。

第十二条 预算的编制日程。年度预算的编制，自预算年度上一年的11月5日开始至12月25日全部编制完成，编制日程如表3-1所示。

第十三条 预算编制的流程如图3-1所示。

第十四条 预算编制时，公司设立一定比例的预备费作为预算外支出。

第五章 预算控制与差异分析

第十五条 控制方法原则上依金额进行管理，同时运用项目管理、数量管理等方法。

（1）金额管理：从预算的金额方面进行管理。

（2）项目管理：以预算的项目进行管理。

（3）数量管理：对一些预算项目除进行金额管理外，从预算的数量方面进行管理。

第十六条 在管理过程中，对纳入预算范围的项目由分厂、部门负责人进行控制，预算部负责监督，并借助计算机系统进行管理。预算外的支出由总经理直接控制。

第十七条 分厂、部门包括预算部都要建立全面预算管理簿，按预算的项目详细记录预算额、实际发生额、差异额、累计预算额、累计实际发生额、累计差异额。

第十八条 利润全面预算管理过程中，必须本着"先算后花，先算后干"的原则，以预算为依据计算控制。一般情况下，没有预算的要坚决控制其发生。对各分厂、部门的费用预算实行不可突破法，节约奖励，超预算计算机自动拒付，且预算项目之间不得挪用。

表 3-1　　　　　　　　　　山东华乐集团年度预算编制日程表

○作成　●受理　◎审理　△决定

摘要 / 内容	日期 提出	日期 决定	董事会	全面预算管理委员会	预算部	总务部	人力资源部	财务部	供应部	棉纺厂	热电厂
(1) 预算编制方针的策划制定											
(A) 经营方针的设定											
(a) 基本方针	11.25		○		●						
(b) 部门方针	11.25				●	○	○	○	○		
行政,生产,销售,财务											
(B) 目标设定											
(a) 目标利润预测	11.26			●	○						
(b) 所需销售额,销售利润	11.26				●			○			
(c) 所需费用	11.26				●	○	○	○			
(d) 总资产	11.26				○						
(e) 回收率,周转天数,周转率	11.26	11.28	△	◎ 11.27	○						
(f) 确定利润目标	11.28		△		○			○			
(C) 基准的设定											
(a) 集团公司费用分摊基准	11.28				○			○			
(b) 业绩评价基准	11.28	11.30	△	◎ 11.29	○			○			
(c) 预算编制方针确定			12.2	◎ 12.1	○						

续表

摘要		日期		董事会	全面预算管理委员会	预算部	总务部	人力资源部	财务部	供应部	棉纺厂	热电厂
内容		提出	决定									
(2) 集团公司费用预算的确定		12.1	12.2	△	◎	●	○	○	○	○	○	○
(3) 通知分厂、部门预算编制方针基准及目标		12.2				●	○	○	○	○	○	○
(4) 分厂、部门目标同意与否发反馈		12.5				●	○	○	○	○	○	○
(5) 同上，调整		12.7	12.10	△	◎	●						
(6) 集团公司费用分摊		12.11				○						
(7) 分厂、部门预算的编制（月度）		12.12				●	○	○	○	○	○	○
(8) 整体预算编制		12.15	12.20	△	◎	●	○	○	○	○	○	○
(9) 预算的决定		12.24	12.25	△		○						
(10) 下达预算并执行		12.25				○	○	○	○	○	○	○

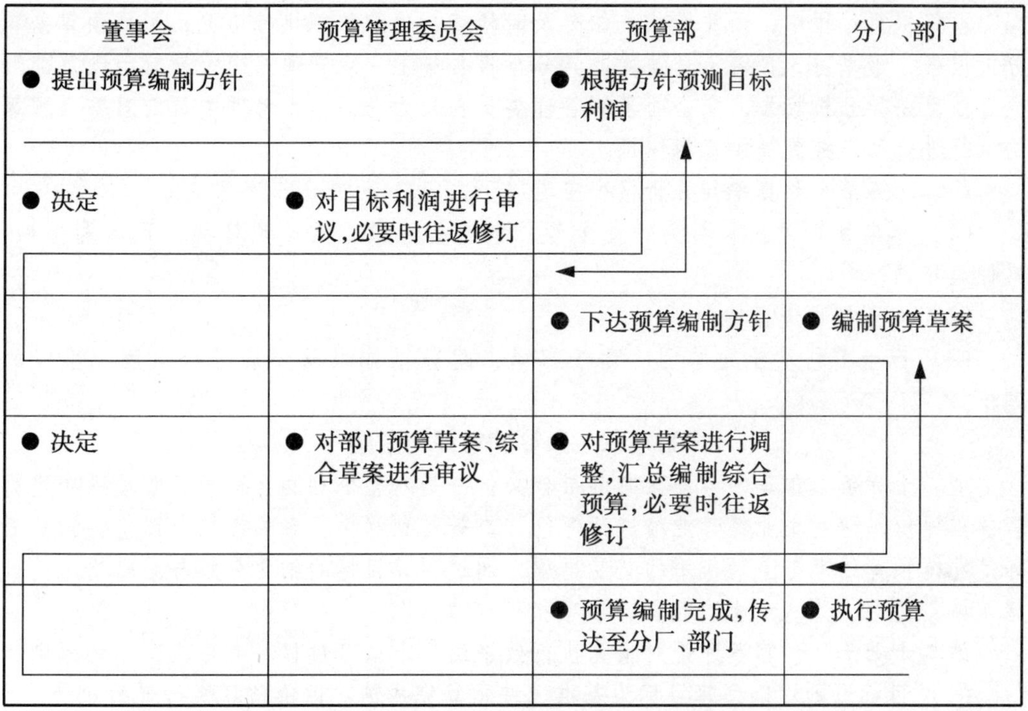

董事会	预算管理委员会	预算部	分厂、部门
● 提出预算编制方针		● 根据方针预测目标利润	
● 决定	● 对目标利润进行审议,必要时往返修订		
		● 下达预算编制方针	● 编制预算草案
● 决定	● 对部门预算草案、综合草案进行审议	● 对预算草案进行调整,汇总编制综合预算,必要时往返修订	
		● 预算编制完成,传达至分厂、部门	● 执行预算

图 3-1　山东华乐集团全面预算管理预算编制流程图

第十九条　费用预算如遇特殊情况确需突破时,必须提出申请,说明原因,经总经理批准纳入预算外支出。如支出金额超过预备费,必须由全面预算管理委员会和公司董事会审核批准。

第二十条　预算剩余可以跨月转入,但不能跨年度。

第二十一条　预算执行过程中由于市场变化或其他特殊原因阻碍预算执行时,进行预算修正。

第二十二条　提出预算修正的前提。

当某一项或几项因素向着劣势方向变化,影响目标利润实现时,应首先挖掘与目标利润相关的其他因素的潜力,或采取其他措施来弥补,只有在无法弥补的情况下,才能提出预算修正申请。

第二十三条　预算修正的权限与程序。

预算的修正权属于全面预算管理委员会和公司董事会。当遇到特殊情况需要修正时,必须由预算执行单位提出预算修正分析报告,并详细说明修正原因以及对今后发展趋势的预测,提交全面预算管理委员会审核并报公司董事会批准,然后执行。

第二十四条　预算的差异分析。

预算执行过程中,预算责任单位要及时检查、追踪预算执行情况,形成预算差异分析报告,于每月 3 日将上月预算差异分析报告交上一级管理部门,最后由预算部形成总预算差异分析报告,交全面预算管理委员会,为全面预算管理委员会对整个预算的执行进行动态控制提供资料依据。

第二十五条 预算差异分析报告应有以下内容。

(1) 本期预算额、本期实际发生额、本期差异额、累计预算额、累计发生额、累计差异额;

(2) 对差异额进行的分析;

(3) 产生不利差异的原因、责任归属、改进措施以及今后进行巩固、推广的建议。

第六章 预算的考评与激励

第二十六条 预算的考评具有两层含义:一是对整个利润全面预算管理系统进行考核与评价,即对企业经营业绩进行评价;二是对预算执行者的考核与评价。预算考评是发挥预算约束与激励作用的必要措施,通过预算目标的细化分解与激励措施的付诸实施,达到"人人肩上有指标,项项指标连收入"。

第二十七条 预算考评是对预算执行效果的一个认可过程。考评应遵循的原则。

(1) 目标原则:以预算目标为基准,按预算完成情况评价预算执行者的业绩;

(2) 激励原则:预算目标是对预算执行者业绩评价的主要依据,考评必须与激励制度相配合;

(3) 时效原则:预算考评是动态考评,每期预算执行完毕应立即进行;

(4) 例外原则:对一些阻碍预算执行的重大因素,如产业环境的变化、市场的变化、重大意外灾害等,考评时应作为特殊情况处理;

(5) 分级考评原则:预算考评要根据组织结构层次或预算目标的分解层次进行。

第二十八条 为调动预算执行者的积极性,公司制定一系列激励政策,设立经营者奖、效益奖、节约奖、改善提案奖等奖项。

(1) 经营者奖:根据分厂利润实际完成情况,将实际完成利润额与利润预算的差额按一定比例奖励分厂厂长。

(2) 效益奖:根据分厂利润实际完成情况,将实际完成利润额与利润预算的差额按一定比例奖励员工。

(3) 节约奖:根据部门费用的实际支出与工作完成情况,集团公司按一定比例奖励费用发生部门;物资购买方面,在相同质量情况下,将比预算减少部分按一定比例奖励购买人。

(4) 改善提案奖是对员工提出的优秀改善性建议进行奖励,对每项改善提案按一年内所节约费用或所创利润的一定比例奖励提案人。

（5）以上奖励的实施、兑现，全部以日常业绩考核为基础。

第七章 附 则

第二十九条 本制度由全面预算管理委员会制定并监督实施。本制度未作规定或没有明确规定的事项须经全面预算管理委员会批准，然后执行或办理。

第三十条 本制度自发布之日起执行。

二、案例分析

山东华乐集团全面预算管理制度包括七个部分，除了总则和附则外，主要明确了以下五个内容。

1. 健全的组织机构

利润全面预算管理的组织机构包括全面预算管理委员会、预算部及预算责任网络。全面预算管理委员会是实施全面预算管理的最高管理机构。委员会主任由集团总经理兼任，各分厂厂长、各部部长兼任委员。全面预算管理委员会职责主要是：审议通过并审查有关利润管理的政策、规定、制度及预算编制的方针和程序；协调各部门之间可能发生或已经发生的分歧；就必要的改善对策提出建议；等等。预算部为处理利润全面预算管理日常事务的职能部门，其主要职责是：传达预算的编制方针、程序，初步审查、协调和平衡、汇总分厂和部门编制的预算草案，并监督、控制分厂和部门的预算执行情况；及时形成预算执行报告和预算差异分析报告，交全面预算管理委员会审议等。预算责任网络是以企业的组织机构为基础，根据所承担的预算责任划分的，一般分为投资中心、利润中心以及成本、费用中心，集团公司为投资中心，各分厂为利润中心，各车间、部门为成本、费用中心。

2. 完善的预算体系

预算体系是利润全面预算管理的载体，目标利润是利润全面预算管理的起点，为实现目标利润而编制的各项预算构成利润全面预算管理的预算体系。山东华乐集团全面预算体系主要包括：① 目标利润；② 销售预算；③ 销售费用及管理费用预算；④ 生产预算；⑤ 直接材料预算；⑥ 直接人工预算；⑦ 制造费用预算；⑧ 存货预算；⑨ 产成品成本预算；⑩ 现金预算；⑪ 资本预算；⑫ 预计损益表；⑬ 预计资产负债表。

3. 完备的预算编制日程

预算编制是在公司董事会和全面预算管理委员会制定的编制方针指引下进行的。它是实施利润全面预算管理的关键环节，编制质量的高低直接影响预算执行结果。年度预算的编制，自预算年度上一年的11月5日开始至12月25日全部完成，编制日程如表3-1所示。

4. 进行预算控制与差异分析

（1）预算控制。对各分厂、部门的费用预算实行不可突破法，节约奖励，超预算计算机自动拒付，且预算项目之间不得挪用，并实行金额管理、项目管理和数量管理。费用预算如遇特殊情况确需突破时，必须提出申请，说明原因，经总经理批准纳入预算外支出。如支出金额超过预备费，必须由全面预算管理委员会和公司董事会审核批准。当某一项或几项因素向着劣势方向变化，影响目标利润实现时，应首先挖掘与目标利润相关的其他因素的潜力，或采取其他措施来弥补，只有在无法弥补的情况下，才能提出预算修正申请。预算的修正权属于全面预算管理委员会和公司董事会。当遇到特殊情况需要修正时，必须由预算执行单位提出预算修正分析报告，并详细说明修正原因以及对今后发展趋势的预测，提交全面预算管理委员会审核并报公司董事会批准，然后执行。

（2）预算的差异分析。预算执行过程中，预算责任单位要及时检查、追踪预算执行情况，形成预算差异分析报告，于每月3日将上月预算差异分析报告交上一级管理部门，最后由预算部形成总预算差异分析报告，交全面预算管理委员会，为全面预算管理委员会对整个预算的执行进行动态控制提供资料依据。

5. 明确预算的考评与激励

对整个利润全面预算管理系统和预算执行者进行考核与评价。预算考评是对预算执行效果的一个认可过程。为调动预算执行者的积极性，公司制定一系列激励政策，设立经营者奖、效益奖、节约奖、改善提案奖等奖项。设立经营者奖以奖励分厂厂长；设立效益奖以奖励员工；设立节约奖以奖励费用发生部门；设立改善提案奖是对员工提出的优秀改善性建议进行奖励。以上奖励的实施、兑现，全部以日常业绩考核为基础。

三、问题探讨

山东华乐集团全面预算管理制度欲发挥其作用，必须进一步探讨以下问题。

（一）关于最高管理层的支持问题

一个成功的预算制度必须有最高管理当局支持。行为研究表明，有成本观念的经理的下属人员的成本观念要比无成本观念的经理的下属成本观念强。管理当局必须提供编制预算所需要的资源。

被指定的执行人员必须为编制预算负责。最成功的预算在于执行人员并不编制预算，他（她）协调各方面的工作并负责使各经理准备其计划并于限期内交出。

责任中心对资源的分配在组织内部会引起冲突，而个别职能部门或机构的目标和整个组织的最终目的可能会有所不同。通常由预算委员会或组织最高管理层亲自来协调组织内部各部门之间的冲突，并使各部门朝着组织的最终目标或战略性目标前进。

在许多组织中，尽管编制预算是企业财务经理或总会计师的职责，但企业总裁掌握着最终的决策权。企业总裁之所以掌握最终的控制权,至少有以下理由:首先,我们强调预算需要有最高层领导的重视;其次,总裁从公司的全局出发,能协调公司各个部门或分公司之间因为关键性的计划变化而引起的争议。例如,在有些情况下,企业的销售部门可能会认为其销售的产品数量多于生产部门在考虑其生产获利能力的前提下愿意生产的数量;而在另一些情况下,企业的生产部门有可能会生产出某些产品,企业销售部门却认为他们无法进行销售;也有可能企业的销售部门和生产部门都愿意增加其生产或销售,但企业的财务部门却不愿提供相应的资金。企业各部门之间总存在各种各样的争端和利益冲突。很显然,在企业中能决定上述问题的唯一权威就是企业的总裁。

(二) 关于全员参与的问题

经理们以及那些负责预算过程的人员应该做到以下几点。

(1) 在预算全过程中和谐地工作,并采取一种共识的方法。

(2) 设定可以达到的目标。那些包含不可达到目标的预算很可能会受到有关人员的反对。从管理者的角度来看,实施的预算既公正又合理是最重要的。

(3) 决定对其所控制的稀缺资源在各种相互竞争的职能之间合理配置。例如,不同的项目、产品需要,研究与开发需要以及市场营销需要等,这就需要讨论、谈判以及利弊权衡。

(4) 理解预算是相互联系的这个事实。例如,在收入预算与支出预算间存在着一种联系,即如果收入被用于一种特定类型的支出,那么它就不可能被用于其他支出。

(5) 参与讨论目标的设定和政策制定,这些政策是他们要遵从以实现目标的。许多组织实际上确有一个由来自各个职能领域的代表所组成的预算委员会。例如,生产、营销、财务、研究与开发、行政管理、推销与分销等,以及一名预算主计长,即总揽和协调他们活动的人。该预算主计长将寻求确保相关数据得到收集、分析、校勘和分配,以协助需要它的人编制预算。他(她)还要努力确保其他人的合作,确保委员会的决策得到流畅而有效的沟通。

确保所有相关人员有机会参与预算编制过程。一些基层工人和监工的参与可以使预算更切合现实,还可以提高士气或激励参与人员,甚至可能会使管理者注意到那些对预算过程尤为重要的信息。

(三) 关于预算管理的组织机构问题

预算管理的组织机构是全面预算管理的基础和保证。组织机构的设置包括各预算机构的设置、各机构的职能、责任单位的划分、企业相关部门的职责。通常指导预算准备工作的,是一个由企业高层管理人员数人组成的预算委员会。此委员会向董事会提出预算委员会应遵循的方针,经核准后,将此方针通知各个应该知道的人,协调各部门间的预算,然后将最终拟定之预算提交总裁和董事会认可。在小公司里,这些工作通常是由总裁自己来做或是由其直属人员编制。有关的指示按平常组织中的方式下达，而预算由下往上呈报，逐级审核。有关预算的决策是由组织的执行单位来制定，而最后需经总裁和董事会核准。

通常，执行单位在编制预算时是由一个以预算长为首的部门加以协助的。作为制定预算的部门负责人，预算长的功能包括：传递有关预算准备的机构上的指令（如表格以及填表方法），提供制定预算所需的资料，进行一部分计算工作，以及提醒每个单位及时提出其预算。预算部门可能要承担预算工作中极大部分的工作，但是，这些工作并不是预算工作中重要的部分，因为较重要的部分是由执行单位来做的。例如，一旦执行单位在劳工生产力和工资率上达成协议，预算部门就要计算各项产品或责任中心的劳工成本。这虽然需要很多的计算工作，但是主要的决策完全是由执行机构做出的。

预算部门人员就像电话公司一样，执行着很重要的沟通工作，必须维持各项资料迅速、准确地传递，但对资料本身却不能做出任何决策。

以财务预算为例，财务预算管理的组织机构如下。

(1) 企业法定代表人应当对企业财务预算的管理工作负责。企业董事会或者经理办公会可以根据情况设立财务预算委员会或指定财务管理部门负责财务预算管理事宜，并对企业法定代表人负责。

(2) 财务预算委员会（没有设立财务预算委员会的，即为企业财务管理部门，下同）主要拟订财务预算的目标、政策，制定财务预算管理具体措施和办法，审议、平衡财务预算方案，组织下达财务预算，协调解决财务预算编制和执行中的问题，组织审计、考核财务预算的执行情况，督促企业完成财务预算目标。

(3) 企业财务管理部门在财务预算委员会或企业法定代表人的领导下，具体负责组织企业财务预算的编制、审查、汇总、上报、下达、报告等具体工作，跟踪监督财务预算的执行情况，分析财务预算与实际执行的差异及原因，提出改进管理的措施和建议。

(4) 企业内部生产、投资、物资、人力资源、市场营销等职能部门具体负责本部门业务涉及的财务预算的编制、执行、分析、控制、考核等工作，并配合财务预算委员会做好企业总预算的综合平衡、协调、分析、控制、考核等工作。其主要负责人参与企业财务预算委员会的工作，并对本部门财务预算执行结果承担责任。

(5) 企业所属基层单位是企业主要的财务预算执行单位，在企业财务管理部门的指导下，负责本单位现金流量、经营成果以及各项成本费用预算的编制、控制、分析工作，接受企业的检查、考核。其主要负责人对本单位财务预算的执行结果承担责任。

企业对具有控制权的子公司应当同时实施财务预算管理。

（四）关于预算管理的程序和流程问题

在对企业的管理、业务、财务情况充分了解的基础上，设计全面预算管理解决方案的各个流程。预算管理的主要流程包括：

（1）明确责任中心的权责；

（2）界定预算目标；

（3）编制预算，汇总、复核与审批；

（4）预算执行与管理；

（5）业绩报告及差异分析；

（6）预算指标考核。

依据预算管理的原则、方法、流程和程序编制企业的预算，实施预算管理并依据预算对责任单位和个人进行考核。

（五）关于企业预算松弛问题

预算松弛现象是指在预算编制的过程中，由于企业各层级之间存在不对称信息，预算执行者为了本位利益，利用参与编制预算的机会蓄意将预算标准放宽的一种现象。其表现形式大致可分为两类：一是蓄意夸大业务活动预计耗用资源量及作业难度，另一类是蓄意压缩业务活动的预计产出水平。一个最典型的例子就是销售业务预算。销售人员总是倾向于压低预计销售量，以便获取更多的超额提成。在预算编制过程中，企业内各层级之间均有可能存在预算松弛问题。

1. 预算松弛对企业的影响

（1）预算是企业计划的具体化，是对企业内部资源的使用权、决策权的分配过程，而预算松弛的存在使企业的稀缺资源过多地流向制造预算松弛的部门，造成资源的不合理分配。另外，预算是对企业战略的短期间具体化，预算松弛使各项短期目标产生扭曲，严重影响企业战略目标的实现。

（2）预算编制的过程也是一个各部门之间进行信息沟通协调的过程。预算松弛使各部门之间传递的信息失真，导致企业内缺少相互信任的氛围。这种失真的内部信息在企业内的沟通使其危害更加扩散化。

（3）预算数据是企业进行预算控制的标准。松弛的预算使控制标准过于宽泛，缺乏足够的控制力度，妨碍了正确的差异分析。它掩盖了经营管理中存在的问题，使企业难以针对各种有利或不利的差异采取必要的举措。

（4）预算常常作为企业进行业绩评价及激励方案的主要标准之一。预算松弛使表现出来的业绩虚增，缺乏客观、公正性。同时，采用基于预算的激励方案使企业为预算松弛这种"数字魔术"付酬，激励效果适得其反。

2. 形成预算松弛的原因

（1）信息不对称为预算松弛提供了环境条件。在预算编制过程中，下层管理者通常拥有更多的编制本部门预算所需的信息。下层管理者就可利用这种信息优势提供虚假的预算信息，制造预算松弛以达到自利的目的。尽管上级管理者总是力图多掌握一些下层经营运行的信息，但由于决策时间的限制、专业化程度高、信息渠道不畅通及下级有意的信息封锁等诸多约束，信息不对称几乎不可能消除，这使得预算松弛成为难以驱除的痼疾。

（2）参与型预算为预算松弛提供了制度基础。参与型预算是一种新型的行为观预算模式。在参与型预算编制模式下，通常是先由上级管理者或者下级管理者提出初始的预算草案，然后由双方共同进行协商谈判，经过若干回合的博弈之后最终确定预算。这就使下级管理者能利用这种参与的机会制造预算松弛。

（3）制造预算松弛可以虚增业绩，谋取更多的激励性报酬。这是产生预算松弛最主要的诱因。在采用预算管理的企业中，预算通常都是进行业绩评价的一个主要标准。问题的根源也恰恰在于此：预算一方面由预算执行者参与制定，反过来又作为预算执行者的业绩考核标准。显然，在实际业绩不变的假设下，将预算目标压低，会使业绩增大，这意味着好的声誉、更多的升迁机会，而且最为重要的是可获得较高的激励性报酬。也就是说，通过制造预算松弛可以直接增加经济收入。利益的诱惑促成了强烈的机会主义行为动机。

（4）规避风险的考虑。预算执行者作为理性的经济人，自然会有规避风险的考虑。预算是建立在对未来事项的合理预期的基础之上的，然而未来事物的发展具有极大的不确定性。当企业遭遇某些难以预测的不利事件时，实际业绩将会受到不利影响，与预期值相比较便会出现不利差异；而如果这些不利后果不能得到上级的充分理解并采取适当措施对业绩表现予以纠正平衡的话，所有这些风险将完全由下层管理者承担。基于这种规避风险的考虑，下层管理者便会在编制预算时就留有足够的弹性空间来抵消这种风险。这是预算松弛产生的又一诱因。

（5）争夺有限的资源。预算是对企业内部资源的使用权和决策权的分配。占有更多资源一方面可以使业绩目标更容易达到，另一方面还可以为管理者带来巨大的控制权利益。许多部门将内部资源视为免费资源，多多益善，尤其是对于那些没有很好地将占用资源量纳入业绩评价体系的企业。更何况有些资源本身就难以进行计量与控制，比如人力资源。企业为了占用尽可能多的稀缺资源便在编制预算时制造预算松弛，夸大资源的需求量。毕竟超预算的资源需求总是需要层层审批，并且容易引起上级的不悦。

以上问题在企业中普遍存在。当企业发展到一定阶段，管理层次、权力分配、成本费用的控制、部门及员工绩效考评等一系列问题不断出现，妨碍了企业进一步的发展。此时，企业就需要对原有的管理体制进行调整，突破企业发展的瓶颈，使企业在一个更高的管理水平上发展。

3. 消除预算松弛的对策

要消除预算松弛现象,关键是在企业经营者与分部管理者之间建立完善的信息沟通机制和业绩评价机制。

(1) 强化上下级之间的信息沟通,尤其是要建立完善的责任报告制度,使分部能够及时地向上级部门和企业经营者提供信息反馈。

(2) 建立全面的分部业绩评价制度。除了预算结果的定量评价外,业绩评价还应合理地确定非定量的评价内容,如分部管理者及员工对企业的忠诚度、工作积极性、主动性和创造性的发挥程度,预算执行与上级部门期望的协调性等。

(3) 责任预算的编制应贯彻可控性原则。在预算中应合理区分可控项目与不可控项目,并分别确定预算,以克服由于可控信息与不可控信息混淆而产生的分部混淆预算、预算松弛现象的发生。

第三节 山东华乐集团全面预算管理的运行案例

一、基本情况

山东华乐集团一方面采取优化措施,加大力度,推行和完善全面预算管理制度;另一方面不断总结全面预算管理模式的运行经验,并从管理学角度进行深入探讨,将其上升到理论的高度。经过十多年的不断探索,归纳、总结出一套适合我国国情的企业全面预算管理模式。随着全面预算管理模式的推行,集团的经济效益一直保持稳定增长,销售收入、利税连年平均以34%、40%的幅度稳步递增。

(一) 目标利润的确定

目标利润是预算编制的前提和基础。在华乐集团,它是由全面预算管理委员会在公司董事会提出的预算编制方针指引下,先组织有关部门经过科学预测,结合公司的整体发展规划、资本运营、管理方面的改善、分厂实际年度的生产经营等情况来进行测定,然后交公司董事会审核确定。华乐集团上年各分厂实现的利润如表3-2所示。

表3-2　　　　　　　上年华乐集团各分厂利润表　　　　　　单位:万元

分　厂	实际利润	结构百分比(%)
棉纺厂	1 757.707 8	95.72
帆布厂	60.869 6	3.31
针织厂	7.321 8	0.40
制线厂	3.733 3	0.20
印染厂	6.672 0	0.37
合　计	1 836.304 5	100.00

根据集团公司的发展规划,本年要对棉纺厂进行技术改造,因此会有新的资本投入。新投入资本大部分来源于集团公司的内部积累,小部分靠银行贷款来解决。经预测,棉纺厂技术改造完成后,利润将增加135.353万元;根据市场预测,帆布厂本年将调整产品结构,生产工艺调整以后,淘汰原来的市场萎缩品种,改为生产市场畅销的产品,利润将增加9.1304万元;其他各分厂也在巩固产品市场的基础上,制订了新的市场开拓计划和深挖内部潜力、降低产品成本的计划,利润都将有不同程度的增长。此外,集团新建热电厂将在本年投产,预计投产后年可实现利润380万元;预计资本运营收益323.4634万元。综合预测后,集团公司总利润的增长幅度为46.50%。

根据以上预测情况,集团公司的目标利润初步确定为2 690.186 2万元,利润状况如表3-3所示。

表3-3　　　　　　　　　　华乐集团本年利润预算表

分　厂	实际利润 (万元)	利润增加额 (万元)	利润增长 (%)	目标利润 (万元)	结构(%)
棉纺厂	1 757.707 8	135.353 0		1 893.060 8	70.37
帆布厂	60.869 6	9.130 4		70.000 0	2.60
针织厂	7.321 8	0.732 2		8.054 0	0.30
制线厂	3.733 3	1.866 7		5.600 0	0.21
印染厂	6.672 0	3.336 0		10.008 0	0.37
热电厂		380.000 0		380.000 0	14.13
资本运营收益		323.463 4		323.463 4	12.02
合　计	1 836.304 5	853.881 7	46.50	2 690.186 2	100.00

(二) 销售预算的编制及责任落实

各分厂目标利润确定以后,就进入了销售预算的编制和责任落实程序。预算期销售量是结合市场需求情况和企业的生产能力确定的。对于销售预算、生产成本预算、费用预算来说,各分厂的编制原理、方法是一致的,集团公司综合预算是各分厂预算的汇总。为了简明扼要地说明问题,我们以华乐集团最具有代表性的分厂——棉纺厂的预算数据,来说明预算的编制方法和控制程序。

棉纺厂目前的销售状况良好,所有产品基本上都能销售出去,除了第一季度是销售淡季之外,企业基本上是全年满负荷生产。棉纺厂本年销售预算如表3-4所示。对于企业的生产过程来说,编制生产预算一方面能够对预算年度的产量、材料、人工及动力等资源的需要量进行合理预计,以便统筹安排;另一方面可以将预算作为控制成本的依据,进行成本控制,以保证目标利润的实现。下面是棉纺厂产品产量、库存预算及生产成本预算,生产成本预算包括直接材料预算、直接人工预算、直接动力预算及制造费用预算。

表 3-4　　棉纺厂销售预算表

品名	单价(万元)	第一季度		第二季度		第三季度		第四季度		合计	
		数量(吨)	金额(万元)	数量(吨)	金额(万元)	数量(吨)	金额(万元)	数量(吨)	金额(万元)	数量(吨)	金额(万元)
40S	2.7900	556.2710	1 551.9961	1 149.8850	3 208.1792	1 268.6270	3 539.4693	1 254.8380	3 500.9980	4 229.6210	11 800.6426
32S	2.4771	325.8280	807.0949	518.4160	1 284.1465	518.4160	1 284.1465	511.7030	1 267.5180	1 874.3630	4 642.9059
10S	1.3000	230.6700	299.8710	252.6490	328.4437	252.6490	328.4437	249.9050	324.8765	985.8730	1 281.6349
合计		1 112.7690	2 658.9620	1 920.9500	4 820.7694	2 039.6920	5 152.0595	2 016.4460	5 093.3925	7 089.8570	17 725.1834

1. 棉纺厂产品产量、库存预算

棉纺厂产品产量、库存预算如表3-5所示。

表3-5　　　　　　　　　　棉纺厂产品产量、库存预算表　　　　　　　　　　单位：吨

产品	项目	第一季度	第二季度	第三季度	第四季度	合　计
40S	期初库存 本期产销量 期末库存	110.385 0 556.271 0 110.385 0	110.385 0 1 149.885 0 110.385 0	110.385 0 1 268.627 0 110.385 0	110.385 0 1 254.838 0 110.385 0	110.385 0 4 229.621 0 110.385 0
32S	期初库存 本期产销量 期末库存	69.287 0 325.828 0 69.287 0	69.287 0 518.416 0 69.287 0	69.287 0 518.416 0 69.287 0	69.287 0 511.703 0 69.287 0	69.287 0 1 874.363 0 69.287 0
10S	期初库存 本期产销量 期末库存	31.258 0 230.670 0 31.258 0	31.258 0 252.649 0 31.258 0	31.258 0 252.649 0 31.258 0	31.258 0 249.905 0 31.258 0	31.258 0 985.873 0 31.258 0

因为棉纺厂的产销量基本平衡，所以其预算年度内产量与销量、期初库存与期末库存数据保持一致。

2. 直接材料成本预算

棉纺厂直接材料成本预算的编制，主要是考虑单位用料标准和单位原材料价格两个因素。单位产品用料标准参考同行业先进水平并根据本企业实际情况制定，原材料单价依据公司比价采购的记录资料确定。棉纺厂直接材料成本预算如表3-6所示。

表3-6　　　　　　　　　　棉纺厂直接材料成本预算表

产品 \ 项目	单位用棉量（千克）	原料单价（元/吨）	单位原料成本（元/吨）	总产量（吨）	总材料成本（万元）
1	2	3	4 = 2×3	5	6 = 5×4
40S	1 368	12 682.099 4	17 349.112 0	4 229.621 0	7 338.016 8
32S	1 168	10 852.206 3	12 675.377 0	1 874.363 0	2 375.825 8
10S	1 050	3 867.096 2	4 060.451 0	985.873 0	400.308 9
合　计				7 089.857 0	10 114.151 5

3. 直接动力成本预算

棉纺厂的直接动力主要是电能，华乐集团各分厂所需电能的标准电费单价，是依据本地区适用的普通电费标准确定的，每吨标准纱用量是按照国家统一标准来折合的。电费单价、每吨标准纱用电量、每吨某品种折合标准纱系数相乘可以得到每个棉纱生产品种的动力单位成本，即生产每吨某品种棉纱的电费成本。某品种的动力单位成本与其相应的产量相乘，便可得到生产该产品的直接动力总成本。棉纺厂直接动力

成本预算如表 3-7 所示。

表 3-7　　　　　　　　　　　棉纺厂直接动力成本预算表

项目 产品	标准纱用电量（千瓦时）	电费单价（元）	吨纱折标准21S吨数（吨）	动力单位成本（元）	产品产量（吨）	总动力成本（万元）
1	2	3	4	5 = 4×3×2	6	7 = 6×5
40S	1 400	0.598 0	2.180 6	1 825.598 3	4 229.621 0	772.158 9
32S	1 400	0.598 0	1.683 1	1 409.091 3	1 874.363 0	264.114 9
10S	1 400	0.598 0	0.414 8	347.270 6	985.873 0	34.236 5
合计					7 089.857 0	1 070.510 3

4. 直接人工预算

棉纺厂生产的棉纱有三个品种，各个品种的单位产品用工量均是参考同行业先进水平并根据本企业的实际水平来确定的。吨纱产品用工工资标准结合本地的整体工资水平综合折算。依据这两个指标，便可计算出每个品种的吨纱直接人工成本，再乘以每个品种的总产量，便可得到每个品种的直接人工总成本。棉纺厂的直接人工成本预算如表 3-8 所示。

表 3-8　　　　　　　　　　　棉纺厂直接人工成本预算表

项目 产品	吨纱产品用工（工时）	吨纱产品用工工资标准（元/工时）	吨纱人工成本（元）	产品年产量（吨）	人工总成本（万元）
1	2	3	4 = 2×3	5	6 = 5×4
40S	75.896 4	15.241 4	1 156.767 4	4 229.621 0	489.268 8
32S	55.460 0	15.241 4	845.288 0	1 874.363 0	158.437 7
10S	17.763 1	15.241 4	270.734 5	985.873 0	26.690 9
合计				7 089.857 0	674.397 4

5. 制造费用预算

在华乐集团，各分厂不直接提取折旧费用，而是由集团公司向各分厂提取综合固定费用，如折旧费、投资利息等，以逐步弥补公司的长期资本支出。所以，在棉纺厂制造费用预算中，除本厂固定费用外，还要承担集团公司收取的综合制造费用部分。综合固定费用预算由集团公司按照对分厂的资本投入规模确定，分厂必须向集团公司按预算额缴纳。综合固定费用将在后面的集团公司综合预算中说明。棉纺厂制造费用预算表及制造费用分配表如表 3-9、表 3-10 所示。

表 3-9　　　　　　　　　　　棉纺厂制造费用预算表　　　　　　　　　　　单位：万元

项　目	年预算金额	月预算金额	项　目	年预算金额	月预算金额
机物料	69.999 9	5.833 3	外修	15.000 0	1.250 0
大修理	129.600 0	10.800 0	计量器具鉴定	0.600 0	0.050 0
包装料	223.002 0	18.583 5	技术比武运动会	18.849 6	1.570 8
水暖	78.787 7	6.565 6	合计	535.839 2	44.653 2

表 3-10　　　　　　　　　　　棉纺厂制造费用分配表

产品	年产量折标准纱产量（吨）	分配率	应分配额（万元）	吨纱制造费用（元）
40S	11 927.531 0		388.762 5	919.142 6
32S	3 861.750 0	0.032 593 71	125.868 8	671.528 4
10S	650.676 0		21.207 9	215.118 0
合　计	16 439.957 0		535.839 2	

6．单位产品成本预算

棉纺厂单位产品生产成本预算表和产品总成本预算表如表 3-11、表 3-12 所示。

表 3-11　　　　　　　　　棉纺厂单位产品生产成本预算表　　　　　　　　　单位：元

产品＼项目	40S	32S	10S
直接材料	17 349.112 0	12 675.377 0	4 060.451 0
直接人工	1 156.767 4	845.288 0	270.734 5
直接动力	1 825.598 3	1 409.091 3	347.270 6
制造费用	919.142 6	671.528 4	215.118 0
合　计	21 250.620 3	15 601.284 7	4 893.574 1

表 3-12　　　　　　　　　　棉纺厂产品总成本预算表　　　　　　　　　　单位：万元

产品＼项目	40S	32S	10S	合　计
产品产量（吨）	4 229.621 0	1 874.363 0	985.837 0	7 089.857 0
直接材料	7 338.016 8	2 375.825 8	400.308 9	10 114.151 5
直接人工	489.268 8	158.437 7	26.690 9	674.397 4
直接动力	772.158 9	264.114 9	34.236 5	1 070.510 3
制造费用	388.762 5	125.868 8	21.207 9	535.839 2
合　计	8 988.207 0	2 924.247 2	482.444 2	12 394.898 4

（三）费用预算的编制

在华乐集团，各分厂的销售活动和管理活动是由分厂独立进行的，所以各分厂也有销售费用和管理费用的发生。分厂销售费用预算和管理费用预算是根据需要分别设置相应项目进行编制的。棉纺厂销售费用预算和管理费用预算如表 3-13、3-14 所示。

表 3-13　　　　　　　　　　　棉纺厂销售费用预算表　　　　　　　　　　　　单位：万元

项　目	年预算金额	月预算金额	项　目	年预算金额	月预算金额
销售折扣	55.324 1	4.610 3	通讯费	4.000 0	0.333 3
差旅费	11.453 1	0.954 4	合　计	183.996 9	15.333 0
运杂费	113.219 7	9.435 0			

表 3-14　　　　　　　　　　　棉纺厂管理费用预算表　　　　　　　　　　　　单位：万元

项　目	年预算金额	月预算金额	项　目	年预算金额	月预算金额
差旅费	1.200 0	0.100 0	会务费	0.900 0	0.075 0
办公费	2.700 0	0.225 0	免检费	0.500 0	0.041 7
培训费	1.800 0	0.150 0	车　辆	11.177 8	0.931 5
年终奖	56.000 4	4.666 7	认证费	1.400 0	0.116 7
咨询费	36.460 0	3.038 3	技术革新奖励基金	0.840 0	0.070 0
微机室	1.000 0	0.083 3	其　他	15.800 0	1.316 7
节日补助	2.800 0	0.233 3	合　计	132.578 2	11.048 2

分厂除了本厂发生的管理费用之外，还要分摊集团公司的部分综合固定管理费用。分摊的数额由集团公司统筹规划，根据分厂的资本投入规模和分厂的具体情况确定。根据集团公司固定管理费用分摊基准，棉纺厂需要承担集团公司固定管理费用2 006万元，棉纺厂分摊集团公司综合管理费用预算如表3-15 所示。

表 3-15　　　　　　　　　棉纺厂分摊集团公司综合管理费用预算表

产　品	年产量折标准纱产量（吨）	分配率	应分配额（万元）	吨纱管理费用（元）	月均（万元）
40S	11 927.531 0		1 455.394 7	3 440.957 7	121.282 9
32S	3 861.750 0	0.122 019 783	471.209 9	2 513.973 5	39.267 5
10S	650.676 0		79.395 4	805.330 9	6.616 3
合计	16 439.957 0		2 006.000 0		167.166 7

资本层面上的运营，由集团公司统筹规划运作，但由于资金往往用于分厂固定资产投入及流动资金投入，所以集团公司的财务费用也应按相应的预计发生额分摊到分厂。

（四）费用预算的分配与考核

棉纺厂生产经营活动发生的销售费用和管理费用在预算的产销量之间进行分配，形成销售费用和管理费用分配表。棉纺厂销售费用分配及管理费用分配如表3-16、表3-17 所示。

表 3-16 棉纺厂销售费用分配表

产品	年产量折标准纱产量（吨）	分配率	应分配额（万元）	吨纱销售费用（元）
40S	11 927.531 0		133.493 6	315.615 9
32S	3 861.750 0	0.011 192 054	43.220 9	230.589 8
10S	650.676 0		7.282 4	73.867 5
合计	16 439.957 0		183.996 9	

表 3-17 棉纺厂管理费用分配表

产品	年产量折标准纱产量（吨）	分配率	应分配额（万元）	吨纱管理费用（元）	月均（万元）
40S	11 927.531 0		96.188 3	227.415 9	8.015 7
32S	3 861.750 0	0.008 064 39	31.142 7	166.150 8	2.595 2
10S	650.676 0		5.247 2	53.223 9	0.437 3
合计	16 439.957 0		132.578 2		11.048 2

如前所述，棉纺厂还要分摊集团公司的综合固定管理费用，这样，将销售费用、管理费用和所承担的集团公司综合固定管理费用汇总，便形成了棉纺厂综合管理费用分配表。棉纺厂综合管理费用分配如表 3-18 所示。

表 3-18 棉纺厂综合管理费用分配表

产品	年产量折标准纱产量（吨）	分配率		应分配额（万元）			吨纱管理费用（元）	月均（万元）
		总公司	分厂	总公司	分厂	合计		
40S	11 927.531 0			1 455.394 7	96.188 3	1 551.583 0	3 668.373 6	129.298 6
32S	3 861.750 0	0.122 019 783	0.008 064 39	471.209 9	31.142 7	502.352 6	2 680.124 3	41.862 7
10S	650.676 0			79.395 4	5.247 2	84.642 6	858.554 8	7.053 6
合计	16 439.957 0			2 006.000 0	132.578 2	2 138.578 2		178.214 9

（五）综合预算

1. 分厂综合预算

分厂综合预算除了要有收入、成本和费用指标以外，还要考虑到流转税的情况。下面的棉纺厂本年度综合利润表，就考虑编列了增值税。棉纺厂本年利润预算如表 3-19 所示。也可以将综合利润预算细化，使分厂的收入、成本费用预算都集中体现于一张表中，表 3-20 就是棉纺厂本年综合预算。依据表 3-19、表 3-20 提供的现金流量情况，可以编制棉纺厂现金流量预算表。棉纺厂上期赊销本期收现额为 200 万元，本期末赊销余额仍为 200 万元，棉纺厂现金流量预算如表 3-21 所示。

表 3-19 棉纺厂利润预算表

单位：万元

产品	销售收入	销售成本	销售费用	管理费用			预算利润（含税）	税金（销项税额-进项税额）	预算利润（不含税）
				分厂	总公司	合计			
1	2	3	4	5	6	7	8=2-3-4-7	9	10=8-9
40S	11 800.642 6	8 988.207 0	133.493 6	96.188 3	1 455.394 7	1 551.583 0	1 127.359 0		1 893.060 8
32S	4 642.905 9	2 924.247 2	43.220 9	31.142 7	471.209 9	502.352 6	1 173.085 2	1 114.649 1	
10S	1 281.634 9	482.444 2	7.282 4	5.247 2	79.395 4	84.642 6	707.265 7		
合计	17 725.183 4	12 394.898 4	183.996 9	132.578 2	2 006.000 0	2 138.578 2	3 007.709 9	1 114.649 1	1 893.060 8

表 3-20 棉纺厂成本、利润预算表

项目	单位	第一季度				第二季度			
		1	2	3	小计	4	5	6	小计
一、产品产销量									
其中 40S	吨	410.664 0	317.934 0	384.171 0	1 112.769 0	568.904 0	664.400 0	687.646 0	1 920.950 0
32S	吨	206.290 0	158.935 0	191.046 0	556.271 0	308.730 0	413.683 0	427.472 0	1 149.885 0
10S	吨	120.246 0	93.096 0	112.486 0	325.828 0	175.043 0	168.330 0	175.043 0	518.416 0
二、销售额	万元	84.128 0	65.903 0	80.639 0	230.670 0	85.131 0	82.387 0	85.131 0	252.649 0
三、总变动成本	万元	981.266 9	759.691 9	918.003 5	2 658.962 3	1 409.727 7	1 677.865 7	1 733.176 4	4 820.769 4
其中 直接材料成本	万元	705.341 1	546.602 3	659.964 5	1 911.907 9	988.734 5	1 166.558 0	1 203.958 3	3 359.250 8
直接动力成本	万元	555.228 0	429.854 8	519.499 6	1 504.582 4	805.070 0	958.857 4	989.198 2	2 753.125 6
直接人工成本	万元	62.010 3	48.008 0	58.009 8	168.028 1	85.904 5	100.324 4	103.834 5	290.063 4
制造费用	万元	58.242 8	45.091 2	54.485 2	157.819 2	58.248 2	56.364 0	58.248 2	172.860 4
中	万元	29.860 6	23.648 3	27.969 9	81.478 2	39.511 8	51.012 2	52.677 4	143.201 4
四、销售费用	万元	10.610 7	8.438 0	8.789 6	27.838 3	11.554 4	17.758 6	18.391 8	47.704 8
五、固定成本	万元	123.345 1	98.391 1	112.685 2	334.421 3	168.097 1	200.603 1	206.158 9	574.859 1
其中 管理费用	万元	10.186 4	10.784 5	9.195 8	30.166 7	9.680 1	10.843 4	10.086 4	30.609 9
分摊总公司固定成本	万元	113.158 6	87.606 6	103.489 4	304.254 6	158.417 0	189.759 7	196.072 5	544.249 2
六、税金	万元	36.569 2	24.659 9	37.963 4	99.192 5	91.113 2	113.899 4	119.401 7	324.414 3
七、利润	万元	105.400 6	81.600 6	98.600 8	285.602 0	150.228 5	179.046 6	185.265 3	514.540 4

续表

项目		单位	第三季度				第四季度				全年合计
			7	8	9	小计	10	11	12	小计	
一、产品产销量		吨	664.400 0	687.646 0	687.646 0	2 039.692 0	664.400 0	687.646 0	664.400 0	2 016.446 0	7 089.857 0
其中	40S	吨	413.683 0	427.472 0	427.472 0	1 268.627 0	413.683 0	427.472 0	413.683 0	1 254.838 0	4 229.621 0
	32S	吨	168.330 0	175.043 0	175.043 0	518.416 0	168.330 0	175.043 0	168.330 0	511.703 0	1 874.363 0
	10S	吨	82.387 0	85.131 0	85.131 0	252.649 0	82.387 0	85.131 0	82.387 0	249.905 0	985.873 0
二、销售额		万元	1 677.865 7	1 736.268 2	1 737.925 6	5 152.059 5	1 677.865 7	1 736.268 2	1 679.258 6	5 093.392 5	17 725.183 4
三、总变动成本		万元	1 166.555 8	1 207.095 1	1 208.657 6	3 582.308 5	1 166.555 8	1 207.044 7	1 167.830 7	3 541.431 2	12 394.898 4
其中	直接材料成本	万元	958.857 0	992.335 5	997.902 9	2 949.095 4	958.857 0	992.306 7	956.184 4	2 907.348 1	10 114.151 5
	直接动力成本	万元	100.324 4	103.834 5	103.834 5	307.993 4	100.324 4	103.834 5	100.266 5	304.425 4	1 070.510 3
	直接人工成本	万元	56.364 0	58.248 2	58.242 8	172.855 0	56.364 0	58.226 6	56.272 2	170.862 8	674.397 4
	制造费用	万元	51.010 4	52.676 9	48.677 4	152.364 7	51.010 4	52.676 9	55.107 6	158.794 9	535.839 2
四、销售费用		万元	17.758 6	18.391 8	18.391 8	54.542 2	17.758 6	18.391 8	17.761 2	53.911 6	183.996 9
五、固定成本		万元	199.203 1	205.713 9	205.803 9	610.720 9	199.203 1	205.758 9	213.614 9	618.576 9	2 138.578 2
其中	管理费用	万元	9.443 4	9.686 4	9.686 4	28.816 2	9.443 4	9.686 4	23.855 6	42.985 4	132.578 2
	分摊总公司固定成本	万元	189.759 7	196.027 5	196.117 5	581.904 7	189.759 7	196.072 5	189.759 7	575.591 5	2 006.000 0
六、税金		万元	115.301 6	119.802 1	119.807 0	354.910 7	115.301 6	119.807 5	101.022 5	336.131 6	1 114.649 1
七、利润		万元	179.046 6	185.265 3	185.265 3	549.577 2	179.046 6	185.265 3	179.029 3	543.341 2	1 893.060 8

表 3-21　　　　　　　　　棉纺厂现金流量预算表　　　　　　　　　单位：万元

项　目		现金收入	现金支出	现金余额
期　初				1 200.000 0
上期赊销本期收现额		200.000 0		
本期现金收入		17 525.183 4		
本期现金支出	直接材料		10 114.151 5	
	直接动力		1 070.510 3	
	直接人工		674.397 4	
	制造费用		535.839 2	
	销售费用		183.996 9	
	管理费用		132.578 2	
	上缴税金		1 114.649 1	
	上交总公司固定费用		2 006.000 0	
	上交总公司利润		1 893.060 8	
	小　计		17 725.183 4	
期　末				1 200.000 0

2. 集团公司综合预算

集团公司的部门预算包括：综合性费用预算、公司总部费用预算、总务部费用预算、财务部费用预算、供应部费用预算、人力资源部费用预算。

需要说明的是，公司财务部费用预算包括预算部费用预算，总务部费用预算包括物价管理委员会、改善提案委员会费用预算。

（1）综合性费用预算。综合性费用预算是指集团公司的折旧费、福利费、奖金、工会经费等综合性支出。本年华乐集团综合性费用支出预算如表3-22所示。

（2）集团总部费用预算。集团总部费用预算涉及集团公司总部的办公费、交际费、质量年检费、技术咨询费及新产品开发费等项目。本年华乐集团公司总部费用预算如表3-23所示。

表 3-22　　　　　　　　华乐集团综合性费用支出预算表

项　目	金　额（万元）	结构百分比（%）	项　目	金　额（万元）	结构百分比（%）
折旧	1 223.463 4	62.95	保险费	7.336 0	0.38
利息	600.000 0	30.87	工会经费	0.600 0	0.03
福利基金	3.600 0	0.19	过节费	20.000 0	1.03
厂长奖金	12.000 0	0.62	年终综合奖	12.000 0	0.62
防暑费	2.000 0	0.10	大型办公用品购置	3.600 0	0.19

续表

项目	金额(万元)	结构百分比(%)	项目	金额(万元)	结构百分比(%)
预算外支出	30.000 0	1.54	环保费	0.600 0	0.03
大修基金	12.000 0	0.62	合 计	1 943.439 4	100.00
养老保险金	16.000 0	0.82	现金支出	719.976 0	
微机室	0.240 0	0.01			

表3-23　　　　　　　　　　华乐集团公司总部费用预算表

项目	金额(万元)	结构百分比(%)	项目	金额(万元)	结构百分比(%)
办公费	3.000 0	3.50	外宾费	12.000 0	13.99
交际费	21.600 0	25.17	会议协会费	2.000 0	2.33
新产品开发费	20.000 0	23.31	质量年检费	0.800 0	0.93
差旅费	18.000 0	20.98	技术咨询费	1.800 0	2.09
电话费	3.600 0	4.20	合 计	85.800 0	100.00
文体宣传费	3.000 0	3.50			

（3）总务部费用预算。总务部费用预算包括节日补助、警卫费、防暑费、劳保费、车辆费等项目及物价管理委员会、改善提案委员会的一些费用项目。本年华乐集团总务部费用预算如表3-24所示。

表3-24　　　　　　　　　　华乐集团总务部费用预算表

项目	金额(万元)	结构百分比(%)	项目	金额(万元)	结构百分比(%)
节日补助	0.339 5	0.47	电话费	1.440 0	1.98
办公费	0.273 6	0.38	文体宣传费	0.506 5	0.70
交际费	0.960 0	1.32	捷达车	3.480 7	4.79
工资、奖金	34.844 4	47.93	微型车	1.453 4	2.00
差旅费	0.264 0	0.36	皇冠车	0.160 6	0.22
机物料	0.235 8	0.32	奔驰车	8.100 1	11.14
警卫消防费	1.305 7	1.80	园林费	0.942 1	1.30
茶水费	6.254 7	8.60	办公楼	0.055 2	0.08
劳保费	4.678 8	6.44	其他费用	0.285 6	0.39
电费	6.798 7	9.35	合 计	72.695 4	100.00
零星医疗	0.316 0	0.43			

(4) 财务部费用预算。华乐集团财务部及预算部的办公费、交际费、工资、奖金、差旅费等项目，在财务部费用预算中列示。本年华乐集团财务部预算如表 3-25 所示。

表 3-25　　　　　　　　　　华乐集团财务部费用预算表

项目	金额（万元）	结构百分比（%）	项目	金额（万元）	结构百分比（%）
伙食补助	4.406 4	16.90	微机室	0.554 4	2.13
办公费	0.144 0	0.55	会务费	0.108 0	0.41
交际费	0.360 0	1.38	租车费	0.180 0	0.69
工资、奖金	3.727 2	14.30	财务票据购置	0.390 0	1.50
差旅费	0.096 0	0.37	驻厂信贷员费用	0.264 0	1.01
工资、奖金（厂级负责人）	14.644 8	56.16	合计	26.074 8	100.00
银行手续费	1.200 0	4.60			

(5) 供应部费用预算。华乐集团供应部是集团公司材料采购的综合部门。该部门发生的一些日常和年终费用，如办公费、交际费、差旅费、工资、奖金等，在供应部费用预算中列示。本年华乐集团供应部的费用预算如表 3-26 所示。

表 3-26　　　　　　　　　　华乐集团供应部费用预算表

项目	金额（万元）	结构百分比（%）	项目	金额（万元）	结构百分比（%）
办公费	0.480 0	2.69	丰田车	3.468 0	19.42
交际费	1.200 0	6.72	电话费	2.224 8	12.46
工资、奖金	5.004 0	28.03	会务费	0.100 0	0.56
差旅费	1.620 0	9.07	业务补助费	0.400 0	2.24
运杂费	3.357 6	18.81	合计	17.854 4	100.00

(6) 人力资源部费用预算。人力资源部费用支出，如办公费、电话费、差旅费、工资、奖金等在人力资源部费用预算中列示。华乐集团人力资源部本年费用预算如表 3-27 所示。

表 3-27　　　　　　　　　　华乐集团人力资源部费用预算表

项目	金额（万元）	结构百分比（%）	项目	金额（万元）	结构百分比（%）
办公费	0.060 0	0.99	电话费	1.680 0	27.67
工资、奖金	3.648 0	60.08	微机室	0.084 0	1.38
差旅费	0.600 0	9.88	合计	6.072 0	100.00

(7) 华乐集团综合预算。华乐集团本年综合收入与综合支出预算如表 3-28、表 3-29 所示。

表 3-28　　　　　　　　　　　华乐集团综合收入预算表　　　　　　　　　单位：万元

项目	总收入		
	固定管理费用（含折旧）	分厂利润	小计
棉纺分厂	2 006.000 0	1 893.060 8	3 899.060 8
帆布分厂	230.000 0	70.000 0	300.000 0
针织分厂	21.936 0	8.054 0	29.990 0
制线分厂		5.600 0	5.600 0
印染分厂		10.008 0	10.008 0
热电厂		380.000 0	380.000 0
资本运营收益		323.463 4	323.463 4
合计	2 257.936 0	2 690.186 2	4 948.122 2

表 3-29　　　　　　　　　　　华乐集团综合支出预算表　　　　　　　　　单位：万元

部门	支出金额	备注	部门	支出金额	备注
综合性费用	719.976 0		供应部	17.854 4	
集团总部	85.800 0		人力资源部	6.072 0	
总务部	72.695 4		合计	928.472 6	
财务部	26.074 8				

有了综合收入、综合支出，结合所得税应税额即可编制预算利润表。华乐集团公司本年预算利润如表 3-30 所示。

表 3-30　　　　　　　　　　　华乐集团公司预算利润表　　　　　　　　　单位：万元

项目	金额	项目	金额
综合收入	4 948.122 2	所得税（所得税税率25%）	699.046 6
综合支出（含折旧1 223.463 4 万元）	2 151.936 0	净利润	2 097.139 7
预算利润	2 796.186 2		

假如产品销售过程中无赊销情况，综合收入等于现金收入；同时企业应支付的费用也及时付现，综合支出等于现金支出，那么，便可结合期初现金余额、银行存款、技改投入等数据，把综合收入、支出数额作为现金收入、支出数额，据以编制现金流

量表。华乐集团本年现金预算如表3-31所示。

表3-31　　　　　　　　　华乐集团现金预算表　　　　　　　　单位：万元

项　目		现金收入	现金支出	现金余额
期　初				1 000.000 0
银行借款		2 200.000 0		
现金收入		4 948.122 2		
现金支出	综合性费用		719.976 0	
	公司总部费用		85.800 0	
	总务部费用		72.695 4	
	财务部费用		26.074 8	
	供应部费用		17.854 4	
	人力资源部费用		6.072 0	
	上缴所得税		699.046 6	
	技改投资		5 000.000 0	
	小　计		6 627.519 2	
期　末				1 520.603 0

根据以上各项预算表中的数据可编制预计资产负债表，其格式与实际的资产负债表基本相同。

（六）预算执行差异分析

这里只介绍具有代表性的棉纺厂和总务部的预算执行与差异分析过程。

1. 分厂预算执行与差异分析

对于分厂来说，目标利润是全年工作的标杆，分厂必须围绕这一目标展开工作，集团公司对分厂及分厂负责人的经营业绩评价也围绕这一目标进行。

分厂的预算差异分析主要是成本费用的差异分析。棉纺厂本年上半年单位生产成本预算与实际的对照如表3-32所示。从棉纺厂单位生产成本预算与实际对照表可以看出，棉纺厂的棉纱产品单位生产成本40S实际低于预算额最多，形成有利差异；32S次之；而10S实际高于预算，此为不利差异，呈现出恶化趋势。棉纺厂已经采取措施，抑制不利差异的发生。其总的趋势是向着优化方向发展的。

对于差异分析来说，除进行综合分析外，还应分项目进行分析，确定产生差异的责任归属，同时也作为今后预算控制的资料。

从原材料来看，40S与10S实际成本下降是由于单位用棉量分别下降了5 000克与 4 000 克以及原材料单价分别下降所导致的。32S 实际成本的上升是由于单位用棉量上升了 8 000 克和原材料单价上升所致。从工资来看,招收了新工人生产 40S 和 10S,使吨纱用工增加,成本上升。从动力来看,对 40S 和 32S 的设备进行了技术改造,吨纱耗电量降低,而 10S 的设备较老化,耗电量有所上升。从制造费用来看,由于顾客要求改善产品包装,增加了成本。

表 3-32　　　　　棉纺厂单位生产成本预算与实际对照表（本年下半年）　　　　单位:元

单位成本项目		40S	32S	10S
原材料	预算	17 349.112 0	12 675.377 0	4 060.451 0
	实际	16 988.670 0	12 818.740 0	4 019.780 0
	差异	-360.442 0	143.363 0	-40.671 0
工　资	预算	1 156.767 4	845.288 0	270.734 5
	实际	1 287.590 0	826.180 0	286.890 0
	差异	130.822 6	-19.108 0	16.155 5
动　力	预算	1 825.598 3	1 409.091 3	347.270 6
	实际	1 622.120 0	1 247.100 0	407.940 0
	差异	-203.478 3	-161.991 3	60.669 4
制造费用	预算	919.142 6	671.528 4	215.118 0
	实际	934.850 0	693.340 0	232.700 0
	差异	15.707 4	21.811 6	17.582 0
单位成本合计	预算	21 250.620 3	15 601.284 7	4 893.574 1
	实际	20 833.230 0	15 585.360 0	4 947.310 0
	差异	-417.390 3	-15.924 7	53.735 9

2. 部门预算差异分析

华乐集团对各个部门的费用预算采用不可突破法,预算确定后即输入计算机管理系统,各部门在预算范围内的支出由本部门负责人签字,如超出预算,计算机会自动拒付。集团公司总务部本年上半年的预算执行情况差异分析如表 3-33 所示。

表 3-33　　　　　　　　　　　预算差异分析表
部门：总务部　　　　　　　　　月份：6　　　　　　　　　　　　单位：元

项目	预算	实际	差异	累计预算	累计实际	累计差异
节日补助	283		-283	1 698		-1 698
办公费	228	228	0	1 368	1 368	
交际费	800	645	-155	4 800	2 693	-2 107
工资奖金	29 037	29 037	0	174 222	174 222	0
差旅费	220	53	-167	1 320	873	-447
机物料	197	51	-146	1 182	825	-357
警卫消防费	1 090	273	-817	6 540	5 339	-1 201
茶水炉	5 212	5 212	0	31 272	31 272	
劳保费	3 899	13 089	9 190	23 394	13 098	-10 296
电费	5 666	5 666	0	33 996	33 996	
零星医疗	263	120	-143	1 578	1 331	-247
文体宣传费	422	40	-382	2 532	1 232	-1 300
电话费	1 200	461	-739	7 200	2 380	-4 820
微型车	1 211	843	-368	7 266	3 564	-3 702
皇冠车	134	25	-109	804	25	-779
奔驰车	6 750	2 214	-4 536	40 500	16 964	-23 536
捷达车	2 901	875	-2 026	17 406	9 334	-8 072
园林费	785	5	-780	4 710	3 930	-780
办公楼	46	10	-36	276	208	-68
其他费用	238	100	-138	1 428	490	-938
合计	60 582	58 947	-1 635	363 492	303 144	-60 348

二、案例分析

山东华乐集团以"三级跳"方式，由一个小企业发展为国家大型企业，既是企业广大员工精诚合作、勤奋进取的结果，也是其决策者不断创新、秉承管理至上理念的结果，更有全面预算管理不可磨灭的功劳。

1. 目标利润的确定

华乐集团以目标利润为导向的全面预算管理，包括两层含义：一是预算编制以目标利润为导向；二是分厂、部门的预算确定后，目标利润成为整个企业管理的导向，企业一切生产经营管理活动都围绕完成或超额完成目标利润而展开。

目标利润是预算编制的前提和基础。在华乐集团，它是由全面预算管理委员会在公司董事会提出的预算编制方针指引下，先组织有关部门经过科学预测，结合公司的整体发展规划、资本运营、管理上的改善、分厂实际年度的生产经营等情况来进行测定，然后交公司董事会审核确定。需要说明的是，经过科学预测确定的目标利润，既有集团公司的总目标利润，又有各分厂的子目标利润及集团进行资本运营所获得的收益，各分厂子目标利润及集团进行资本运营获得的收益之和即为集团的总目标利润。目标一经确定，便成为预算编制的总纲领，各厂、各部门在全面预算管理委员会的指导下围绕目标利润的实现进行预算编制，编制出的预算经全面预算管理委员会审议交董事会确定后，目标利润即成为管理的导向，集团公司对分厂的管理控制和考核也围绕目标利润进行。对于各个独立的部门，由集团公司作为费用中心进行全面预算管理，部门的费用预算也围绕集团公司目标利润的实现而制定，确定后，采用费用不可突破法进行管理，将费用控制在预算范围内。

2. 销售预算的编制及责任落实

棉纺厂是华乐集团最具有代表性的分厂，它的销售状况良好，所有产品基本上都能销售出去，除了第一季度是销售淡季之外，企业基本上是全年满负荷生产。棉纺厂销售预算如表3-4所示，预计总销量为7 089.857 0吨，其中40S、32S和10S的年销量分别为4 229.621 0吨、1 874.363 0吨和985.873 0吨。对于企业的生产过程来说，编制生产预算一方面能够对预算年度的产量、材料、人工及动力等资源的需要量进行合理预计，以便统筹安排；另一方面可以将预算作为控制成本的依据，进行成本控制，以保证目标利润的实现。下面是棉纺厂的产品产量、库存预算及生产成本预算，生产成本预算包括直接材料预算、直接人工预算、直接动力预算及制造费用预算。

（1）棉纺厂产品产量、库存预算。因为棉纺厂的产销量基本平衡，所以其预算年度内产量与销量、期初库存与期末库存数据保持一致。如表3-5所示，40S的产销量都是4 229.621 0吨，32S的产销量都是1 874.363 0吨，10S的产销量都是985.873 0吨。

（2）直接材料成本预算。棉纺厂直接材料成本预算如表3-6所示，直接材料成本预算为10 114.151 5万元。以40S为例，单位产品用料标准参考同行业先进水平并根据本企业实际情况制定为1 368千克，原材料单价依据公司比价采购的记录资料确定为12 682.099 4元/吨。

$$原材料单位成本 = 单位用棉量 \times 原材料单价$$

$$= \frac{1\ 368 \times 12\ 682.099\ 4}{1\ 000} = 17\ 349.112\ 0\ （元/吨）$$

$$原材料总成本 = 总产量 \times 原材料单位成本$$

$$=\frac{4\,229.621\,0\times17\,349.112\,0}{10\,000}=7\,338.016\,8\,(万元)$$

（3）直接动力成本预算。棉纺厂直接动力成本预算如表 3-7 所示，直接动力成本预算 1 070.510 3 万元。以 40S 为例，每吨折标准纱吨数是按照标准纱 21S 折合为 2.180 6 吨，每吨标准纱用电量为 1 400 千瓦时，电费单价为 0.598 0 元。

$$动力单位成本 = 每吨折标准纱吨数 \times 电费单价 \times 每吨标准纱用电量$$
$$= 2.180\,6 \times 0.598\,0 \times 1\,400 = 1\,825.598\,3\,(元)$$

$$动力总成本 = 总产量 \times 动力单位成本$$
$$=\frac{4\,229.621\,0\times1\,825.598\,3}{10\,000}=772.158\,9\,(万元)$$

（4）直接人工预算。棉纺厂直接人工成本预算如表 3-8 所示，直接人工成本预算为 674.397 4 万元。以 40S 为例，吨纱产品用工量按照同行业先进水平和本企业实际情况确定为 75.896 4 工时，吨纱产品用工工资标准结合本地的整体工资水平综合折算为 15.241 4 元/工时。

$$直接人工单位成本 = 吨纱产品用工 \times 吨纱产品用工工资标准$$
$$= 75.896\,4 \times 15.241\,4 = 1\,156.767\,4\,(元)$$

$$直接人工总成本 = 总产量 \times 直接人工单位成本$$
$$=\frac{4\,229.621\,0\times1\,156.767\,4}{10\,000}=489.268\,8\,(万元)$$

（5）制造费用预算。制造费用是不与特定产品或批量相关联、无法直接归属到某一产品成本中的一种费用，计入产品成本时需要在产品之间进行分配。棉纺厂制造费用预算中除了本厂固定费用外，还要承担集团公司收取的综合制造费用。如表 3-9 所示，预算金额为 535.839 2 万元，月预算金额为 44.653 2 万元。如表 3-10 所示，制造费用分配是按照年产量折标准纱产量为分配标准的，40S、32S 和 10S 的年产量折合标准纱产量分别为 11 927.531 0 吨、3 861.750 0 吨和 650.676 0 吨。

$$制造费用分配率 = \frac{535.839\,2}{16\,439.957\,0} = 0.032\,593\,71\,(万元/吨)$$

$$40S\ 制造费用分配额 = 11\,927.531\,0 \times 0.032\,593\,71$$
$$= 388.762\,5\,(万元)$$

$$32S\ 制造费用分配额 = 3\,861.750\,0 \times 0.032\,593\,71$$
$$= 125.868\,8\,(万元)$$

$$10S\ 制造费用分配额 = 650.676\,0 \times 0.032\,593\,71$$
$$= 21.207\,9\,(万元)$$

$$40S\ 吨纱制造费用 = \frac{3\,887\,625}{4\,229.621\,0} = 919.142\,6\,(元)$$

$$32S\text{ 吨纱制造费用} = \frac{1\,258\,688}{1\,874.363\,0} = 671.528\,4\text{（元）}$$

$$10S\text{ 吨纱制造费用} = \frac{212\,079}{985.873\,0} = 215.118\,0\text{（元）}$$

（6）单位产品成本预算。将棉纺厂直接材料成本预算、直接动力成本预算、直接人工成本预算和制造费用预算汇总，便可得到棉纺厂单位产品生产成本预算和产品总成本预算。如表 3-11 所示，40S、32S 和 10S 的单位产品成本分别为 21 250.620 3 元、15 601.284 7 元和 4 893.574 1 元。总成本预算如表 3-12 所示，2000 年产品总成本为 12 394.898 4 万元，其中 40S、32S 和 10S 的年总成本分别为 8 988.207 0 万元、2 924.247 2 万元和 482.444 2 万元。单位产品成本预算确定以后，就成为成本控制的依据，各分厂应严格按照预算标准组织产品生产活动，这一成本标准也是考核分厂成本控制活动的依据。

3. 费用预算的编制

在华乐集团，各分厂是独立开展销售活动的。棉纱厂的销售费用预算如表 3-13 所示，预算金额为 183.996 9 万元，月预算金额为 15.333 0 万元。棉纱厂的管理费用预算如表 3-14 所示，预算金额为 132.578 2 万元，月预算金额为 11.048 2 万元。

根据集团公司对棉纺厂的资金投入规模和固定管理费用分摊基准，棉纺厂需要承担集团公司固定管理费用 2 006 万元，月均 167.166 7 万元。分摊综合管理费用预算如表 3-15 所示。

$$\text{综合管理费用分配率} = \frac{2\,006}{164\,39.957\,0} = 0.122\,019\,783\text{（万元/吨）}$$

$$40S\text{ 综合管理费用分配额} = 11\,927.531\,0 \times 0.122\,019\,783$$
$$= 1\,455.394\,7\text{（万元）}$$

$$32S\text{ 综合管理费用分配额} = 3\,861.750\,0 \times 0.122\,019\,783$$
$$= 471.209\,9\text{（万元）}$$

$$10S\text{ 综合管理费用分配额} = 650.676\,0 \times 0.122\,019\,783$$
$$= 79.395\,4\text{（万元）}$$

$$40S\text{ 吨纱综合管理费用} = \frac{14\,553\,947}{4\,229.621\,0} = 3\,440.957\,7\text{（元）}$$

$$32S\text{ 吨纱综合管理费用} = \frac{4\,712\,099}{1\,874.363\,0} = 2\,513.973\,5\text{（元）}$$

$$10S\text{ 吨纱综合管理费用} = \frac{793\,954}{985.873\,0} = 805.330\,9\text{（元）}$$

4. 费用预算的分配与考核

将生产经营过程中发生的各种费用与产品的产销量挂钩，对其进行考核、分析并在产品之间进行分配,并不是为了计算财务会计上所需要的产品成本。因为在各种费用中,除了制造费用计入产品成本以外,销售费用、管理费用和财务费用是不计入产品成本的。将这些不计入产品成本的期间费用按照产品品种和产销量进行分配,完全是出于管理上的需要。一方面,分配的标准成为衡量费用预算控制的重要指标以及进行差异分析的一个重要因素;另一方面,通过费用与品种和产销量的配比,容易直观地评价费用的控制水平和每种产品的利润情况。

棉纺厂的销售费用分配如表3-16所示,销售费用预算金额为183.9969万元,按照折算标准纱产量为分配标准。

$$销售费用分配率 = \frac{183.9969}{16439.9570} = 0.011192054 （万元/吨）$$

40S、32S和10S应分配的销售费用分别为133.4936万元、43.2209万元和7.2824万元。

棉纺厂的管理费用分配如表3-17所示,2000年管理费用预算金额为132.5782万元,按照折算标准纱产量为分配标准。

$$管理费用分配率 = \frac{132.5782}{16439.9570} = 0.00806439 （万元/吨）$$

40S、32S和10S应分配的管理费用分别为96.1883万元、31.1427万元和5.2472万元。

棉纺厂将销售费用、管理费用和所承担的集团公司综合固定管理费用汇总,形成本厂综合管理费用分配表。如表3-18所示,综合管理费用应分配额是总公司与分厂合计为2138.5782万元,月均为178.2149万元。总公司的预算数据见表3-15,分厂的预算数据见表3-17。

40S吨纱管理费用 = 3440.9577 + 227.4159 = 3668.3736（元）
32S吨纱管理费用 = 2513.9735 + 166.1508 = 2680.1243（元）
10S吨纱管理费用 = 805.3309 + 53.2239 = 858.5548（元）
40S吨纱管理费用月均 = 121.2829 + 8.0157 = 129.2986（万元）
32S吨纱管理费用月均 = 39.2675 + 2.5952 = 41.8627（万元）
10S吨纱管理费用月均 = 6.6163 + 0.4373 = 7.0536（万元）

5. 综合预算的编制

华乐集团的综合预算包括两个层面的内容:一是分厂综合预算,将分厂的销售预算、生产预算、费用预算综合起来,形成分厂的综合预算;二是将分厂预算与集团公司的部门预算进行汇总,形成整个集团公司的综合预算。

(1) 分厂综合预算。表3-19是棉纺厂本年利润预算表,各项指标分析如下:全年销售收入为17725.1834万元(表3-4),全年销售成本为12394.8984万元(表3-

12），全年销售费用为183.9969万元（表3-16），全年管理费用合计为2 138.578 2万元（表3-18）。根据上述指标值计算棉纺厂全年含税的预算利润为3 007.709 9万元，不含税的预算利润为1 893.060 8万元（3 007.709 9 – 1 114.649 1）。

为了能够更清楚地了解棉纺厂的收入、成本和利润的情况，可以将综合预算利润细化，如表3-20所示，分季度来编制，使棉纺厂的收入、成本和利润的预算都集中在一张表中，便于做比较分析。根据表3-19、表3-20提供的现金流量情况编制表3-21现金流量表，本期现金收入为本期销售收入减去本期赊销金额。

（2）集团公司综合预算。集团公司综合预算是对分厂预算与集团公司各部门预算以及集团公司费用预算的汇总，分厂的预算我们在前面已经有了详细的说明，这里只要将公司各部门费用预算汇总起来，再与前面分厂的综合预算汇总，便形成集团公司的综合预算。集团公司的部门预算包括：综合性费用预算、公司总部费用预算、总务部费用预算、财务部费用预算、供应部费用预算、人力资源部费用预算。需要说明的是，公司财务部费用预算包括预算部费用预算，总务部费用预算包括物价管理委员会、改善提案委员会费用预算。

综合性费用预算如表3-22所示，集团公司预算金额为1 943.439 4万元，其中比例最大的是折旧费为1 223.463 4万元，其次是利息为600万元。

集团公司总部费用预算如表3-23所示，集团公司总部费用预算为85.800 0万元，其中比例较大的是交际费、新产品开发费和差旅费，分别占25.17%、23.31%和20.98%。

总务部费用预算如表3-24所示，费用预算为72.695 4万元，其中比例最大的是工资和奖金，为34.844 4万元，占47.93%。

财务部费用预算如表3-25所示，费用预算为26.074 8万元，比例最大的是厂级负责人的工资和奖金，为14.644 8万元，占56.16%；其次是伙食补贴为4.406 4万元，占16.90%。

供应部门费用预算如表3-26所示，费用预算为17.854 4万元。供应部门是集团公司材料采购的综合部门，其发生的费用主要用于工资、奖金、丰田车、运杂费和电话费等。

人力资源部费用预算如表3-27所示，费用预算为6.072 0万元，主要用于工资、奖金和电话费。其中工资、奖金占60.08%，电话费占27.67%。

综合上述部门费用预算和各分厂预算，便形成华乐集团公司的综合预算。在华乐集团综合收入预算中，有固定管理费用一项，它是集团公司向分厂收取的用于弥补集团公司资本性支出、折旧及利息的费用。各分厂缴纳数额确定主要是以分厂占用的资产规模为依据。集团公司综合收入预算如表3-28所示，综合收入为4 948.122 2万元，其中固定管理费用（含折旧）为2 257.936 0万元、分厂利润为2 690.186 2万元

(表3-3)。集团公司综合支出预算如表3-29所示,综合支出为928.4726万元,其中综合性费用是扣除折旧后的金额,为719.9760万元(1 943.439 4 – 1 223.463 4)。

综合收入减去综合支出即是预算利润,预算利润减去企业应缴所得税即为净利润,如表3-30所示。

预算利润 = 综合收入 – 综合支出(含折旧)
         = 4 948.122 2 – (928.472 6 + 1 223.463 4)
         = 2 796.186 2(万元)

所得税 = 2 796.186 2 × 25% = 699.046 6(万元)

净利润 = 2 796.186 2 – 699.046 6 = 2 097.139 6(万元)

集团综合预算利润为2 796.186 2万元,比开始预测的目标利润2 690.186 2万元多106万元,这是因为集团公司在预算编制过程中对一些支出项目进行了必要的压缩,因此,也使利润增长率有所变化,由原来的42.6%变为52.27% [(2 796.186 2/1 836.304 5) – 1]。

6. 预算执行差异分析

预算的执行和差异分析与预算的编制一样,也在两个层面上进行,一是分厂的预算执行与差异分析,二是部门的预算执行与差异分析。考虑到事物的同质性,各分厂、部门的预算执行与差异分析基本原理是一致的。

(1)棉纺厂预算执行与差异分析。分厂的预算差异分析主要是成本费用的差异分析,如表3-32所示。

从棉纺厂单位生产成本预算与实际对照表可以看出,棉纺厂的棉纱产品单位生产成本40S实际低于预算额最多,形成有利差异;32S次之;而10S实际高于预算,此为不利差异,呈现出恶化趋势。棉纺厂已经采取措施,抑制不利差异的发生。其总的趋势是向着优化方向发展。

对于差异分析来说,除进行综合分析外,还应分项目进行分析,确定产生差异的责任归属,同时也作为今后预算控制的资料。

从原材料看,40S实际单位原材料成本比预算下降了360.442 0元,是由于单位用棉量和材料单价两个因素导致的。其中,单位用棉量下降了5 000克,使单位材料成本降低了63.410 5元(5 × 12.682 099 4);材料单价降低使单位材料成本降低了297.031 5元[1 363 × (16 988.670 0/1 363 – 12.682 099 4)]。

10S实际单位原材料成本比预算下降了40.671 0元,是由于单位用棉量和单价的降低导致的。其中,单位用棉量降低了4 000克,使单位材料成本降低了15.468 4元(4 × 3.867 096 2);材料单价降低使原材料单位成本下降了25.202 6元[1 046 × (4 019.780 0/1 046 – 3.867 096 2)]。

32S实际单位原材料成本比预算上升了143.363 0元,是由于单位用棉量和单价的上升导致的。其中，单位用棉量上升了 8 000 克，造成 32S 原材料单位成本上升了 86.817 7 元（8×10.852 206 3）；原材料单价上升造成 32S 原材料单位成本上升了 56.545 3 元[1 176×(12 818.740 0/1 176 - 10.852 206 3)]。

从工资看，40S 与 10S 实际单位工资成本比预算分别增加了 130.822 6 元与 16.155 5 元，是由于招收的一部分新工人技术不熟练，造成 40S 与 10S 吨纱用工分别比预算增加了 8.583 4 工时（130.822 6/15.241 4）与 1.060 0 工时（16.155 5/15.241 4）；32S 实际单位工资成本比预算下降了 19.108 0 元，是由于工人操作技术水平提高，吨纱用工比预算减少了 1.253 7 工时（19.108 0/15.241 4）。

从动力看，40S 与 32S 实际动力成本比预算分别下降了 203.478 3 元与 161.991 3 元，是由于设备进行技术改造，吨纱耗电量分别下降了 340.264 7 千瓦时（203.478 3/0.598 0）与 270.888 5 千瓦时（161.991 3/0.598 0）；10S 实际动力成本比预算增加了 60.669 4 元，是由于设备老化造成吨纱耗电量比预算增加了 101.453 8 千瓦时（60.669 4/0.598 0）。

从制造费看，40S、32S、10S 实际制造费用比预算分别增加了 15.707 4 元、21.811 6 元和 17.582 0 元，是由于客户要求改善产品包装，增加包装物支出而造成的。

（2）部门预算差异分析。如表 3-33 所示，总务部的费用预算项目除办公费、工资奖金、茶水炉费、电费没有差异外，其他项目都为有利差异。经考核，各项工作都已保质保量地完成。这主要是由于集团公司制定的激励政策产生了积极作用。总务部的员工都努力工作，深挖内部潜力，节约费用开支。

7. 差异分析处理及奖惩措施

华乐集团对预算差异的分析处理，坚持不同项目不同处理的原则。具体的预算差异分析处理及奖惩措施如下。

（1）对费用预算实行不可突破法。各分厂、部门的费用预算指标确定后，即输入计算机管理系统，修改权由全面预算管理委员会控制，某项费用预算如有突破，计算机系统会自动拒付。同时，费用预算由预算部进行日常监控，严格执行全面预算管理制度规定，每月进行一次分析，并形成差异分析报告提交全面预算管理委员会。

（2）对生产量、原材料、机物料、可变费用、销售额、利润等预算指标实行车间、分厂、总公司三级控制。车间一日一分析，分厂对车间一日一督查，及时发现存在的问题并分析其原因，采取有效措施进行事前控制。预算部对各分厂的预算执行情况一月一分析，并形成差异分析报告提交全面预算管理委员会。为调动预算执行者的积极性，集团公司制定一系列激励政策，设立经营者奖、效益奖、节约奖、改善提案奖等奖项。

经营者奖是集团公司为激励经营者即分厂厂长而设置的奖项。以年度为单位，根据利润实际完成情况计算奖励金额。超额完成预算，按实际与利润预算差额部分的3%~5%奖励分厂厂长；完不成预算予以惩罚，按实际与利润预算差额的2%处以罚金。

效益奖是为激励员工而设置的奖项，以月度为单位实施、兑现。根据分厂利润完成情况，超额完成预算，按实际与利润预算差额部分的25%奖励全体员工；完不成预算，按实际与利润预算差额部分的20%扣发员工工资。

节约奖是当部门费用的实际支出少于预算，而又高质量地完成工作时，由集团公司按实际节约部分的10%提取奖励费用发给部门；物资采购方面，在相同质量情况下，按比预算降低部分的10%奖励购买人。

改善提案奖是对员工提出的优秀的改善性建议进行奖励，以每项提案一年内所节约费用或所创利润的20%奖励提案人。

以上奖项的实施、兑现，全部以日常的业绩考核为准。

三、问题探讨

华乐集团全面预算管理的做法为我们提供了众多有益的启示。

（一）全面预算管理是一种"人本"管理

所谓人本管理，即确定人在管理过程中的主导地位的同时，围绕着调动企业人的积极性、主动性和创造性而展开的一切管理活动。在传统管理中，"见物不见人"的现象较为普遍，似乎人仅是一种与原材料一样的普通资源。随着行为科学的诞生，企业管理中对人的重视程度日益加深。人们认识到：人是万物的主宰，企业管理不能只重视物力、财力，而应更重视人力资源的开发与运用。根据人类行为的客观规律，寻找激发人力资源的管理模式，这才是企业管理的根本所在。企业管理归根结底是对人和人的行为的管理。

全面预算管理是通过预算主体作用于预算客体的过程，而在全面预算管理的主体中，预算管理主体和预算执行主体两个层面的主体人之间的关系处理，直接关系着全面预算管理的实现，因此，正确运用人本管理理念，在全面预算管理中具有重要意义。人本理念的运用具体体现在以下几方面。

1. 全面预算管理主体人和预算执行主体人目标协调中领导方式的选择

由于人的生物性与其社会性密切相关，作为全面预算管理主体和预算执行主体双方的人无论其实现利益的目标何等客观或主观，总难免存在一定的矛盾和冲突，从而存在着协调双方关系以使其目标趋于一致的空间。在不同的环境下选择不同的领导方式，将有利于这种目标的协调。领导方式主要有命令式和参与式两种，命令式即高度集权，下属只能被动地接受上级下达的命令；参与式即适度分权，下属能够在其职权范围内参与管理。当下属的被动性倾向较重，只习惯于服从命令时，命令式的领导方式就难以避免；然而，从发展的角度看，人的精神需求将呈不断上升的趋势，而在人的精神需求中，往往都存在"自尊""自我实现"的需要，领导的信任和重视、适度的分权可以在一定程度上满足人们的这种需要，从而能够更好地激发其主动性和创造性，此时只要加以正确的引导，便能较好地实现双方的协调。当然，权力的下放必须适当，不能导致失控和失调；而且，拥有一定权力还必须承担一定责任，以形成有效的激励约束机制。

2. 预算贯彻落实中责任网络的建立及责任预算的落实

预算责任网络即预算执行组织，它是全面预算管理具体贯彻落实的领受者，是责任预算的承担主体，也是责任核算和考评的对象。责任预算则是全面预算管理责任的具体落实，具有明确目标、控制依据、考评标准等职能作用。作为一种组织和责任目标的构建，也必须遵循人本思想。

（1）在划分责任中心时，既要考虑责权范围，又要考虑非正式组织的作用。在可能的情况下，尽量尊重非正式组织，由其组成作业小组以增强凝聚力，并通过开展小组之间的竞赛，促进劳动生产率的全面提高。

（2）责任预算对人的行为可能具有正反两方面的影响。其积极的影响主要体现在：通过责任预算明确和规范人的行为，有利于实施有效的控制。下级参与责任预算编制的程度越高，则其积极性、主动性越能充分发挥出来，人们自我控制、自我管理的程度也越高，预算目标的实现就越有保证。其消极影响则可能是：如果将责任预算绝对化，甚至将其看做"管、卡、压"下级的工具，则会使上、下级之间产生对立心态；或不积极配合，凡事立足于"本位"，一味"讨价还价"；或将自身利益凌驾于企业利益之上，导致利己主义行为。因此，在落实全面预算管理、编制责任预算的过程中，要善于将人置于管理的中心位置，通过竞争性的生产经营活动，达到完善人的意志和品格，提高人的智力，增强人的体力，使人获得超越受缚于生存需要的更为全面的自由发展。

3. 预算考评制度确定中激励机制的运用

激励即激发人的积极性，激励机制即促使人们由被动地提高劳动效率到积极、主动地提高劳动效率的作用过程。由于人的行为是由动机决定的，而人的动机又是由人的需要所引发的，因此，通过分析了解人们的具体需要，将其转化为目标激励因素，从而激发人的动机，引导人的行为，预算考评制度的确定正是以此为基础。但人类需求的多层次性决定了目标激励因素的多元性。在经济发展的初级阶段，人们的基本物质需求和生理需求尚得不到很好满足的情况下，物质奖励是较好的激励因素。当经济发展到一定程度，在人们的物质需求基本得到满足的前提下，物质奖励便会失去其对行为的激励引导作用，此时就应该运用更高层次的心理和精神需求作为激励因素，才能激发新的行为动机。因此，全面预算管理需要研究特定时期、各特定企业的激励因素，并将其与企业目标相连接，以促使企业目标的顺利实现。

总之，以人为本的全面预算管理通过明确人在企业中的地位，通过明确各自的岗位、责任、权力、利益，以制度的方式告诉员工什么可为，什么不可为，做了该做的会如何，做了不该做的又会怎样，从而实现"人管"，而非"管人"，进而使全面预算具备自我约束和自我完善的机制。山东华乐集团通过分权、授权、落实预算责任、强化预算考评和奖惩，使得人人知道该怎么做，并且必须做得正确、做得好。

（二）全面预算管理是一种系统管理

所谓系统管理即以系统整体性为原则，用新的综合性概念分析、描述管理对象的内在联系，及同其他事物之间的相互辩证关系，用整体最优的方法来解决管理对象系统所涉及的各种问题。全面预算管理涉及企业内外的各种经济现象，属于一个多因素的、动态的、复杂的系统。分权是一种必然趋势，但分权后带来的另一方面的问题即可能因此而失控，因局部利益而影响整体利益。因此，全面预算管理在分权的同时，必须解决协调的问题，这种协调既包括企业内部资源与外部市场要求和市场状况的协调，也包括企业内部各种资源之间的相互协调，合力终究大于分力，全面预算管理必然是一种系统管理。它应以企业的组织系统为基础，从全局出发，综合分析企业组织系统与外部经济环境的适应关系，研究企业内部各个子系统之间的系统关系，从而实现整体目标最优的系统性管理。全面预算管理的系统性具体表现在以下几方面。

1. 全面预算管理内容体系的系统性

全面预算管理应通过全面预算和责任预算的系统配合，实现全方位的管理。首先，全面预算管理的对象涉及人、财、物各个方面，它们均应以责任、目标的方式，在全面预算和责任预算体系中系统地表现出来。其次，全面预算与责任预算之间应该是一个既各成体系又密切配合的系统，全面预算通过各种资源的协调，规划企业预算目标；责任预算则通过各种责任的协调，规划责任预算目标，从而落实企业预算目标。同时，全面预算中各子预算间也应具有系统性，它们相互之间具有密切的内在联系，通常是以企业预算目标为核心，以包含企业限制因素的业务预算为起点，按顺序编制而成；责任预算中各层次预算间也同样应具有系统性，高层次责任预算统驭低层次责任预算，低层次责任预算支撑着高层次责任预算。不同层次的责任预算体系以责任网络的方式系统地规范企业各个部门、各个环节和全体人员的目标责任，实现了全员管理。

2. 全面预算管理方法体系的系统性

全面预算管理应通过预算编制、预算调控、预算考评等环节的循环，实现事前、事中、事后的全过程的管理。预算编制需要系统分析企业内部各个成员、各种资源的相互协调关系，以及企业内部环境与外部环境的相互适应关系，通过事前的管理确定科学的目标；预算调控则需要动态地分析企业生产经营过程中各种资源和环境的变化，及时调整行为，控制偏差，通过事中的管理保证预算目标的实现；预算考评则要综合分析评价各个成员的行为结果、各项资源的效益状况和各种环境对结果与状况的影响程度，承上启下，通过事后的管理完善并优化整个全面预算管理。

显然，系统性的全面预算管理具有将企业的分散决策或管理转化为系统决策或管理的机制作用。山东华乐集团以管理制度的方式，使得"人人肩上有指标，项项指标连收入"，并且具体规范了预算的编制日程和流程，建立了日常预算执行情况及时反馈的预算管理簿，规定了预算调整的前提及审批权限和程序，差异分析报告的内容，预算考评的原则和激励办法等，很好地体现了全面预算管理的系统性要求，从而为企业的茁壮成长提供了良好的"土壤"。

（三）全面预算管理是一种战略管理

企业战略是企业建立在内、外部环境分析基础上，为实现企业使命或目标而确定的整体行动规划。所谓战略管理，则是围绕着企业战略的制定、实施、控制而采取的一系列措施的全过程，它具有整体性、长期性和相对稳定性的特征。实施战略管理，有利于企业成长为动态的开放系统，树立竞争意识，增强竞争优势，把握企业发展方向，保持企业持续增长势头，预期并规避风险。

全面预算管理应该是一种战略管理。预算本身就是一种战略。

1. 预算目标的定位，体现了不同类型企业的战略重点

一般而言，新兴行业具有市场不确定程度较高、技术和产品的标准化程度较低、市场进入障碍较小、潜在市场需求较大等特点，因此，企业的战略重点往往是迅速占领市场，尽可能成为行业领导者，全面预算管理的目标相应地应该定位于增加销售收入上，预算的核心也应该是销售预算；成熟行业具有需求增长缓慢、顾客更为"挑剔"、扩大生产能力受阻、产品盈利性下降等特点，企业的战略重点一方面是创新生产过程，调整产品结构，另一方面是降低经营成本，因此，企业全面预算管理的目标应该相应地定位于利润实现上，预算的核心是建立在全面预算基础上的目标利润预算；至于衰退行业，它具有销售持续下降、竞争反复无常、获利微乎其微、经营举步维艰等特点，企业的战略重点往往是通过调整投资方向，或者是通过抽回资金，缩小经营规模，实现战略转移，因此，企业的预算目标应该定位于投资报酬率上，预算应以投资报酬率为核心，通过资本支出预算和日常全面预算的配合，保证新的投资报酬率目标的顺利实现。

2. 预算模式的选择，也体现着不同的竞争战略

企业的竞争优势归根结底取决于企业为其顾客创造的价值，是否能够超过该企业为创造它而耗费的成本，使顾客获得"超值享受"。而"超值享受"要么来自于以低于竞争厂商的价格提供同等的受益，要么来自于提供非同一般的受益从而足以抵销其较高的价格。因此，企业竞争战略有两种基本模式，即低成本领先战略和差异化战略。低成本领先战略来源于企业对规模经济、专利技术、原材料优惠待遇等的追求，

其实现途径则是提高现有成本链中各个环节的工作效率，并有效地控制开支。为此，我们应该相应地采用以成本和利润为核心的预算模式。差异化战略则来源于企业对别具一格的经营特色的追求，其实现的途径是树立名牌形象，提供优良的产品性能、热情周到的服务、健全的售后保障或其他方面的独特性等。为此，我们应该采用以销售和利润为核心的全面预算模式。

当然，由于战略管理的整体性特征，各种战略模式和战略重点之间并非完全割裂、互不相干，相反，它们互相补充、联系密切。因此，全面预算管理的目标和模式差异也不是绝对的，它们恰恰是相互包容的，而且无法截然分开，这也正是其系统性特征的体现。

3. 预算把战略具体化，使其得以更好地贯彻、实施

由于战略的长期性、概括性和全局性，在其实现过程中往往容易出现预期不准、操作困难的缺陷，具体表现为：市场变化与战略目标和战略计划之间的矛盾，企业现实能力尤其是资源与实现战略目标和战略计划的愿望之间的矛盾等。首先，通过预算的编制和运行，这些矛盾可以明朗化，并且通过市场竞争机制的引入，尽可能协调这些矛盾。其次，预算将企业战略目标转化为分阶段目标，进而以权责利为基础再转化为各层次、各部门、各岗位、各个人的目标，从而使企业战略在细分化的同时，也将战略的思想落实到各层次、各部门、各岗位、各个人。这些都是战略实现的最好保障。

正是基于这种战略的考虑，山东华乐集团选择了以目标利润为导向的全面预算管理模式。他们对此的精辟概括是：企业的生产经营犹如客轮在大海中航行，市场是大海，企业是航船，总经理是船长，职工是船员，用户是旅客，目标利润是其航行的目的地，而以目标利润为导向的企业预算管理则是保证其安全、顺利到达目的地的高性能导航系统。

（四）全面预算管理应有良好的内外环境保障基础

1. 顺应、把握外部环境

环境是各种作用因素与条件的总称，全面预算管理的有效实施当然离不开良好的企业内外管理环境的支持。企业外部环境通常是企业决策所不能左右和控制的，如国家的经济制度、产业政策、财经法规、市场状况、技术发展水平以及国内外政治、经济形势等，它们对企业预算目标的实现无疑具有非常重大的影响，但企业却无力按照自己的意愿对其加以改造。但是，这并非意味着企业面对外部环境只能束手无策、被动接受，相反，企业完全可以也应该通过自身努力，通过对外部环境及其变动趋势的准确预期与合理判断，寻找出一条适合自身特点，并能发挥自身优势的发展途径，将命运掌握在企业自己手中。为此，我们应该把握以下几点：

（1）外部环境的缺陷是客观存在的，环境的优化需要通过政府以及包括企业在内的社会各方的协同努力，经过一个较长的过程才能达成，不可能一蹴而就。在这一

较长的过程中,企业不应该也不可能回避或消极地等待,抱怨或消极等待解决不了任何实质问题,相反,可能会被市场与环境的进一步变化所抛弃。竞争是公平而残酷的,优者存,劣者亡,这是永恒不变的自然规律。

(2) 环境有利与否是相对而言的。在现代市场经济条件下,当某种环境被普遍认为有利时,从另一方面来看往往也隐藏不利甚至是危机。因为有利的环境意味着良好的市场机会,但随之必然引发剧烈的竞争;相反,某种看似不利而被普遍回避的环境,从另一方面看可能意味着市场的空缺,一旦抓住反而是一个难得的有利时机。这种环境优劣的相对性实际上反映出环境优劣之间的相互转换特征,企业能否趋利避害,关键在于自身如何把握。

(3) 外部环境的缺陷只是一个总量概念,而不是结构概念。不同的企业有不同的判断,对不同的企业也有不同的影响。因此,企业在处理与外部环境的关系时,不仅要分析社会整体环境的状况,更要分析自身具体环境的状况,并在研究考察整个社会环境与自身具体环境的基础上,依据自身的特点和所长,确立企业与外部环境的最佳结合,走出一条适合自身特点、能够发挥自身优势的发展道路。

(4) 企业在进行全面预算管理或其他各项经营管理活动时,都必须随时研究掌握环境的变化趋势,打破以往成功经验的惯性思维定式,确立危机意识与不断创新观念。在此基础上,准确把握环境变化,适应环境的客观约束,并适应不确定的市场环境。

2. 塑造良好的内部环境

企业内部环境即推动企业运行的群体意识、行为规范以及相应的规章制度的总和。相对而言,企业的内部环境具有较大的可重塑性和自我调控性。无论是对外部环境的把握,还是对内部环境的改造,关键均在于企业自身素质能力的提高,因此,塑造良好的企业内部环境,是有效实施全面预算管理的重要保障。也就是说,企业应该遵循市场经济发展的客观要求,建立健全企业内部环境体系,具体包括:更新企业的偏好结构,优化企业的价值观念;切实制定企业政策,明确企业发展方向;建立健全内部制度,完善企业系统管理,如完善生产管理制度,健全质量管理制度,改革人事管理制度,优化工资酬劳制度等。在此,我们重点强调的是其中最关键的一点,即培养企业家阶层,塑造企业家精神。

预算环境的塑造,首先是一个企业家及企业家精神的塑造过程,这是一切经营管理活动取得成功的基础。纵观世界各国成功企业的发展历程,不难发现这样一个共同特点:大凡成功的企业,其背后必定有一个具有远见卓识、具有开拓进取精神的最高决策者即企业家,以及一批志同道合的高素质的骨干力量。

同样,企业全面预算管理的实施,如果缺少一位具有人格魅力的优秀企业家以及一个精干、高效、敬业的决策班子,是很难取得良好成效的。作为一个卓越的企业家至少应具备如下素质与能力:其一,具有先进的现代市场价值观念,并将其贯彻到企业的每一个环节、每一个员工身上；其二，为了实现企业整体利益和长远利益最大化目标，应能以高度的使命感有效运用权力，既要善于正确引导，激发集体的智慧和力量，又能在必要时强制性贯彻执行；其三，具有正义感，且具备一定的科学知识和科学态度，能够任人唯贤，能够洞察每一个管理者和员工自我价值实现或被认同的愿望，并据以建立激励机制及科学的管理制度。

山东华乐集团能在动荡的市场环境中稳步发展，一方面是他们能够很好地把握市场，顺应市场变化，善于抓住有利时机，而不是"坐等"。更重要的是，他们有一个好"船长"，能够在不断提升自身理论修养的同时，将其转化为企业管理实务中操作性极强的管理制度，并且勇于探索，不懈创新，从而将一个小舢板铸造成了巨轮，并且娴熟地驾驭着这艘巨轮在市场经济的大海中劈波斩浪，勇往直前。

第四节 东方公司财务预算编制案例

一、销售预算表的编制

1. 资料

甲产品单价120元（出厂价格），上年第四季度销售400件，本年第一至第四季度预计分别销售500件、800件、700件、600件。东方公司的销售政策：销售收入的70%本季收回现金，另外的30%下季收回现金（70%是谨慎估计的）。本年四个季度中每个季度预计销量大于上年第四季度，故该企业处于增长期，以销售为起点，编制销售预算表。

2. 编制

表 4-1 销售预算表

指标说明	上年第四季度	一季度	二季度	三季度	四季度	全年
预计销量（件）	400	500	800	700	600	2 600
单位售价（元）	120	120	120	120	120	120
销售收入（元）	48 000	60 000	96 000	84 000	72 000	312 000
本季销售收入（70%）（本季销售本季收款）		42 000	67 200	58 800	50 400	
上季销售收入（30%）（上季销售本季收款）		14 400	18 000	28 800	25 200	
预计现金收入		56 400	85 200	87 600	75 600	304 800

销售收入 = 预计销量 × 单位售价

预计现金收入 = 本季销售收入（70%）+ 上季销售收入（30%）

3. 评价分析

（1）预计现金收入全部转入现金预算表（表4-8）的"来自销售的现金收入"项目。

（2）预计销售收入312 000元转入预计利润表（表4-9）的"销售收入"项目。

（3）年末应收账款21 600元转入预计资产负债表（表4-10）的"应收账款"项目。

（4）年末应收账款 = 72 000 × 30% = 21 600（元）

二、生产预算表的编制

1. 资料

本季度期末产成品存量保持为下季度销量的30%。

2. 编制

表4-2   生产预算表

项 目	上年第四季度	一季度	二季度	三季度	四季度	全年合计
预计销量	400	500	800	700	600	2 600
期末库存量（30%）	150	240	210	180	168	168
期初库存量		150	240	210	180	150
预计生产量		590	770	670	588	2 618

期末存量 = 下期销量 × 30%

期初存量 = 上期期末存量 = 本期销量 × 30%

预计生产量 = 预计销售量 + 预计期末存量 − 预计期初存量

产品期末存量合计为年末数，期初存量合计为年初数

3. 评价分析

年末的产成品存货等于168件乘以单位成本（表4-6），转入预计资产负债表"存货"项目。

三、直接材料预算表的编制

1. 资料

采购材料，单耗5千克，单价10元/千克。

本季支付材料款的60%，其余的40%下季支付，要求期末库存量占下季需要量的20%。

本年末库存预计620千克。上年第四季度材料采购总额45 000元。

2. 编制

表 4-3　　　　　　　　　　　直接材料预算表

项　目	一季度	二季度	三季度	四季度	全年合计
预计生产量（件）	590	770	670	588	2 618
单位产品材料需要量（件）	5	5	5	5	5
预计需用材料（千克）	2 950	3 850	3 350	2 940	13 090
预计期末存量（件）	770	670	588	620	620
预计期初存量（件）	590	770	670	588	590
预计材料采购量（件）	3 130	3 750	3 268	2 972	13 120
单位价格（元）	10	10	10	10	10
预计采购价格（元）	31 300	37 500	32 680	29 720	131 200
本季购货的60%（元）	18 780	22 500	19 608	17 832	
上季购货的40%（元）	18 000	12 520	15 000	13 072	
现金支出合计（元）	36 780	35 020	34 608	30 904	137 312

表中数据可以根据以下公式计算：

单位产品直接材料成本 = 单耗 × 单价

材料预计生产需要量 = 预计生产量 × 单耗

期末存量 = 下季生产需要量 × 20%

期初存量 = 上期期末存量 = 本季生产需要量 × 20%

预计材料采购量 = 生产需要量 + 期末存量 − 期初存量

预计采购金额 = 材料采购量 × 材料单价

预计现金支出 = 本季采购本季付款 + 上季采购上季付款

3. 评价分析

（1）预计现金支出全部转入现金预算表"购买材料"项目。

（2）年末应付账款转入预计资产负债表的"应付账款"项目 11 888 元。

（3）年末材料存货转入预计资产负债表的"存货"项目 6 200 元。

（4）单位产品材料成本转入产品成本预算表"直接材料"项目 50 元。

四、直接人工预算表的编制

1. 资料

单位产品直接人工 3 小时，每小时工资 4 元，现金支付。

2. 编制

表 4-4　　　　　　　　　　　直接人工预算表

项　目	一季度	二季度	三季度	四季度	全年合计
预计生产量（件）	590	770	670	588	2 618
单位产品工时	3	3	3	3	3
直接人工总工时	1 770	2 310	2 010	1 764	7 854
每小时人工成本（元）	4	4	4	4	4
直接人工总成本（元）	7 080	9 240	8 040	7 056	31 416
预计现金支出（元）	7 080	9 240	8 040	7 056	31 416

表中数据可以根据以下公式计算：

直接人工总工时 = 预计生产量 × 单位产品工时

直接人工总成本 = 直接人工总工时 × 每小时人工成本

3. 评价分析

（1）预计现金支出全部转入现金预算表（表 4-8）"支付直接人工工资"项目。

（2）单位产品直接人工成本转入产品成本预算表（表 4-6）"直接人工成本"项目。

（3）直接人工总工时全部转入制造费用预算表（表 4-5）"预计直接人工总工时"项目。

五、制造费用预算表的编制

1. 资料

制造费用按直接人工工时分配，变动制造费用包括：间接材料，小时分配率 1.5 元；间接人工，小时分配率 0.5 元；水电费，小时分配率 1 元。

（变动制造费用小时分配率 = 全年预计变动制造费用/全年预计直接人工总工时 = 23 562/7 854 = 3）

固定制造费用全年预计 15 708 元，包括：设备维修费 2 000 元，厂房设备折旧费 8 508 元，管理人员工资 4 400 元，财产税 800 元，财产税在第四季度用现金交纳。

2. 编制

表 4-5　　　　　　　　　　　制造费用预算表

项　目	一季度	二季度	三季度	四季度	全年
预计生产量（件）	590	770	670	588	2 618
预计直接人工总工时	1 770	2 310	2 010	1 764	7 854

续表

项目	一季度	二季度	三季度	四季度	全年
变动制造费用					
间接材料（1.5元/时）	2 655	3 465	3 015	2 646	11 781
间接人工（0.5元/时）	885	1 155	1 005	882	3 927
水电费等（1元/时）	1 770	2 310	2 010	1 764	7 854
变动制造费用合计（元）	5 310	6 930	6 030	5 292	23 562
固定制造费用					
设备维修费（元）	500	500	500	500	
厂房设备折旧费（元）	2 127	2 127	2 127	2 127	8 508
管理人工工资（元）	1 100	1 100	1 100	1 100	4 400
财产税（元）	200	200	200	200	800
固定制造费用合计（元）	3 927	3 927	3 927	3 927	15 708
现金支出合计（元）	6 910	8 530	7 630	7 692	30 762

表中数据可以根据以下公式计算：

制造费用 = 变动制造费用 + 固定制造费用

间接材料 = 直接人工总工时 × 小时分配率

折旧记入制造费用，但不用现金支付。

3. 评价分析

（1）预计现金支出全部转入现金预算表（表4-8）的"制造费用"项目。

（2）单位产品变动制造费用转入产品成本预算表（表4-6）的"变动制造费用"项目9元。

（3）单位产品分摊的固定制造费用6元转入产品成本预算表（表4-6）的"固定制造费用"项目。

六、产品成本预算表的编制

1. 资料

产品成本 = 直接材料 + 直接人工 + 变动制造费用 + 固定制造费用

固定制造费用小时分配率 = 全年固定制造费用/全年直接人工总工时 = 15 708/7 854 = 2（元/时）（见表4-4及表4-5）

2. 编制

表 4-6 年末产成品存货成本预算

项 目	用量	单位成本	合计
直接材料	5 公斤	10 元/公斤	50 元
直接人工	3 小时	4 元/小时	12 元
变动制造费用	3 小时	3 元/小时	9 元
单位产品分配的固定制造费用	3 小时	2 元/小时	6 元
单位产品的生产成本合计			77 元

3. 评价分析

销售成本 = 全年销量 × 单位成本 = 2 600 × 77 = 200 200（元）（见表 4-1 及表 4-6）转入预计利润表

年末产成品成本 = 年末产品存量 × 单位成本 = 168 × 77 = 12 936（元）（见表 4-2 及表 4-6）

七、销售与管理费用预算表的编制

1. 资料

销售与管理费用是指在生产过程以外的销售和管理过程中发生的费用，不计入产品成本。

其中变动费用包括：占销售收入 10% 的佣金和 5% 的其他费用。

固定费用全年共计 15 200 元，包括：有关人员工资 8 000 元，房屋租金 4 000 元，保险费 800 元，折旧费 2 400 元。保险费和折旧费不用现金开支（保险费由总公司缴纳现金）。

2. 编制

表 4-7 销售与管理费用预算表 单位：元

项 目	一季度	二季度	三季度	四季度	全年
销售收入预算情况	60 000	96 000	84 000	72 000	312 000
变动费用部分					
销售佣金（10%）	6 000	9 600	8 400	7 200	31 200
其他费用（5%）	3 000	4 800	4 200	3 600	15 600
变动费用合计	9 000	14 400	12 600	10 800	46 800
固定费用					

续表

项　目	一季度	二季度	三季度	四季度	全年
有关人员工资	2 000	2 000	2 000	2 000	8 000
房租	1 000	1 000	1 000	1 000	4 000
保险费	200	200	200	200	800
折旧费	600	600	600	600	2 400
固定费用合计	3 800	3 800	3 800	3 800	15 200
现金支出合计	12 000	17 400	15 600	13 800	58 800

3．评价分析

（1）现金支出合计转入现金预算表（表4-8）。

（2）佣金31 200元、其他费用15 600元、有关人员工资8 000元、房屋租金4 000元、保险费800元、折旧费2 400元转入预计利润表（表4-9）。

八、现金预算表的编制

1．资料

上年发放现金股利8 000元，于本年一季度支付；二季度将用现金购进20 000元设备（来自资本预算表）；期末保持最佳现金余额11 000元，本年初现金余额11 000元；银行借款利率10%（年利率），季初借入，季末归还，有多余现金即清偿，一般以1 000元为倍数向银行借款或对外投资。

2．编制

表4-8　　　　　　　　　　　　现金预算表　　　　　　　　　　　　单位：元

项　目	一季度	二季度	三季度	四季度	合计
期初现金余额	11 000	11 630	11 640	11 987	11 000
加：来自销售的现金收入	56 400	85 200	87 600	75 600	304 800
可供使用的现金额	67 400	96 830	99 240	87 587	315 800
现金需要的计算					
购买材料	36 780	35 020	34 608	30 904	137 312
支付直接人工工资	7 080	9 240	8 040	7 056	31 416
支付制造费用	6 910	8 530	7 630	7 692	30 762
销售与管理费用	12 000	17 400	15 600	13 800	58 800
购买设备		20 000			20 000

续表

项 目	一季度	二季度	三季度	四季度	合计
支付现金股利	8 000				8 000
支付所得税					0
现金支付额合计	70 770	90 190	65 878	59 452	286 290
期末必须余额	11 000	11 000	11 000	11 000	11 000
现金需要量合计	81 770	101 190	76 878	70 452	297 290
现金多余或不足（可供使用现金额－现金需要量）	－14 370	－4 360	22 362	17 135	18 510
现金的筹集与使用					
向银行借款	15 000	5 000			20 000
偿还借款本息			21 375		21 375
借款净额	15 000	20 000			
对外投资				17 000	17 000
期末现金余额	11 630	11 640	11 987	11 135	11 135

以第一季度为例，表中数据可以根据以下公式计算：

可供使用的现金 = 期初现金余额 + 销售现金收入
　　　　　　　= 11 000 + 56 400 = 67 400（元）　　　　　　　（见表 4－1）

现金支出合计 = 直接材料 + 直接人工 + 制造费用 + 销售管理费用 + 支付现金股利
　　　　　　 + 购买设备
　　　　　　= 36 780 + 7 080 + 6 910 + 12 000 + 8 000 + 0 = 70 770（元）

（见表 4-3、表 4-4、表 4-5、表 4-7）

现金需要量 = 现金支出合计 + 期末必需的现金余额
　　　　　 = 70 770 + 11 000 = 81 770（元）

现金多余或不足 = 可供使用的现金 － 现金需要量合计
　　　　　　　 = 67 400 － 81 770 = －14 370（元）

期末现金余额 = 现金多余或不足 + 银行借款 + 期末必需的现金余额
　　　　　　 = －14 370 + 15 000 + 11 000 = 11 630（元）

第一季度期末现金余额 = 第二季度期初现金余额

第三季度利息 = 银行借款 × 10%/12 × 计息月数
　　　　　　= 15 000 × 10%/12 × 9 + 5 000 × 10%/12 × 6
　　　　　　= 1 375（元）

偿还本息 = 15 000 × 10% × 9/12 + 5 000 × 10% × 6/12 + 20 000 = 21 375（元）

3．评价分析

（1）年末现金余额 11 135 元转入预计资产负债表（表 4-10）"现金"项目。

（2）对外投资 17 000 元转入预计资产负债表（表 4-10）"短期投资"项目。

（3）购买设备 20 000 元转入预计资产负债表（表 4-10）"固定资产"项目。

九、预计利润表的编制

1．资料

所得税税率为 25%。

2．编制

表 4-9　　　　　　　　　　　　预计利润表　　　　　　　　　　　　单位：元

项　目	金　额	项　目	金　额
销售收入	312 000	保险费	800
减：销售产品的成本	200 200	折旧费	2 400
销售毛利	111 800	营业利润	49 800
减：销售和管理费用	62 000	减：利息费用	1 375
销售佣金	31 200	税前利润	48 425
其他变动费用	15 600	减：所得税	12 106.25
有关人员工资	8 000	净利润	36 318.75
房租	4 000		

表中数据可以根据以下公式计算：

销售毛利 = 预计销售收入 − 销售成本 = 312 000 − 200 200 = 111 800（元）

（见表 4-1 及表 4-6）

税前利润 = 销售毛利 − 销售管理费用 − 利息费用

　　　　　= 111 800 − 62 000 − 1 375 = 48 425（元）　　　（见表 4-7 及表 4-8）

净利润 = 税前利润 − 所得税 = 48 425 − 48 425 × 25% = 36 318.75（元）

3．评价分析

（1）净利润 36 318.75 元转入预计资产负债表（表 4-10）的"留存收益"项目。

（2）所得税 12 106.25 元转入预计资产负债表（表 4-10）的"应交税金"项目。

十、预计资产负债表的编制

1. 资料

年初固定资产净值：厂房设备 109 080 元，土地 500 000 元；长期负债 226 730 元；普通股 400 000 元。

2. 编制

表 4-10　　　　　　　　　　　预计资产负债表　　　　　　　　　　单位：元

资　　产		负　　债	
流动资产：		流动负债：	
现金	11 135	应付账款	11 888
应收账款	21 600	银行借款	0
存货	19 136	应交税金	12 106.25
短期投资	17 000	流动负债合计：	23 994.25
流动资产合计：	68 871	长期负债：	226 730
固定资产		所有者权益：	
厂房设备	118 172	普通股	400 000
土地	500 000	留存收益	36 318.75
固定资产合计：	618 172	所有者权益合计：	436 318.75
资产合计	687 043	负债与权益合计	687 043

表中数据可以根据以下步骤计算：

现金 = 11 135（元）

短期投资 = 17 000（元）　　（见表 4-8）

应收账款 = 第四季度销售收入 × 30% = 72 000 × 30% = 21 600（元）　（见表 4-1）

存货 = 产成品存货 + 原材料存货 = 168 × 77 + 620 × 10 = 19 136（元）

（见表 4-2 及表 4-3）

厂房设备 = 年初数（已知）+ 增加投资 − 分摊在制造费用的折旧 − 分摊在管理费用的折旧

　　　　= 109 080 + 20 000 − 8 508 − 2 400 = 118 172（元）

固定资产合计 = 土地（已知）+ 厂房设备 = 500 000 + 118 172 = 618 172（元）

资产合计 = 流动资产合计 + 固定资产合计 = 68 871 + 618 172 = 687 043（元）

应付账款 = 第四季材料采购价格 × 40% = 29 720 × 40% = 11 888（元）

（见表 4-3）

流动负债合计 = 应付账款 + 银行借款（已知）+ 应交税金

$$= 11\,888 + 0 + 12\,106.25 = 23\,994.25\text{（元）}\quad\text{（见表4-9）}$$

所有者权益合计 = 普通股（不变） + 留存收益

$$= 400\,000 + 36\,318.75 = 436\,318.75\text{（元）}\quad\text{（见表4-9）}$$

负债及所有者权益合计 = 流动负债 + 长期负债（不变） + 所有者权益合计

$$= 23\,994.25 + 226\,730 + 436\,318.75 = 687\,043\text{（元）}$$

思 考 题

1. 各种不同的预算管理模式各有什么特征？每种预算管理模式适应的企业情况是怎样的？请各举出一个典型的例子进行说明。
2. 在山东华乐集团的全面预算管理案例中，你认为该集团应用预算管理的成功之处在哪里？
3. 简述导致出现企业预算松弛现象的原因。你认为应采取什么对策来纠正这一问题？
4. 你认为预算管理有哪些环节？
5. 预算调整应该注意哪些问题？
6. 财务预算管理的组织机构应包括哪些？
7. 简述财务预算编制方法。
8. 案例研究。

案例一：星星公司现金预算

（一）基本情况

星星印刷有限公司是生产贺卡的主要厂家。它的生日卡和问候卡一年四季都有销售，但是大部分在7月到11月销售，其中9月是高峰，因为这时零售商们正为元旦的贺卡销售大量购货。所有的销售都以赊销形式进行。10天内付款可打2%的折扣，若不打折，付款最后期限是40天。但像许多公司一样，星星公司发现有些顾客拖到90天才付款。经验表明：20%的销售额当月付清，70%的销售额在销售后的第一个月付清，10%的销售额在销售后的第二个月付清。为鼓励顾客提早付款，星星公司对在当月付款的销售都打了折扣。

星星公司并不是一年不停地生产，而是在有订货时才生产。纸张、墨水和其他材料的价值占销售额的70%，这些材料都是公司预计销售最终产品的前一个月购买的，并且可以延期付款一个月。公司预计从5月至12月的销售额分别为500万元、500万元、1000万元、1500万元、2000万元、1000万元、1000万元、500万元。若7月份销售额预计1000万元，6月份就必须购买700万元的原材料（销售额的70%），而付款在7月份。其他一些现金支出从7月至12月为：工资每月分别为75万元、100万元、125万元、75万元、75万元和50万元；租金每月分别为25万元；其他费用每月分别为10万元、15万元、20万元、10万元、10万元和5万元。公司在9月15日和12月15日要分别付税款200万元；10月份还要为新工厂付款500万元。公司的定额现金余额为250万元，而在7月1日有现金300万元。

（二）分析要点及要求

根据收付实现制原则，确定7月至12月的现金销售收入、现金支出以及月末现金余额，并自行设计现金预算表。

（三）问题探讨

1. 星星公司编制现金预算的起点是什么？
2. 星星公司编制现金预算的目的是什么？

案例二：东方公司财务预算的编制

（一）资料

（1）本季销售本季收款70%，另外30%可到下季度收回现金。上年第四季度销量1 200件，本年预计销量6 300件，第一季度至第四季度分别为1 000件、1 500件、2 000件和1 800件，销售单价420元。

（2）每季度末产成品存货数量大约保持在下一季度销量的15%，年末产成品为200件。

（3）期末材料存货数量保持在下一季度生产需要量的10%，本季度采购只要支付60%，另外40%可以到下一季度支付，材料单耗10公斤，单价12元/公斤，期末（年末）存量3 600公斤，上年第四季度采购材料总额为80 000元。

（4）单位产品工时10小时，每小时工资额12元。

（5）变动制造费用小时分配率：间接材料每小时0.2元，间接人工每小时0.2元，水电费每小时0.1元。

（6）固定制造费用全年预计30 100元，其中：设备维修费4 000元，管理人员工资8 800元，折旧费16 500元，财产税800元，财产税在第四季度用现金交纳。

（7）固定销售及管理费用全年预计80 400元，其中：管理人员工资38 000元，房租22 000元，折旧费8 400元，保险费12 000元，保险费在第四季度用现金交纳。变动销售及管理费用为现金销售收入的10%。

（8）一季度支付现金股利50 000元，二季度支付设备价款150 000元，四季度支付所得税140 000元，最佳现金余额25 000元，年初现金余额26 000元，银行借款利率5%，季度初借入，季度末归还，以1 000元为倍数。所得税税率为25%。

（9）年初固定资产设备为3 520 080元，土地150万元。普通股350万元，长期负债 1 665 640 元，其中 65 640 元在年末列入短期借款处理。

（二）要求

编制：（1）销售预算表；（2）生产预算表；（3）直接材料预算表；（4）直接人工预算表；（5）制造费用预算表；（6）单位成本预算表；（7）销售及管理费用预算表；（8）现金预算表；（9）预计利润表；（10）预计资产负债表。

案例三

（一）资料

1. 公司 20××年年初现金余额 15 000 元，期末最低现金余额 12 000 元，第一季度支付现金股利 105 000 元，第二季度支付新设备价款 55 000 元，现金不足向银行借款（以 1 000 元的倍数），利率 10%，季度初借入，季度末归还。对外投资应以 5 000 元为倍数。

2. 公司 20××年预计销售收入 1 250 000 元，销售成本率 60%，销售与管理费用为销售收入的 10%。所得税税率为 25%。

3. 公司 20××年年初土地 1 200 000 元，厂房设备净值 1 050 000 元，本年预计累计折旧 35 300 元，第四季度销售收入为 280 000 元，本季收现率为 60%，第四季度材料采购金额为 165 000 元，本季付现率为 70%，长期借款 1 081 000 元，其中一年内到期的长期借款 58 000 元，年末库存材料 4 500 千克，材料单价 12 元，年末产成品 150 件，单位成本 100 元，普通股 1 000 000 元。

（二）要求

编制以下报表。

1. 现金预算编制

单位：元

指　　标	1	2	3	4	合计
期初现金余额					
现金销售收入	248 000	289 000	384 000	290 000	1 211 000
可供使用现金					
现金支出：					
直接材料	156 000	172 000	185 000	170 500	
直接人工	34 000	39 000	41 000	40 400	
制造费用	12 500	18 400	19 500	18 600	
销售与管理费用	23 000	25 000	29 500	26 800	104 300
购买设备					
现金股利					

续表

指 标	1	2	3	4	合计
支付所得税					
现金支出合计					
期末现金必要余额					
现金需要量合计					
现金多余或不足数					
银行借款					
偿还借款本息					
银行借款余额					
向外投资					
期末现金余额					

2. 预计利润表的编制

单位：元

指 标	金 额
销售收入	
销售成本	
毛利	
销售与管理费用	
营业利润	
利息费用	
税前利润	
所得税	
净利润	

3. 预计资产负债表的编制

单位：元

资 产	年末数	负债及所有者权益	年末数
现金		应付账款	
短期投资		银行借款	
应收账款		应交税金	
直接材料		流动负债合计	
产成品		长期负债	

续表

资　产	年末数	负债及所有者权益	年末数
流动资产合计		负债合计	
厂房设备		普通股	
土地		留存收益	
固定资产合计		所有者权益合计	
资产总计		负债及所有者权益总计	

第四章　筹资管理案例

第一节　理论概述

筹资管理是财务管理的重要内容之一，筹集资金是企业理财的起点。企业的创建，首先必须筹集资本金，进行企业的设立登记，才能开展正常的经营活动；企业扩大生产经营规模，开发新产品，进行技术改造，必须筹集资金用于追加投资；企业经营不善，造成资金积压、周转不灵或发生亏损，也需要筹集资金以补充资金的不足。因此，在实践中，企业筹集资金的动机主要有三类，即扩张性动机、偿债性动机和混合性动机。扩张性动机是指企业因扩大生产规模或追加对外投资而需要资金的动机。偿债性动机是指企业为了偿还债务而形成的筹资动机。混合性动机是指企业既要扩大生产规模，又要偿还旧债而形成的筹资动机。企业的筹资总是受一定动机的驱使，而不同的筹资动机其产生的筹资行为和结果也有所不同。同时，企业筹集资金还要考虑筹资渠道、筹资方式、资金成本、财务风险、资本结构以及资本市场等因素。

一、筹资渠道和筹资方式的选择

对于每一个企业的财务管理人员来说，充分了解筹资渠道和筹资方式是尤为重要的。在企业的筹资决策中，通过比较、分析，选择适合本企业的筹资渠道和筹资方式，有利于筹资活动的开展，有利于提高企业的筹资效率。

（一）筹资渠道和筹资方式的关系

企业的资金来源渠道简称筹资渠道，是指企业取得资金的来源或途径。筹资方式是指企业取得资金的具体方式或形式。目前，我国筹资渠道主要有国家财政资金、银行信贷资金、非银行机构资金、其他法人单位资金、民间资金以及境外资金等。筹资方式主要有吸收直接投资、普通股、优先股、债券、长期借款、融资租赁、短期借款、商业信用和短期融资券等。其中，吸收直接投资、普通股和优先股筹资方式是主权资本（自有资金）筹资方式，而其他的筹资方式是债务资本（借入资金）筹资方式。筹资渠道和筹资方式既有联系又有区别。同一种筹资渠道往往可以采用不同的筹资方式取得资金。比如，其他法人单位资金可以采用吸收直接投资、发行普通股、发行优先股、发行债券和商业信用等方式取得资金。而同一筹资方式往往又适合于不同的筹资渠道。比如,吸收直接投资方式适合于国家财政资金、其他法人单位资金、民间资金和境外资金等筹资渠道。

(二) 需要考虑的因素

1. 融资者需要考虑的因素

从需要融资的企业与现有股东的角度出发,每项融资方案需考虑以下几项因素。

(1) 实际筹资过程中的管理成本与法律成本。根据筹集新的权益资本的方式不同及所筹集的资金数额不同,发行成本变动的幅度相当大,其范围可能从 0 到大约 15%。比如,通常向公众发行新股的发行成本可以达到 15%,而有的配股成本则在 2% 左右,利用留存收益筹集资金则不存在"发行"成本。

(2) 所筹集资金的服务成本。权益资本所有者期望通过资本升值或股利获得相对较高的投资报酬率。股利代表一种直接以货币支付的显成本。资本升值来自于没有以股利形式支付给股东的企业利润。因为企业的利润不论是否以股利的形式支付给股东,最终都是属于股东的。

(3) 支付股利、利息或类似支出的水平。支付水平是企业董事会决定的问题。虽然企业的利润最终都是属于股东的,但是股东不能直接要求企业在某一特定年份支付一定水平的股利。而利息水平则是在企业进行融资时就确定的。

(4) 需要偿还的资金的水平。如果企业是以权益资本的形式进行融资的,则只有在企业清算时,这个义务才会发生。此外,由于股利支付水平具有一定的灵活性,普通股股东所提供的资金并不会给企业的现金流量带来太大的压力。而以债务形式融资或者以优先股形式筹集的资金就会在现金流量方面给企业带来一定的影响。

(5) 资金成本减税的程度。如发行债券时,其利息可以减税,而如果发行股票,其股利则不能减税,即股利不能在税前扣除。这就使得股利比等额的债券利率成本更高。但就这一点来说,各个国家的影响是不同的。比如在英国,公司所得税税率与个人所得税税率相近,在这种情况下,股利能否减税就不具有很大的重要性。

(6) 对股东控制企业及行动自由程度的影响。当新的权益资金不是按照原来的投资比例从现有股东处筹集而来时,投票权及对公司的控制权在一定程度上就会发生转移。所以,不少企业都采用留存利润与配股发行的方式进行筹资。

对某些普通股股东来说,他们不会在乎权利转移这个问题,因为这些股东在任何情况下都没有行使过他们的投票权。很多企业在召开每年一次的股东大会时,有权出席和享有投票权的股东大部分都缺席。因此,控制权更可能是小企业股东关注的因素。但尽管如此,如果筹资的结果影响到现有股东对企业的控制程度的话,则筹资方案可能不会被董事会通过。

2. 投资者需要考虑的因素

从企业资金提供者的角度来看,通常需考虑以下几项因素:

(1) 投资报酬率的大小。企业股东期望的报酬率要比政府债券之类的无风险投资的报酬率高。与其他类型的融资证券相比,普通股提供的平均报酬率最高。

(2) 与预期报酬率相关的风险的高低。以利息的形式取得报酬,其金额是事先确定的;而通过资本利得或股利形式取得报酬,其金额是不确定的,在一年、两年或更短的时期内出现负报酬率的情况很常见,尽管从长期来看,高于平均水平的正报酬率也很常见。

(3) 投资潜在的流动性,即由企业直接偿还或通过二级市场转让的能力。当投资者购买企业新发行的股票时,他们通常不会想到要求企业偿还这笔投资。但是,一般的投资者除非知道有其他方式可以收回投资,否则不会愿意购买债券或是股票。这就是二级资本市场产生的原因。

(4) 投资报酬的个人所得税征收状况。比如,如果收益率相差不多,投资者都比较愿意投资于免税的项目,如国库券等。此外,各个国家在税收方面的规定不同,投资者对投资的偏好也会有所差异。如在英国,股利作为股东取得的一种收入征税,边际税率高达40%;而对资本升值额征收的资本利得税率较低,税率与适用于收入的税率基本相同。

(5) 投资可能取得的影响或控制企业事务的程度。债券投资与优先股投资都不会对公司的经营产生影响或控制的问题。但普通股一般都有投票权。这对某些股东来说可能是不太重要的,但它使股东具有一种权利,即单个股东或者与其他股东联合可以使他们就所关心的问题向企业高级管理层施加压力的权利。

二、资本结构

资本结构是指企业长期资本来源构成及其比例关系。最佳资本结构是指使企业的综合资金成本最小,同时将财务风险保持在适当的范围内,达到企业价值最大时的资本结构。比较资金成本法和息税前利润——每股利润分析法是确定企业最佳资本结构的方法。

(一) 影响资本结构变动的因素

资本结构的变动,除受资金成本、财务风险等因素影响外,还要受到其他因素的影响,这些因素主要是指企业因素与环境因素。

1. 企业因素

企业因素包括以下三个方面:

(1) 管理者的风险态度。如果管理者对风险极为厌恶,则企业资本结构中负债的比重相对较小;相反,如果管理者以取得高报酬为目的而比较愿意承担风险,则资本结构中负债的比重相对要大一些。

(2) 企业获利能力。息税前利润是用以还本付息的根本来源。息税前利润越大，即资产利润率大于负债利率，则利用财务杠杆能取得较高的资本利润率；反之则相反。可见，获利能力是衡量企业负债能力强弱的基本依据。

(3) 企业经济增长。增长快的企业，总是期望通过扩大筹资来满足其资本需要，而在主权资本一定的情况下，扩大筹资即意味着对外负债。从这里也可看出，负债筹资及负债经营是促进企业经济增长的主要方式之一。

2. 环境因素

环境因素包括以下四个方面。

(1) 银行等金融机构的态度。虽然企业都是希望通过负债筹资来取得资本利润率的提高，但银行等金融机构的态度在企业负债筹资中起到决定性的作用。在这里，银行等金融机构的态度就是商业银行的经营规则，即考虑贷款的安全性、流动性与收益性。

(2) 信用评估机构意见。信用评估机构的意见对企业的对外筹资能力，起着举足轻重的作用。

(3) 税收因素。债务利息在税前支付，因而具有节税功能；而且一般认为，企业所得税率越高，节税功能越强，从而举债好处越多。因此，税率变动对企业资本结构变动具有某种导向作用。

(4) 行业差异。不同行业所处的经济环境、资产构成及运营效率、行业经营风险等是不相同的，因此上述几种因素的变动直接导致行业资本结构的变动，从而体现其行业特征。

(二) 资本结构调整的原因

尽管影响资本结构变动的因素很多，但就某一具体企业来讲，资本结构变动或调整有其直接的原因。这些原因，归纳起来有以下四个方面。

1. 资金成本过高

资金成本是指企业筹集和取得资金所付出的代价，它既包括资金时间价值，又包括投资风险价值。一般认为，普通股风险较大，其资金成本也较高。如果原有资本结构的加权平均资金成本过高，就会使得企业利润相应下降，因而这是企业资本结构调整的主要原因之一。

2. 筹资风险过大

筹资风险是指企业负债经营后产生的到期不能偿还债务本金和利息的可能性。虽然负债筹资能降低成本、提高利润，但风险较大。如果筹资风险过大，以至于企业无法承担，则破产成本会直接抵减因负债筹资而取得的杠杆收益，因此企业此时需要进行资本结构调整。

3. 弹性不足

所谓弹性是指企业在进行资本结构调整时原有结构应有的灵活性，包括筹资期限弹性、各筹资方式间的转换弹性等。其中，期限弹性是针对负债筹资方式是否具有展期性、提前收兑性等而言；转换弹性是针对负债与负债间、负债与资本间、资本与资本间是否具有可转换性而言。也就是说，一种筹资方式可以自动地转换成另一种筹资方式，从而使资本结构得到调整和优化。如原有的资本结构中负债比例较高，筹资风险较大时，可以通过提高每股市价，使可转换债券持有人自愿地将债券转换成公司普通股股票。一旦转换成股本，负债比率下降，企业的资本结构就得到了优化。如果弹性不足时，企业要调整资本结构也很难；反过来，也正是由于弹性不足才促使企业要进行资本结构的调整。弹性大小是判断企业资本结构是否健全的标志之一。

4. 约束过严

不同的筹资方式，投资者使用约束是不同的。约束过严，在一定意义上有损于企业财务自主权，有损于企业灵活调度与使用资金。正因为此，有时企业宁愿承担较高的代价而选择那些使用约束相对较宽松的筹资方式。

（三）资本结构调整的时机

能满足以下条件之一的企业，均有可能按目标资本结构（即企业确定的最佳资本结构）对现有资本结构进行调整。

（1）现有资本结构弹性较好时；

（2）在增加投资或减少投资时；

（3）企业盈利较多时；

（4）债务重整时。

（四）资本结构调整的方法

针对这些调整可能性与时机，资本结构调整的方法可归纳为以下三种：

1. 存量调整

所谓存量调整是指在不改变现有资产规模的基础上，根据目标资本结构要求，对现有资本结构进行必要的调整。具体方式有：

（1）在债务资本过高时，将部分债务资本转化为主权资本。例如，将可转换债券转换成普通股股票，公司发行的可转换债券是公司的负债，一旦转换成普通股后，负债比率下降，所有者权益所占比率上升，从而降低了财务风险，优化了公司的资本结构。

（2）在债务资本过高时，将长期债务收兑或提前归还，而筹集相应的主权资本额。

（3）在主权资本过高时，通过减资并增加相应的负债额来调整资本结构。例如，用发行公司债券筹集的资金回购相应的公司普通股股票，即在公司总资产规模不变的情况下，增加了负债所占的比重，减少了所有者权益所占的比重，并使公司股东享受负债经营带来的财务杠杆收益，从而调整了公司的资本结构。

2. 增量调整

增量调整是指通过追加筹资量，从而增加总资产的方式来调整资本结构。具体方式有：

（1）在债务资本过高时，通过追加主权资本投资来改善资本结构，如直接增加主权资本或者大部分通过主权资本筹集资金、小部分通过负债筹集资金来调整资本结构。

（2）在债务资本过低时，通过追加负债筹资规模来提高负债筹资比重或者大部分通过负债筹资、小部分通过权益资本筹资来调整公司的资本结构。

3. 减量调整

减量调整是指通过减少资产总额的方式来调整资本结构。具体方式有：

（1）在主权资本过高时，通过减资来降低其比重（股份公司则可回购部分普通股股票等）。

（2）在债务资本过高时，利用税后留存归还债务，以减少总资产，并相应减少债务比重。

三、二级资本市场及其效率

（一）二级资本市场

资本市场是指企业、地方和中央政府筹集长期资本的市场。企业通常以向公众和投资机构（如单位信托投资机构、保险公司等）发行股票和债券，同时收取现金的方式来筹集长期资本。资本市场也是投资者转移股票等证券所有权的地方。发行新证券的金融市场被称为一级资本市场，而二手证券的交易市场被称为二级资本市场。二级资本市场多为正式的证券交易所或证券市场，但二级资本市场并不只是证券交易所或证券市场。这些正式的证券交易所是主要场所，其中多数同时具有一级和二级市场的功能。

对于想要筹集长期资本的企业而言，二级资本市场的存在是至关重要的。一般说来，如果不能将持有的证券随时变现，相当一部分投资者是不会在股票和债券发行时购买的。但同样，让发行股票或债券的企业长期准备一笔现金以随时购回已发行的证券是不现实的，所以，就有必要存在一个二级资本市场以使证券持有者能变现其投资。二级市场若不存在，企业长期融资就没有可能，或者至少投资者会要求高回报率而使融资成本太高。因此有人认为，一些发展中国家由于缺少完善的二级资本市场，不能为企业进行长期投资有效地融资，从而进一步制约其经济的发展。

除了能否将持有的股票或债券随时变现之外，那些潜在的投资者关心的另一个问题是他们的投资能否在资本市场上"被有效地定价"。

定价效率是指无论何时，有关公司前景的所有有效信息都在其证券价格中得到合理的反映，也就是说某一证券的市场价格应是该证券所有权所能给其持有人带来的未来经济利益的现值。更重要的一点在于，资本市场是联系管理者和投资者的纽带。因此，效率就意味着管理者的财务决策将在证券价格中得到反映，并对股东财富有直接影响。由于股东财富最大化是管理决策所公认的标准之一，所以管理活动在证券价格中的反映在各种意义上都具有无可争议的重要性。

（二）证券交易所成员与证券交易所的交易

二级市场（或者说证券交易所）本质上是有关各方进行证券交易的市场。

1. 证券交易所成员

虽然在许多市场上公众可以以自己的名义直接进行证券买卖，但并不是谁都可以直接进入证交所，只有证交所成员可以直接买卖证券。若公众想在交易所内进行证券交易，只能请某一个证券交易所成员代理。

证交所成员的行为规范由成员选举产生的委员会制定和执行。委员会的另一个职责是授予某一证券在证券交易所内交易的权利。这些证券须满足委员会制定的一系列条件，委员会在授权之前要对这些证券加以审查，以避免让一些风险过大的证券在交易所上市，损害投资者的利益。

证交所成员有二：一是作为市场的缔造者和操作者，其本质就像商品市场的参与者一样；二是作为那些想在交易所内买卖证券的投资人的代理人（证券经纪人）。

2. 证券交易所的交易

在证券市场上，证券商不仅从事现货交易也从事远期交易，也就是说，证券商会卖出当时他们还未拥有的证券或买入当时还没有确定客户的证券。无论何时，证券公司都可以持有某一种证券"存货"，即所谓多头或空头。空头是指公司卖出了其尚未买进的股票；多头则正好相反，是指公司还没有确定哪个客户会买某种证券，就先行购入了这种证券。一般来说，证券商从事这种买空或卖空交易通常是想操作那些走俏的证券或者是要从事当时手上尚未持有的某种证券的大额买卖。

证券商从事多头或空头交易是要承担风险的。当他们买进某种证券时，是因为他们判断在一定的时间内能以高价卖出；同样，当他们卖出还没有持有的某种证券（即从事空头交易）时，是因为他们预测在买卖到期进行交割时能以较低的价格买进。若判断有误，则证券商就会遭受损失。因为他们将不得不在现货市场上以较低的价格卖出他们已经买入的证券或以较高的价格买入这种他们已经卖出的证券，以履行其交易合约。

从西方来看，直到 20 世纪 80 年代中期，交易所内的交易仍在实地进行。每一证券公司在交易所内都有自己的"大厅"，以方便经纪人替客户从事证券交易。为了能以最有利的价格买卖，交易经纪人不得不走遍所有"大厅"以比较价格高低。现在虽然交易的本质未变,但这一切都已被电脑系统所代替:交易所的自动报价系统(SEAQ)使券商能够关注各方显示的价格并随时更新,这也使得交易所成员能不离开办公室,便可以在 SEAQ 连出的终端上直接交易。

当某个投资者想买卖某一证券时,他们可以通过打电话或是直接找到其经纪人,了解所有券商在这时准备进行交易该证券的价格。这些价格通常各不相同,这是因为他们对该证券的价值判断各有差异。通常做多头或做空头的券商都会影响这种证券的价格。对每一种要交易的证券,自动报价系统屏幕上都会标出两种价格,较低的为买入价,较高的为卖出价。这一信息对所有证券公司及其他愿意认购的人是一样有效的,经纪人会根据客户是想买进还是卖出而建议一个最好的价格,客户会立即让经纪人以该价格进行交易。若客户想成交这笔交易,经纪人会使用自动报价系统终端立即进行买卖。经纪人和券商的联系是通过自动报价系统有效达成的,该系统会自动通知有关证券商交易已完成并提供有关交易的一份详细记录,虽然任何人都可看到自动报价系统出示的信息,但只有交易所的成员能直接利用这些信息而通过该系统进行交易。

经纪人公司会向客户收取一笔费用,收取的这些费用就构成经纪人的收入来源,虽然交易量越大费用越低,但交易成本仍很大,尤其对小额交易而言更是如此。

经纪人常在履行代理买卖业务时向顾客提供一定程度的专业服务。所以,经纪人之间会存在为了争取更多的投资者而相互竞争的情况。能提供较好的服务与咨询建议的经纪人,通常就能吸引更多的投资者,从而获得更多的代理收益。

长期以来,尽管二级市场交易主要是在证券交易所中完成的,但一些国家(比如英国)的法律并不要求所有的二级市场交易必须在证券交易所内进行。这就是说,除了证券交易所之外,还存在一些其他二级市场的形式。例如,一些商业组织为经营一些证券,会组织运作柜台交易市场(OTC),证券在投资公众中公开买卖,有些就像旧家具市场上买卖杂货一样不需要什么代理机构。

证券交易所一直都是二级市场上最重要的形式,但现在一些其他形式的二级市场的出现引起了人们的注意。例如,柜台交易市场的崛起就表明,如果投资者觉得在他们愿意支付的价格下交易所不能提供他们所需要的服务,他们就会另谋出路。

(三) 资本市场效率

所谓证券市场的效率是指证券价格能及时、迅速地反映那些影响价格变化的信息。证券价格对有关信息的反映速度越快、越全面,证券市场就越有效率。换句话说,证券的市场价格越是能准确地反映其未来期望收益的现值,证券市场就越有效率。所以说,效率市场是指证券市场的效率性,也称为有效率的资本市场假说。由于在有效率资本市场上证券价格迅速全面地反映了所有有关价格的信息,是其实际价值的最佳体现,因此,投资者无法通过对证券价格走势的判断始终如一地获取超额利润。

在一定程度上可以说，证券市场的有效率意味着资源配置的有效率和市场运行的有效率。资源配置的有效率，是指证券价格是一个可以信赖的正确的投资信号，投资者可以根据这些价格信号的指导选择投资方向并获取最大收益。市场运行的有效率是指证券交易的中介人能够以最低的成本提供服务，并只收取与所提供服务相适应的费用。

1. 效率市场类型

根据证券价格对信息反映的不同情况，可以将证券市场的效率程度分为三等，即罗伯茨（1959年）认为应对效率加以讨论和检验的三个不同层次。

（1）弱式效率（Weak-Form）。在弱式效率市场上，证券价格已完全反映了所有的历史信息（主要是指价格变化的历史信息），证券价格的未来走向与其历史变化之间是相互独立的，服从随机游走理论。所以，在弱式效率市场上，投资者无法依靠对证券价格变化的历史趋势的分析，来发现所谓的证券价格变化规律以获得超额利润。

（2）半强式效率（Semi-Strong Form）。半强式效率市场的效率程度显然要高于弱式效率市场。而在半强式效率市场上，证券价格不但完全反映了所有的历史信息，而且完全反映了所有公开发表的信息。即在这种水平的效率市场上，各种信息一经公布，证券价格会迅速调整到其应有的水平上，使得任何投资者都无法利用公开的信息、通过正确预测证券价格的未来走势来长期获取超额利润。

（3）强式效率（Strong-Form）。在强式效率市场上，所有相关信息，甚至包括仅为一些特殊关系和地位的人（如经理）所拥有的信息也全部反映在证券价格中。因此，投资者不能利用所有公开发表的信息，而且也不能利用内部信息在证券市场上长期获取超额利润。

以上可以看出，这三种不同类型的效率级别是递进的。所以，若某一市场是强式效率的，则它必然也是半强式效率和弱式效率的。

2. 为什么资本市场会有效率

效率的含义在于：某种证券的现行价格是根据所有有效的信息得出的其经济价值的最优估计值。

在证券市场上，同样是供求双方的力量决定了资本市场的证券价格，若市场各方都一致认为某证券价格偏低，需求力量将使其价格上升。

在证交所这样的二级资本市场上，几乎所有人都是冲着同一目标——资本利得而来的。而这些人可以从各种不同的渠道获得信息：从企业的会计报表上，各种正式发布的消息或是有意、无意得到的小道消息，等等。企业所在行业和宏观经济状况信息都与证券价值评估密不可分，而这些消息的来源就千差万别了。

当人们获取了某种消息，从而确定某一证券的价格不合理时，他们就会设法加以利用或劝别人加以利用。比如，为一家单位信托基金工作的某个投资分析家若通过评估分析，认为某家公司的股票价值应为 20 元，但其目前的市价为 15 元。这样，分析家就可能建议投资经理买入这种股票。如果别的投资分析家也有这种看法的话，买入这种股票的人就会大大增加。大量的买进使得对这种股票的需求上升从而带动其价格上升。

市场上有各种各样的专家和权威都在计算各种股票的价值，以便和其市价做比较，任何一个作为个体的分析家仅是其中之一。这些专家一旦发现价值价格背离，就会自己采取行动或建议别人采取行动。这样，股票市场的情况就是各方力量的一种合意（即一致意见），若人们强烈感觉到价格不合理，就会从自己的判断出发企图谋利，价格越不合理，他们的动作就会越大。

另外，有效率不仅要求价格对新信息有合理的反映而且要求要迅速地反映。当然，数据的传送、接收、分析及分析结果的传送、接收并反映到交易行为上的速度是非常快的，尤其在可以采用电子数据处理系统的情况下更是如此。

由于存在大量拥有充分信息的、追求利益的观察者，我们就有理由相信，像证券交易所这样复杂的二级资本市场在证券定价时是有效的。

3. 资本市场效率对投资者的意义

资本市场效率意味着投资者既不应寻求价格变动的历史信息，也不应依靠对新的经济信息的分析，以企图获取超额的投资报酬，只有有幸能知悉那些还不为人知的信息的投资者才有望得到超过平均水平的报酬——当然也不排除纯偶然的运气问题。即使通过投资分析家或投资机构帮助通常也没多少优势，并且这样做的成本很高。

总的来说，有效率市场假说可以在以下几个方面给投资者以有益的启示。

（1）过去的证券价格与其未来的价格之间没有联系。在弱式效率市场上，证券价格的未来走向与其历史变化之间没有任何必然联系，证券价格过去是涨是跌并不影响它以后的升降。也就是说，分析证券价格的历史记录，并不能有效地帮助投资者判断目前证券价格是否合理。比如，即使某一只证券的价格比历史记录低得多，也不能说明目前该证券价格一定低于其合理价位。即很低的价格同样存在着"目前价格过高"的可能性。

（2）市场的价格可能是最可相信的合理价格。证券的市场价格是市场上绝大多数投资者对各种信息进行综合分析判断的均衡值，反映了绝大多数投资者的总体预期，从统计平均上讲，它很可能是关于证券价格的最好判断。在有效率的市场上，个别投资者完全可能在某几次投资活动中取得超额利润，但却无法长期稳定地保持这种成绩，其总的投资结果将只能获得平均利润而不是超额利润。即平均来说，市场的定价通常是正确合理的，除非有人操纵市场。

（3）市场无幻觉。在有效率的市场上，证券价格取决于其实际价值的高低，企业或其他人制造的某些假象（比如对会计报表、会计核算方法或程序进行调整或变换以改变业绩）是不会对证券价格产生真正影响的。

（4）寻找规律者自己消灭了规律。证券市场的效率是以其对信息的迅速而完全的反映为基础的，而这种迅速完全的反映又取决于投资者的努力。投资者越是努力地发现每一条信息中对证券价格的影响因素，并试图加以利用，证券价格对信息反映的速度就越快，反映的内容越完全，市场就越有效率；反之，市场的效率就可能降低。因此，投资者对赚钱机会的尽力捕捉，大大提高了证券市场的效率，也使投资者在证券市场上赚钱更加艰难。

4．资本市场效率对财务经理的意义

资本市场效率对财务经理的意义在于以下五个方面。

（1）投资者的眼睛很难被蒙蔽，他们会理性地分析企业管理者的行为。所以，故意的粉饰行为不会引起证券价格上升，制造假象（比如对会计报表、会计核算方法与程序等进行调整与变换）是无法真正影响证券价格的。不要试图用这些手段来蒙骗投资者。

（2）市场为企业提供了合理的价值度量。若管理部门要增发权益股，则现行权益价格是合适的发行价格；若与历史水平相比股价偏低，则没有道理非等价格反弹再发行新股，由于证券价格轨迹是随机的，所以没理由相信仅因为过去曾有过较高价格它就会回升到以前的水平。

（3）管理者应以股东财富最大化为目标。由于这是企业投资决策普遍接受的标准，若企业制定的决策理所当然地遵循这一目标，并假定管理者发布了自己行为方面的信息，证券价格就会反映管理者的行为。换句话说，如果说管理者按促进股东利益的方式行事，则实际上是通过股票价格来完成的。

（4）管理者倾向于扣发不利信息。研究表明，强式效率中的无效率意味着并非所有不利信息都包含在证券价格中，因此，扣发这样的信息使管理者有利可图。由于大多数信息迟早都会曝光，所以很值得怀疑这个命题在长期中是否有效。由于大多数投资者都认为管理者会隐瞒不利信息，这很可能最终对这些管理者不利。

（5）二级资本市场合理评价了具有风险回报的资产。如果我们想估计一辆旧车的价值，我们会到旧车市场上去找一辆类似的车，看看它的价格。与此道理一样，若我们想评估具有一定风险和期望报酬的资产的价值，我们也会到二级资本市场上去看一项类似资产的价格。这实际上为我们评估企业投资决策时，利用资本资产定价模型为现金流量确定一个合适的折现率提供了一个主要的理由。

对管理者而言，效率造成了这么一种普遍状态，即管理者和证券所有者通过证券价格直接发生了联系，虽然当管理者一些可能无足轻重的行为也反映到证券价格中时，这种联系就显得不是那么牢固，然而证据却有力地支持证券价格确实迅速合理地反映了新信息这一论点。

第二节　可转换债券发行案例

一、基本情况

发行可转换公司债券是西方发达国家较常采用的融资方法，特别是在公司股价低迷的时候，可转换公司债券可以较低的成本募集企业所需的资金。在我国，可转换公司债券的发行，为企业筹集资金提供了一条新的途径，也为投资者提供了一条新的可选择的投资渠道。A 公司于 1998 年 2 月 18 日上市，公司经营范围包括：国内外航空运输；为企业及旅客提供地面保障服务；经营出租机场内航空营业场所、商业场所和办公场所；国内贸易（除专项规定外）；广告经营；经营其他与航空运输有关的业务；综合开发，经营国家政策许可的其他投资项目。

（一）本次发行公告

1. 发行数量

A 公司将发行 13.5 亿元人民币的可转换公司债券，本次发行每张面值为 100 元人民币，共 1 350 万张，发行价格为每张人民币 100 元整。先以每 100 股配售 2 张可转债的比例向发行人社会公众股股东定向配售，向发行人社会公众股股东定向配售结束后，如有余额向社会公开上网发行。

2. 发行时间

① 20××年 2 月 25 日在上海证券交易所正常交易时间向发行人社会公众股股东定向配售。如遇重大突发事件影响发行，则在下一个工作日继续配售。

② 20××年 2 月 28 日在中国证监会指定的报刊上公告向发行人社会公众股股东定向配售情况，包括实际配售数量、向社会公开上网发行的规模等。

③ 向社会公开上网发行：20××年 3 月 2 日（T+0 日）上午 9：30—11：30，下午 1：00—3：00。如遇重大突发事件影响发行，则在下一个工作日继续申购。

3. 发行地点

全国所有与上海证券交易所联网的各证券营业部。

4. 发行对象

① 向发行人社会公众股股东定向配售：于本发行公告公布的股权登记日收市后登记在册的发行人所有社会公众股股东。

② 向社会公开上网发行：在中华人民共和国境内持有上海证券交易所股票账户的境内自然人、法人及其他机构（法律、法规禁止购买股票的除外）。

（二）向发行人社会公众股股东配售的发行方式及配售办法

1. 发行方式

利用上海证券交易所交易系统在指定时间内先行向发行人社会公众股股东以每100股配售2张可转债的比例进行定向配售。发行人社会公众股股东可在指定时间内通过与上海证券交易所联网的证券交易网点的柜台，以公布的发行价格和符合本公告规定的申购数量，交足申购款进行申购委托。

2. 配售办法

（1）股权登记日：20××年2月24日。

（2）缴款日期：20××年2月25日，逾期视为自动放弃配售权。

（3）配售单位：本次可转债发行认购单位为1手（即10张，每张面值100元）。

（4）配售价格：人民币100元。

（5）配售比例及数量：本次发行总量为13.5亿元人民币，按每张面值100元，共计1 350万张。发行人社会公众股股东可配售的可转债最高数量为，以截至股权登记日收市后登记持有的股份数，按每100股可认购2张的比例计算，以四舍五入原则取整为1手的整数倍。社会公众股股东可配售的可转债手数计算公式为：

可配售可转债手数＝股权登记日收市后持有股数×2/1 000（四舍五入取整）

每个股票账户的认购数量不得低于1手（10张），超过1手的必须为1手（10张）的整数倍。

（6）配售对象：20××年2月24日下午收市后在中国证券登记结算有限公司登记在册的发行人所有社会公众股股东。

二、案例分析

自国务院颁布《可转换公司债券管理暂行办法》以来，A公司是首家获准发行转换公司债券的A股公司，从具体发行条件来看，在以下方面具有较多新意。

1. 在维护投资者利益方面

由于上市公司的每股收益关系到股票的价格，所以在募集相同资金的情况下，应尽量少摊薄公司的每股收益，以维护投资者的利益。而在这一方面，发行可转换债券的方式具有完全的优势，对原有股东有利，这也是许多上市公司发行可转换债券的一个主要原因。增发新股的价格一般按照市场定价的方式。因为发行新股的资金募集方式是面向全体投资者的，所以，为了维护原有投资者的利益，依照市场价定价，使得新发行的股票上市之后不会使原有的股价达成向下跳空的缺口。配股则是向原有的股东配售，所以一般采取了低于市价的方式。而公司发行可转换债券实际上相当于公司向债券的持有者发放了购股期权，投资者的收益是有保障的，所以投资者愿意承诺以高于目前市价的价格将所持有的债券在将来一段时间内，按照一定的比例转换成为公司的股票。因此，在募集资金量一定的情况下，发行可转换债券对于每股收益所产生的摊薄效应一般是最小的。

所以，在公司发展需求的资金一定的情况下，发行可转换债券对于公司以及股东而言是成本最低的融资方式。因为，发行可转换债券的上市公司在可转换债券转换为股票的情况下，其股票的价格要比其他的股权融资的价格高，对上市公司的摊薄效应少，在没有转换之前可转换债券作为公司的债务，其利率水平低于普通的债券及长期银行借款。另外，公司可以合理安排投资项目的进程，在项目没有产生收益之前，以较低的成本运用大量的资金，在转股之前延缓公司收益被摊薄的时间，稳定公司的股价。所以，合理利用可转换债券的融资方式对于企业的可持续发展具有极大的推动作用。

2. 在融资成本方面

本次发行 13.5 亿元的公司可转换债券，也意味着证券市场上出现了真正意义上的可转换公司债券。与其他上市公司以及非上市公司发行债券的方案相比，融资成本低，因为可转换债券的利率低于同期资本市场上其他融资方式的成本，债务负担大大减轻，每年支付利息所需的现金流量也很少。以如此低的成本获得资金，对原有的股东是有利的，也有利于公司股价的上涨，从而对可转债的投资者有利，促进转债向转股方向发展。

3. 在配售数额方面

发行人社会公众股股东可配售的可转债最高数量为以截至股权登记日收市后登记持有的股份数每 100 股可配售 2 张转债，并按四舍五入原则取整为 1 手的整数倍。例如，某投资者持有 800 股，按上述比例计算，可配售面值 1 600 元的可转债（16 张），经四舍五入后该投资者实际可获配售面值 2 000 元的可转债（2 手）。同理，若投资者可配售面值 1 400 元的可转债（14 张），经四舍五入后该投资者实际可获配售面值 1 000 元的可转债（1 手）；若投资者可配售面值 600 元的可转债（6 张），经四舍五入后该投资者实际可获配售面值 1 000 元的可转债（1 手）；若投资者可配售面值 500 元的可转债（5 张），经四舍五入后该投资者实际可获配售面值 1 000 元的可转债（1 手）；若投资者可配售面值 400 元的可转债（4 张），经四舍五入后该投资者实际可获配售的可转债数量为 0。

三、问题探讨

对于上市公司而言，上市后的后续融资手段很多，如向原有股东配股、增发新股、发行债券、发行可转换债券等。但是，不同的融资方式对于企业的经营业绩有不同的要求，而且企业的特点也要求有不同的融资方式，所以不同的企业适合于不同的融资方式。

1. 发行可转换债券可以降低融资成本

在公司发展需求的资金一定的情况下，发行可转换债券对于公司以及股东而言是成本最低的融资方式。因为，发行可转换债券的上市公司在可转换债券转换为股票的情况下，其股票的价格要比其他股权融资的价格高，对上市公司的摊薄效应少，在没有转换之前可转换债券作为公司的债务，其利率水平低于普通的债券及长期银行借款。另外，公司可以合理安排投资项目的进程，在项目没有产生收益之前，以较低的成本运用大量的资金，在转股之前延缓公司收益被摊薄的时间，稳定公司的股价。所以，合理利用可转换债券的融资方式对于企业的可持续发展可以起到极大的推动作用。

2. 发行可转换债券应考虑的因素

上市公司能否采取发行可转换债券的融资方式，不但受到政策面的制约，而且还要受到自身经营状况、市场状况、可转换债券自身设计条件的制约。

（1）对公司自身资本结构的要求。发行公司的负债结构是决定公司能否采取可转换债券融资的重要的决定因素。因为在发行可转换债券之后的一定时间到开始转换的日期之前，可转换债券仍然是公司的债务。公司股票的价值是由公司的盈利能力以及资本的预期贴现率决定的。如果公司的资本增加，资本的边际收益率大于资本成本，公司的收益总量上升，那么公司利用财务杠杆，增加公司负债可以导致公司的每股收益增加。但是，债务增加的同时由债务引起的其他成本开始增加，由于债务增加，公司股东对公司的部分控制权开始向债权人转移，由于债权人在公司破产时的偿还权优先于公司的所有者，因此股东承受公司破产的成本增加。所以，当公司的负债超过一定的水平，公司所有者所获得的边际收益低于由于债券增加所引起的边际成本上升时，负债经营的比例达到极限。此时，由于公司股东的风险加大，其对公司评价的贴现率也随之上升，所以，公司股票的价值并不能随之增加。

因此，上市公司发行可转换债券受到企业自身最优资本结构的制约。如果公司发行可转换债券之后，公司负债过度，可能导致公司股票的市场价格下降，影响可转换债券的转换成功。

（2）对公司资金利用的要求。由于公司的价值是由股权与债务两部分组成，而公司经营的目标是股东价值最大化，所以，如何保证现有股东的利益不受侵害是发行可转换债券的最基本的出发点。因此，募集资金所带来的收益率要保障公司股票的价值能够持续上升，并在转换价格之上足以使公司可转换债券的持有者愿意将债券转换成股权资本。所以要使公司股票的价值不减少，投资项目的利润率应该大于股东所要求的风险贴现率，这样才能保障公司可转换债券的持有人能够安心持有可转换债券，不过早行使赎回条款。

（3）对公司行业的要求。公司的发展前景受到公司所处行业的制约，一般处于朝阳行业的企业，具有广阔的市场前景，公司发展有巨大的空间。这一类公司可以发行可转换债券，利用公司价值目前被低估的机会，先以债务融资的方式募集资金，再在公司未来几年取得较大的发展后以高于现有股价的价格转换为公司的股票,处于这一类行业的公司发行可转换债券成功的可能性比较大。

处于成熟行业的上市公司,发行可转换债券的时候应该慎重,因为在成熟行业里,行业内部一般已经形成了寡头垄断的形式,公司之间的竞争以巩固已有的市场份额为主,相同行业内部的公司在已经饱和的市场里相互争夺对方的市场份额,市场以较缓慢的速度发展,市场竞争的结果近似于零和博弈。所以,在这种市场环境里的企业一般不要以可转换债券这种融资方式募集资金,除了确有竞争优势的企业之外,一般公司的市场份额在几年的时间里不会有太大的变化,公司股票的价值也很难出现增长,而且公司的现金流量一般较多,没有必要进一步进行长期融资。

对于处于夕阳行业的公司,没有必要发行可转换债券进一步融通资金投向本行业。夕阳行业的公司,面对的市场份额正不断缩小,行业内部缺少新的投资机会。从长期来看,这类企业的股价呈长期稳定或下降的趋势,这类企业如果以发行可转换债券的方式募集资金,将给企业的发展带来极大的压力。

(4) 对市场环境的要求。可转换债券融资能否发行成功,证券市场的因素是一个不得不考虑的问题。公司股票的价格一般由公司的盈利能力决定,但同时投资者对公司收益期望的大小也影响公司股票的价格。因为在市场低迷时期投资者收益的期望值总是小于市场高涨的时期。当在牛市的时期,尤其在牛市的顶峰,投资者容易过高地估价未来的收益,公司股票的价格会被高估;而在熊市的时期,空头气氛笼罩着市场,此时公司的股价有可能远低于公司的价值,而且在这种情况下,无论什么样的资金募集方式都必须以较低的价格,以补偿投资者较高的风险贴现;在股市由熊转牛的时期,也是牛市的初期阶段,此时股票的价格较低,实际价值可能高于现有股价,是安排发行可转换债券的合理时期;在市场处于上升期,也是发行可转换债券理想的时期,此时公司的股票已经基本能够反映公司目前的价值。但是不断高涨的经济环境促使投资者对股价进一步看高,此时发行可转换债券若能够在牛市最后上升浪中转股成功,可以以最少的股份募集到最多的资金,且保护了原有投资者的利益。毫无疑问,牛市的最后上升浪中,是上市公司融资最方便的时候,但是此时却是发行可转换债券最危险的时期,因为此时股价有被明显高估的可能,而且此轮上升浪时间跨度最短,一旦市场回归理性,股价可能急速下跌,发行可转换债券的公司就要准备足够的资金应付回售的要求,公司的发展计划将受到极大的影响。

另外,股市的周期与经济周期大致相关,在经济启动时期发行可转换债券还可以降低上市公司的成本,因为此时社会资本处于过剩的时期,利率较低,所以发行公司可以以较低的成本来支配募集资金;而如果在牛市顶峰的时期发行债券,其利率成本也是相当高的。

第三节 可转换债券转股案例

一、基本情况

A公司于20××年2月25日发行的13.5亿元可转债自20××年8月25日起可以转换为本公司的股份。有关转股事宜公告如下,特提醒广大可转换公司债券投资者注意。

(一)发行规模、票面金额

(1)发行规模为13.5亿元人民币;

(2)每张面值100元,共计13 500 000张(即1 350 000手);

(3)期限为5年。

(二)申请转股

1. 转股声明事项

转股申请通过上海证券交易所交易系统进行。

转股申请不能撤单。

2. 转股申请时间

自愿转换期自20××年8月25日(含当日)起至到期日止之间的交易日内,持有人可以在转换期内的转股申请时间申请转股。但本公司股票因送红股、增发新股、配股而调整转股价格公告暂停转股的时期以及按有关规定,本公司须申请停止转股的时期除外。

(三)本次转股价格

本次转股为初始转股,转股价格为初始转股价格,根据本公司的《可转换公司债券募集说明书》约定,初始转股价格定为每股10元。

(四)特别提示

1. 转股价格的调整

(1)转股价格的调整。当本公司派发红股、转增股本、增资扩股(不包括因机场转债转换增加的股本)、配股时,转股价格将按下述公式调整:

设调整前的转股价格为P_0,送股率为n,增发新股或配股率为k,新股价或配股价为A,则调整后的转股价格P为:

送股或转增股本:$P = \dfrac{P_0}{1+n}$

增发新股或配股:$P = \dfrac{P_0 + Ak}{1+k}$

两项同时进行：$P = \dfrac{P_0 + Ak}{1 + n + k}$

（2）降低转股价格之权利。本公司有权在不违反任何当时生效的法律、法规的前提下，在可转债的存续期间降低转股价格，但降低后的转股价格不得低于本公司普通股的每股净资产和每股股票面值。

当下述三项条件均满足时，本公司董事会可直接行使本项权利而无需提请本公司股东大会批准：

其一，在可转债存续期间，当任何一个月本公司股票收盘价格的算术平均值不高于当时转股价格的80%时；

其二，本公司董事会决议该次降低转股价格的幅度不超过20%，并且降低后的转股价格不低于降低前一个月本公司股票价格的算术平均值；

其三，在可转债的存续期间，本公司董事会直接行使本项权利的次数在12个月内不超过1次。

在本公司董事会无权直接行使本项权利时，如果本公司认为需要降低转股价格，则本项权利须经本公司股东大会批准后方可行使。本公司行使降低转股价格之权利不得代替上述的"转股价格的调整"。

2. 赎回

（1）到期赎回（即到期还本付息）。在到期日之后的5个交易日内，本公司将按面值加上应计利息偿还所有到期未转换的可转债。本公司将委托中国证券登记结算有限公司通过其清算系统代理到期转债的本息兑付。

（2）有条件的提前赎回。在20××年8月25日之后（含当日），如果本公司的股票在其后的任何连续40个交易日中有至少30个交易日的收盘价不低于该30个交易日内生效转股价格的130%，则本公司具有提前赎回可转债的权利。若在该30个交易日内发生过转股价格调整的情形，则落在调整前的交易日按调整前的转股价格和收盘价计算，落在调整后的交易日按调整后的转股价格和收盘价计算。当该条件满足时，本公司有权按面值加上"赎回日"（在赎回公告中通知）当日的应计利息赎回全部或部分在赎回日之前未转股的可转债。

当前述赎回条件满足并且若本公司决定执行本项赎回权时，本公司将在该次赎回条件满足后的10个交易日内在中国证监会指定的全国性报刊上刊登赎回公告至少3次，通知持有人有关该次赎回的各项事项；其中首次赎回公告必须在该次赎回条件满足后的2个交易日内刊登，否则视为放弃该次赎回权；赎回日距首次赎回公告的刊登日不少于30日但不多于60日。当本公司决定执行全部赎回时，在赎回日当日所有登记在册的可转债将全部被冻结。当本公司决定执行部分赎回时，具体的执行办法视当时上海证券交易所的规定处理。本公司在刊登赎回公告前及赎回完成后及时报中国证监会备案。

提前赎回的支付办法本公司将委托中国证券登记结算有限公司通过其清算系统代理支付赎回款项。本公司将在赎回日之后的3个交易日内将赎回所需资金划入中国证券登记结算有限公司指定的资金账户。未赎回的可转债,于赎回日后第1个交易日恢复交易和转股。

3. 回售

持有人有权在可转债到期前半年内向本公司回售其持有的全部或部分可转债,每张回售价格为面值的107.18%。

4. 转股后股本变动情况

20××年10月10日,A公司发布《关于股份变动情况的公告》。公告指出:

截至20××年9月29日收盘,已有127 014 000元本公司发行的可转换公司债券转成本公司发行的股票,转股股数为12 701 400股,占本公司总股本的0.94%。

二、案例分析

可转换债券是按照约定的条款,可以转换为公司股票的债券。通过发行可转换债券融资是西方发达国家较常采用的企业融资方式。在新兴市场上,可转换债券在债市总体表现不佳时也是一枝独秀。可转换债券已经成为企业募集资金的一条新的途径,它也为投资者提供了一条可以选择的投资渠道。

A公司可转换债券转股方案与之前的其他上市公司及非上市公司发行的可转换债券的方案相比,具有以下特点。

1. 转换价格以及调整条款

对于可转换债券来说,能否转换成功取决于在转换期内,其股价能否在一定的时期内持续高于转换价。一般而言,可转换债券的转股价格应该高于发行时股票在一定时期内的平均价格,所以可转换债券一般被认为是一种看涨期权。但是对于我国证券市场而言,由于市场的投机性相对较强,股价有可能与业绩在一定的时期内不成比例,所以转股价格的制定应该充分考虑这些因素,才能够最终使可转换债券发行成功。

A公司的转股价格的制定也充分考虑了国际惯例以及可转换债券管理法规的条款,以可转换债券公司股票前一个月的平均价格9.73元为基准,将转股价格定为10元,溢价比率为2.77%。这个转股价格是比较合理的,保证了可转债的投资价值。

在转换价格的调整方面,也具有自己的特点。首先它设定了比较完整的转换价格的自然调整方案,使公司能够根据公司的配股以及增发新股等资本运作方式的变化自然调整可转换债券的转股价格。为了促进转股,公司还规定当公司向股东派送现金红利时,转股价格不作调整。另外,可转换债券的方案还赋予公司在不违反任何当时生效的法律、法规的前提下,在可转债的存续期内降低转股价格的权利并对这一权利进行了一定的限制。这一条款虽然不是可转换债券通常采用的条款,但是对于公司转债最后转换成功具有重要的意义。因为一般发行转债的公司真正的意图是促成债券转股。该条款的设置能够防止由于预期之外的事件导致股票在二级市场表现不佳,致使转股不能顺利进行。

2. 赎回条款

本次可转债中包括到期赎回条款以及有条件提前赎回的条款。当公司股票的价格在一定的时期内,即20××年8月25日之后的40个交易日内至少30个交易日的股价高于有效转股价格的130%以上时,公司有权提前赎回转债。这一条款有效地激励了在市场行情高涨时期转股的进行,并保障公司原有股东的权利。此次可转债并没有设定无条件赎回的条款,对于倾向于转股的可转换债券来说是正常的,而且能够充分保障可转债持有人的权利。

3. 回售条款

在可转换债券的方案中,有的回售条款是有条件的。例如,当公司的股价连续在一定的时期内低于转股价一定幅度时,为了保障投资者的利益,债券的持有人有权利向发行公司提出赎回要求。有的回售条款是无条件的,发行公司可以在约定的时间内购回要求回售的可转债持有人所持有的可转换债券。回售条款包括回售时间、回售价格等要素。

本次可转换债券为了保护投资者的利益设置了无条件回售的条款,投资者在指定的回售日内可以以预定的回售价格将所持有的可转换债券回售给上市公司。因此,本次可转债的设计在很大程度上考虑了投资者的利益,为投资者提供了提前变现的渠道。为了保障投资者的权利,使投资者真正享有回售的权利,可转债的赎回以及回售条款中规定,公司的有条件赎回期限不包括回售申请期。

按照一般的惯例,转股起始日在发行完成半年后,其中有半年的过渡期,以便于投资者对可转换债券进行定位。作为向公众发行的投资工具,这种安排无疑对投资者有利。另外,可转债的期限为5年,虽然较国际上一般转债的期限短,但是比较符合我国的经济周期以及以往转债的习惯,也比较合理。

总而言之,可转债是设计较为合理的转债,它多方面考虑了投资者以及发行公司的利益,在兼顾转债的特点并考虑中国股市特点的基础上,在许多设计环节上有所创新。它的发行对活跃我国证券市场、提供多元化的投资渠道,具有积极的意义。

三、问题探讨

在公司发展需求的资金一定的情况下,发行可转换债券对于公司以及股东而言是成本最低的融资方式。因为,发行可转换债券的上市公司在可转换债券转换为股票的情况下,其股票的价格要比其他股权融资的价格高,对上市公司的摊薄效应少,在没有转换之前可转换债券作为公司的债务,其利率水平低于普通的债券及长期银行借款。另外，公司可以合理安排投资项目的进程，在项目没有产生收益之前，以较低的成本运用大量的资金，在转股之前延缓公司收益被摊薄的时间，稳定公司的股价。所以，合理利用可转换债券的融资方式对于企业的可持续发展可以起到极大的推动作用。

上市公司能否使可转换债券成功转股，不但受到政策面的制约，而且还要受到自身经营状况、市场状况、可转换债券自身设计条件的制约。上市公司发行可转换债券的最终目的是为企业募集权益资本，但是，要使可转换债券最终转换成功的市场基础是公司股票的价格高于预定转换的价格。如果公司发行的可转换债券不能最终转股，或投资者一直持有可转换债券，不愿意主动转股，那么，这一部分的可转换债券依旧是公司的债务，因此公司自身的负债比例可能非常大，公司继续融资的能力受到阻碍，公司的经营状况也进一步受到限制，公司必须准备足够的可变现的资产以应付可转换债券的赎回要求以及到期兑付的可能。所以，公司在发行可转换债券成功之后，一定要衡量自身的状况以及市场状况，合理设计转股方案，以免造成不必要的损失。

1. 公司自身资本结构的要求

上市公司发行可转换债券受到企业自身最优资本结构的制约。如果公司发行可转换债券之后，公司负债过度，可能导致公司股票的市场价格下降，影响可转换债券的转换成功。

2. 对公司投资项目的要求

发行可转换债券不但对公司投资项目的收益水平有一定的限制，同时，对投资项目的收益时间也有较高的要求。公司应该使所投资的项目在可转换债券开始转换的时候部分产生效益，以提高公司的每股收益，促进公司股价的上升，使公司的股票价格在赎回条款之上，加速可转换债券持有者的转股进程，并在部分债转股之后依旧维持较高的每股收益。

3. 对市场环境的要求

可转换债券融资不但要考虑金融工具能否发行成功，而且要考虑债券能否顺利地转换成为公司的股票，所以证券市场上的因素是一个不得不考虑的问题。在股市由熊转牛的时期，也是牛市的初期阶段，此时股票的价格较低，实际价值可能高于现有股价，是安排发行可转换债券的合理时期，等到股市回升、经济转好时期正好到了转股时间，转股较易成功；在市场处于上升期，也是发行可转换债券理想的时期，此时公司的股票已经基本能够反映公司目前的价值，但是不断高涨的经济环境促使投资者对股价进一步看高，此时发行可转换债券若能够在牛市最后上升浪中转股成功，可以以最少的股份募集到最多的资金，且保护了原有投资者的利益。

因此，从理论上分析可以看出，发行可转换债券的上市公司需要有良好的发展前景，相对较低的负债率，同时还要在适当的市场状况下发行，以期可转换债券能够顺利转股。所以，可转换债券的融资方式要比一般的融资方式复杂得多，对上市公司的要求也更高。

思 考 题

1. 在筹集资金过程中融资者和投资者应当考虑哪些因素？
2. 简述资本结构调整的原因和方法。
3. 针对国有企业负债比率高的现象，应如何优化国有企业的资本结构？
4. 试就上市公司发行可转换债券与其他融资方式进行比较。
5. 上市公司发行可转换债券应具备的条件是什么？
6. 试就该次 A 公司可转换债券方案的特点做分析。
7. 资本市场效率对投资者和财务经理有何意义？
8. 案例研究。

案例一：樱桃园的招商引资法

（一）基本情况

资金是企业生存发展的关键因素之一，企业能否筹集到所需资金，关系到企业的生死存亡、兴盛衰退。位于山东省潍坊市的樱桃园集团，拥有三十多家下属企业，近几年来，通过引进外资，新建或"嫁接"了12家中外合资企业，使集团上了规模，产品上了档次，为企业腾飞插上了翅膀。

樱桃园集团的起步以樱桃园宾馆为起点，当时的樱桃园宾馆只是一个名不见经传的乡镇企业，随着市场经济的不断发展，公司的规模不断扩大，逐步发展成为跨地区、跨行业的集团公司。为解决资金不足问题，他们先后实行了"内部银行"制度、"一外多内三统一"资金管理办法、"内部货币"制度。然而光靠公司内部积累已不能满足公司加速发展的需要。因此，近几年来，通过引进外资，樱桃园集团新建了12家中外合资企业，其中有闻名山东甚至闻名全国的"鲁日电梯有限公司"和"贵宾楼"。在引进外资兴办合资企业方面，樱桃园集团的主要经验和做法是：

（1）利用樱桃园宾馆和贵宾楼作为集团的窗口了解信息。某港商在樱桃园就宿，提出要喝矿泉水。当时樱桃园人还不知道矿泉水为何物，就带港商到村里打来井水。港商品尝后对水质赞不绝口，建议樱桃园集团可利用水资源搞矿泉水项目，并积极帮助联系合作伙伴，合资建成了全省生产设备最先进的矿泉水饮料公司。

（2）通过一些对樱桃园集团热情友好的单位和个人积极地牵线搭桥。集团顾问王某的儿子在日本留学，经他介绍建成了"鲁日电梯有限公司""贵宾楼"等多家中日合资企业。

樱桃园集团的12家合资企业大多数是在原老企业基础上建立、改造而成的。鲁日电梯有限公司是由鲁东电梯厂和日本京都电梯株式会社合资兴办的。日商第一次来到鲁东电梯厂时，看到企业规模不大，生产技术水平较低不愿投资。樱桃园人认识到"打铁还需自身硬"的道理，他们着手和中国电梯协会、山东工业大学等单位挂钩，对企业进行技术改造，增强对外商投资的吸引力。日商第二次来中国，到上海、北京等地单独考察了一番后又一次来到潍坊，看到鲁东电梯厂技术上的潜力，就下定了进行合资的决心。樱桃园人变过去"找外商"为现在的"外商找"。

多年前，深圳国贸大厦建设一日一层楼的"深圳速度"，在全国引起了强烈震动。今天，"时间就是效益、时间就是金钱"已成为樱桃园集团干部、职工的一个基本准则。"樱桃园速度"同时也赢得了外商的青睐。樱桃园集团同外商洽谈合资生产塑钢浮雕门窗项目时，是以原防火设备厂为基础进行的，外商首先提出厂房、设备简陋，无法使用，想打消投资的念头。为此，他们一边和外商商榷，谈妥改造厂房、设备条件，一边四处筹措资金改造厂房和设备。樱桃园人以坚定执着的信念和脚踏实地、只争朝夕的可贵精神，克服资金紧张、技术力量单薄的困难，只用了不到三个月的时间，筹资180万元盖起了2 000多平方米的高标准厂房和办公楼。当他们电函外商再来考察时，外商首先对能在这么短的时间内迅速改善了生产环境表示惊讶，并为樱桃园人的办事效率所折服，愉快地签订了合资协议。

（二）分析要点及要求

樱桃园集团招商引资法给我们的启示有哪些？

[提示]

（1）充分利用潍坊国际风筝节以及沿海开放城市的优势，利用多种形式，积极宣传樱桃园集团，提高集团的知名度。

（2）重视信息，决不放过任何对引资有利的机会。

（3）提高自身技术水平来吸引外商投资。

（4）提高工作效率，赢得外商青睐。

（5）坚持平等互利原则，既让外商感到樱桃园人的合作诚意，又要维护我方利益。

（三）问题探讨

（1）樱桃园集团招商引资方法的特点有哪些？

（2）樱桃园集团运用的招商引资方法还应该注意哪些方面？

案例二：金轮集团的负债经营

（一）基本情况

金轮，一个庄稼汉"手无寸金"办企业，后来成为拥有亿万资产的乡镇企业家。

在一次关于中国乡镇企业发展的研讨会上,中国金轮集团在会上谈及该公司几年来利润以1 800%的高速度增长时,与会者无不惊叹,想知道该公司靠什么创造这一奇迹?

中国金轮集团公司是从借资2 500万元办起改性塑料厂起家,到相继集资250万元、2 500万元、5 000万元、1亿元建成国内第一大帘子布生产基地的。

金轮公司创造的巨大成就引起了社会各界人士的极大关注。在研讨会上,与会者从不同角度探讨了金轮公司成功的奥秘。金轮公司的快速发展,被称为中国民族工业史上的"金轮奇迹"。它在企业决策理念、企业经营管理和现代工商企业制度建设等诸多方面的经验,给高速发展的中国经济带来的是一个巨大的思考空间。

探寻"金轮奇迹"的原因时,人们的解释是多方面的,发表的各种宏观理论也不在少数。金轮公司取得如此快的发展速度和巨大的经济效益,很大程度上得益于其卓越的资金运营方式。通过成功的负债经营与正确的决策,抓住好项目,快速投入,快速生产,这是金轮公司保持高速发展的重要因素,也是支撑"金轮奇迹"的血脉。对于任何一个企业来说,资金既是经营活动的开始形态,也是终结形态,其运转就像人体的血液循环一样,一旦停滞,必然危及整个企业的生存。企业取得所需的资金有两条渠道:一是所有者投资,二是债权人贷款。债权人贷款,即企业法人通过向银行、商业信用社借款和发行债券等形式吸收资金,并运用这笔资金从事生产经营活动,使企业资产得到补偿、增值。

金轮创业初期通过调查研究,发现改性塑料有发展前景。但手里没有一分钱,摆在他面前的是如何办这个厂。虽然金轮文化程度不高,但人很聪明,他聘请了几个懂管理、懂经营的人当参谋。

根据资本结构理论,当企业需要融资时,首先会选择负债,其次才选择股权类型的融资方式。这几个参谋建议金轮通过负债经营,取得资金,发展壮大企业。而负债经营有三种类型:第一类是"借鸡下蛋"式负债经营。这类企业实施负债经营的直接目标,是通过举债让非自有资产投入全面营运,为企业获取额外效益;第二类是"借粮喂鸡"式负债经营。这类企业实施负债经营的直接目标是借非自有资产搞技术改造实现内涵扩大再生产,使举债之"粮"养壮原有之"鸡",变不下蛋的"鸡"为下蛋的"鸡",即扭亏为盈;第三类是"借蛋孵鸡"式负债经营。这类企业实施负债经营的直接目标是借非自有资产搞项目建设,实现外延扩大再生产,使举债之"蛋"变成本企业能额外下"蛋"的鸡(即能额外生财的新"鸡")。

金轮及其参谋考虑企业的现有状况是:缺资金,缺技术,缺人才。如何快速见效,如何加快资金周转,快速收回资金,偿还债务,是迫切需要解决的问题。经深思熟虑后,他们决定采用第三种类型即"借蛋孵鸡",走外延扩大再生产之路,先抓住改性塑料这个好项目,快速投入,快速生产。于是,借资2 500万元办起改性塑料厂。

为了使厂子能够正常经营,有效运转,招聘了管理和技术人才,建立了一个强有力的组织管理机构及一系列严格的制度和措施。使改性塑料厂像雪球一样越滚越大,加快了企业的资金周转,不但偿还了债务,而且资金有了积累。尝到了负债经营的甜头,金轮人决定将其资金运作的表现形态由单纯的改性塑料向多种经营迈进,由小规模经营向规模化经营转变。在资金运作方式上由单一的债务变为债务与股权方式结合运行,分别集资250万元、2500万元、5000万元、1亿元生产帘子布,组建中国金轮集团公司,扩大了公司生产规模,为企业带来了利润效应,资本结构逐步走向合理。在财务管理方面,在逐步建立与现代企业制度相适应的经营理念和管理结构的同时,还建立了与现代企业制度相适应的理财机制,金轮公司已建成国内第一大帘子布生产基地。

负债经营及时解决了金轮公司资金不足的问题,为公司赢得了时间,赢得了市场,赢得了效益。

负债经营为金轮公司带来了内在动力和外在压力,迫使企业加强经济责任制,"上紧发条,快速运转",为企业扩大了生产规模和经济实力,提高了企业的运营效率和竞争能力。金轮公司的下一个目标是逐步向国外发展,做到与国际金融资本相结合的融资性流动,迎接更辉煌的未来。

(二)分析要点及要求

(1) 中国金轮集团公司成功的奥秘是什么?
(2) 企业负债经营后对财务支付方面有何影响?

(三)问题探讨

(1) 企业负债经营的前提条件是什么?
(2) 负债经营有哪些特点?

案 例 三

(一)基本情况

A公司20××年1月1日发行面值100元、票面利率9%、10年期可转换债券,目前每股市价20元,预计未来几年将以8%的增长率增长。规定第5年末1张可转换债券可转换4股普通股,A公司的甲股东在发行日持有了100张可转换债券,如果他不转股时要求的收益率为12%,每张债券的最初售价为100元。

(二)要求

讨论以下问题:

(1) 转股价格超过目前市价的幅度为多少?
(2) 甲股东不转股时,可转债现在的价值是多少?判断他是否选择转股。
(3) 计算甲股东在第5年末转股价值,并判断他是否选择转股。

(4) 简述可转换债券发行的合理时机。
(5) 简述可转换债券发行对公司行业的要求。

案 例 四

(一) 基本情况

A 公司原有 15 000 万股普通股，每股面值 1 元，目前每股市价 20 元，公司向外部筹集权益资金采用 10 配 2.5 股解决。配股价格低于市价 20%，甲股东配股前持有 8 000 股，乙股东配股前持有 130 000 股，丙股东配股前持有 5 000 股。

(二) 要求：

(1) 配股价格、筹资额、配股数量、配股比率、发行新股前后的每股净资产、每股收益分别为多少？

(2) 股东分别可配多少股？出资额为多少？股东配股后其财富有何变化？

(3) 股东卖掉优先认股权后，能获得多少现金？其财富有何变化？

(4) 若股东不行使（2）和（3）项活动，其财富有何变化？

(5) 配股筹资在什么情况下不会成功？

第五章 投资管理案例

第一节 理论概述

一、投资管理的内容

投资管理广义上是指企业资金运用的管理。它包括三个方面的内容：一是固定资产投资管理；二是对外投资管理；三是流动资产投资管理。

固定资产投资是企业为了实现生产能力而进行的投资。固定资产投资一般是以项目的形式进行的，所以固定资产投资管理又称为项目投资管理。企业的对外投资包括对外直接投资和对外证券投资两个方面，其目的是为了获得投资收益。对外投资管理就是要选择风险适当、收益较高而且稳定的投资组合。流动资产投资是指企业在日常生产经营中各项流动资产的安排，目的是为了使生产经营正常地进行。

二、项目投资管理

投资项目可分为以新增生产能力为目的的新建项目和以恢复或改善生产能力为目的的更新改造项目两大类。新建项目按其涉及内容还可进一步细分为单纯固定资产投资项目和完整工业投资项目。单纯固定资产投资项目简称固定资产投资，其特点在于：在投资中只包括为取得固定资产而发生的垫支资本投入而不涉及周转资本的投入；完整工业投资项目则不仅包括固定资产投资，而且还涉及流动资金投资，甚至包括其他长期资产项目（如无形资产、递延资产）的投资。

（一）项目的现金流量

现金流量（Cash Flow）是企业在进行投资决策时涉及的基本概念，它是指企业在进行实物性项目投资时，从项目筹建、设计、施工、正式投产、完工交付使用直至项目报废为止整个期间的现金流入和现金流出的数量。项目投资的评价一般运用现金流量的概念。

现金流量包括现金流入量、现金流出量和现金净流量（或叫净现金流量）三个具体概念。

1. 现金流入量（Cash In）

现金流入量是指能够使投资方案的现实货币资金增加的项目，简称现金流入。一个投资方案的现金流入量包括：

（1）投资项目完成后每年可增加的销售收入；

（2）固定资产报废时的残值收入或中途的变价收入；

（3）固定资产使用期满时原垫支在各种流动资产上的资金的收回；

（4）其他现金流入。

2. 现金流出量（Cash Out）

现金流出量是指使投资项目的现实货币资金减少或需要动用现金的项目，简称现金流出。一个投资方案的现金流出量包括：

（1）在固定资产上的投资（如建造厂房、购买机器设备等）；

（2）在流动资产上的投资；

（3）投资项目完成后每年的营业现金支出（如生产费用、管理费用、销售费用、各种税金等）；

（4）其他现金流出。

3. 现金净流量（Net Cash Flow）

现金净流量又称净现金流量，是指在项目计算期内每年现金流入量与现金流出量的差额。可以用以下公式计算：

$$现金净流量 = 现金流入量 - 现金流出量$$

4. 现金流量的构成

现金流量按发生的时间来表述，一般由初始现金流量、营业现金流量和终结现金流量三个部分构成。

（1）初始现金流量是指项目开始投资时发生的现金流量，一般表现为现金流出量，在现金流量计算表中以负数表示。初始现金流量包括：固定资产投资、流动资产投资、其他投资费用、原有固定资产的变价收入等。

（2）营业现金流量是投资项目投入使用后，在其寿命期内由于生产经营所引起的现金流入量和现金流出量的差额，也称营业净现金流量。营业现金流量一般按年度进行计算。其计算公式为：

$$年度营业现金流量 = 销售收入 - 付现成本 - 所得税$$

其中，付现成本是指需要支付现金的生产成本和期间费用。由于折旧费一般都已计入生产成本或有关期间费用，而折旧费却是一种无需现金支出的费用，相反，它通过企业的销售以现金的形式收回，故是一种现金流入（包括在销售收入中）。所以付现成本应扣除折旧费。用公式表示为：

$$付现成本 = 生产成本 + 期间费用 - 折旧费$$

因此，营业现金流量就可以用下式计算：

营业现金流量 = 销售收入 − 付现成本 − 所得税
　　　　　 = 销售收入 −（生产成本 + 期间费用 − 折旧费）− 所得税
　　　　　 = 销售收入 − 生产成本 − 期间费用 − 所得税 + 折旧费
　　　　　 = 税后净利润 + 折旧费

（3）终结现金流量是指在投资项目的经济寿命结束时发生的现金流量，一般表现为现金流入量。它主要包括：固定资产的残值收入或变价收入、原来垫支在各种流动资产上的资金的收回、停止使用的土地的变价收入等。

（二）项目投资评价的基本方法

投资决策的分析评价方法按是否考虑资金的时间价值，可以分为两类：一是静态分析法，它不考虑资金的时间价值，又叫非贴现现金流量分析法，主要有投资回收期法和平均投资报酬率法两种；二是动态分析法，它是结合资金时间价值进行分析的方法，又叫贴现现金流量分析法，主要有净现值法、现值指数法和内部报酬率法三种。

1. 投资回收期法

投资回收期法是通过计算某投资项目投资额收回所需要的时间，并以收回时间短的投资方案作为备选方案的一种方法。

一个项目的投资回收期越短，说明投资所承担的风险越小，相应地取得投资报酬的时间就越长。企业为了避免出现意外和取得更多的报酬，都要争取在短期内收回投资。

应用投资回收期法，企业一般可以先规定一个要求的投资回收期。若某方案的投资回收期短于要求的回收期（一般为项目计算期或生产经营期的一半），则该投资方案就可以接受；否则，就应放弃。如有几个方案，它们的回收期都短于要求的回收期，并且只能选择其中一个，则应选择回收期最短的那一个。

投资回收期的计算，因每年的营业净现金流量是否相等而有所不同。如果每年的净现金流量相等，则投资回收期可以按下式计算：

$$投资回收期 = \frac{原始投资额}{每年的净现金流量}$$

如果每年的净现金流量不相等，则投资回收期可以按累计现金流量计算。投资回收期就是当累计现金流量等于投资额时的那个期限。

投资回收期法具有计算简便、容易理解的特点。但投资回收期法也有其较明显的缺点，主要表现在：第一，它只考虑了回收全部投资的年数，而不再考虑以后的现金流入。在评价一个投资项目时，主要应考虑该项目的整个收益期间的投资收益的能力。第二，它没有考虑资金的时间价值对现金流量的影响。因此，投资回收期法常被用作投资项目评价的重要参考。

2. 平均投资报酬率法

平均投资报酬率法是根据各个投资方案的预期投资报酬率的高低来评价方案优劣的一种方法。

平均投资报酬率又叫平均投资利润率,是指一个投资方案平均每年的营业净现金流量与原始投资的比率。平均投资报酬率越高,说明投资方案的获利能力越强;反之,平均投资报酬率越低,说明投资方案的获利能力越差。平均投资报酬率的计算公式为:

$$平均投资报酬率 = \frac{平均每年净利润}{原始投资额} \times 100\%$$

采用平均投资报酬率这一指标时,应事先确定一个企业要求达到的投资报酬率。在进行决策时,只有高于一定的投资报酬率的投资方案才是可行的。对于有多个方案的投资项目选择,则应选择平均投资报酬率最高的那个。

平均投资报酬率法的优点是简明、易算、容易理解。但其缺点也是没有考虑资金的时间价值。

3. 净现值法

净现值法是指利用净现值指标来评价方案优劣的一种方法。

净现值(Net Present Value,简称NPV)是投资项目使用后的现金净流量按照资金成本或企业期望达到的投资报酬率折算成现值,减去初始投资或各期投资的现值之差。它实际上是投资项目考虑资金时间价值后的总的收益(现金流入)减去支出(现金流出)后的净收益。净现值的计算公式为:

$$净现值 = 未来各期报酬的总现值 - 投资额总现值$$

式中,未来报酬总现值就是按资金成本或企业期望达到的报酬率,将投资方案投入使用后所确定的各年现金净流量折算成初始投资时的现值,并进行加总之后的累计数。式中的投资额总现值,如果投资是在初始时一次性投入的,则它就是初始投资总额;如果投资是多次投入的,则必须将初始投资之后的投资按资金成本或企业期望的报酬率折算为现值,然后相加。

在项目评价中,正确地选择折现率至关重要,它直接影响项目评价的结论。在实务中一般采用以下几种方法确定计算净现值时的折现率。

(1)以投资项目的资金成本作为折现率。
(2)以投资的机会成本作为折现率。
(3)根据不同阶段采用不同的折现率。例如,在建设期采用以贷款实际利率作为折现率,而在生产经营期则采用全社会资金平均收益率作为折现率。
(4)以行业平均资金收益率作为折现率。

采用净现值法的决策标准是:若净现值大于零,说明未来报酬抵补投资额后还有结余,也就是该方案的投资报酬率大于资金成本或企业要求达到的报酬率,这时方案可行,若净现值小于零,说明未来报酬抵补不了原投资额,也就是该方案的投资报酬率小于资金成本或企业要求的报酬率,这时方案不可行。在有多个方案的互斥选择决策中,应选择净现值是正值的方案中净现值最大的那一个方案。

4. 现值指数法

现值指数法就是通过计算现值指数来反映投资项目报酬的水平从而选择投资方案的方法。

现值指数(Profitability Index,简称 PI)又称获利指数,是投资项目未来报酬的总现值与初始投资额(或投资的现值)之比。它用来说明每元投资额未来可以获得的报酬的现值有多少。

与净现值法相比较,现值指数法是计算未来报酬的现值与投资现值的相对数,而净现值法是计算未来报酬的现值与投资额现值的差额,即绝对数。两者的数量关系是:当现值指数大于1时,净现值大于零;当现值指数等于1时,净现值等于零;当现值指数小于1时,净现值小于零。所以,可以认为现值指数法是相对数计算法,净现值法是绝对数计算法。

$$现值指数 = \frac{投资的未来报酬总现值}{投资额的现值}$$

采用现值指数作为项目投资决策的判断标准的要求是:在只有一个备选方案的决策中,只要现值指数大于1就可以采纳,否则就应该拒绝;在有多个备选方案的情况下,应采用现值指数超过1的方案中的较大的那一个。

现值指数法是在净现值法的基础上扩充的。它的优点在于:其一,现值指数法考虑了资金的时间价值,能够真实地反映投资项目的盈亏程度,即现值指数减1就是投资的报酬水平;其二,现值指数是用相对数表示的,所以,在比较各投资项目的实际报酬时具有可比性。但现值指数法也有缺点,主要是现值指数并不直接揭示投资报酬水平。

5. 内部报酬率法

内部报酬率法就是通过计算内部报酬率来反映投资报酬水平和选择投资方案的方法。

内部报酬率(Internal Rate of Return,简称 IRR)又称内涵报酬率,是使投资项目的净现值等于零时的贴现率。内部报酬率法实际上反映了投资项目的投资收益率水平。用内部报酬率法与企业要求的收益率或资金成本率比较就能得出投资项目好或坏的结论。

内部报酬率的计算原理是:假定投资项目的未来报酬总现值等于投资的总现值,以此为基础测算相应的贴现率,该贴现率就是内部报酬率法。内部报酬率是已知未来报酬的现值,即等于投资的现值,然后计算使未来报酬的现值正好等于投资的现值的贴现率。

采用内部报酬率法的判断标准是:在只有一个备选方案的决策中,如果计算出的内部报酬率大于或等于企业的资金成本率或企业要求的收益率,则该投资方案就可以采纳;反之,如果计算出的内部报酬率小于企业的资金成本率或企业要求的收益率,则该投资方案就不应采纳;在有多个备选方案的决策中,应选用内部报酬率超过资金成本或企业要求的收益率的方案中内部报酬率较高的那一个投资方案。

内部报酬率法的优点是考虑了资金的时间价值,反映了投资项目的真实报酬率,不仅能直接说明各个投资方案的投资报酬率水平,而且在比较各投资项目的实际报酬率水平时,因已进行投资方案与投资额的比较,从而具有可比性。

(三) 风险型投资决策方法

1. 按风险调整贴现率法

在投资决策中,投资者要求的必要报酬率可以按资金成本率确定,只有风险报酬率随风险的大小而变动。一般情况下,对于高风险的项目,投资者要求的报酬率也高;对于低风险的项目,投资者要求的报酬率也低。

按风险调整贴现率法的基本思路是:对于高风险的项目,采用较高的贴现率计算其净现值,再根据净现值法的规则来选择方案。这种方法的关键是根据风险的大小来确定包含了风险报酬的贴现率,即风险调整贴现率。项目的风险调整贴现率可以用以下公式计算:

$$k = i + b \cdot Q$$

式中: k 为风险调整贴现率; i 为无风险贴现率; b 为风险报酬系数; Q 为风险程度。

2. 肯定当量法

按风险调整贴现率法是以一个考虑了风险报酬的贴现率,对每年的现金流量进行贴现从而计算净现值的。由于风险因素投资项目每年的现金流量变得不稳定,这样就需要对每年的现金流量按风险大小程度进行调整,然后进行投资决策。这种方法就是肯定当量法。

肯定当量法的基本思路是:先用一个系数把有风险的现金收支调整为无风险的现金收支,然后用无风险的贴现率来计算各投资方案的净现值,最后用净现值法的规则判断投资方案的可取程度。

$$NPV = \sum_{t=0}^{n} \frac{a_t CFAT_t}{(1+i)^t}$$

式中: a_t 为 t 年现金流量的肯定当量系数,它在 0 至 1 之间; i 为无风险的贴现率; $CFAT$ 为税后的现金流量。

肯定当量系数是指不肯定的 1 元现金流量期望值相当于使投资者满意的肯定的金额，可以把各年不肯定的现金流量换算成肯定的现金流量。其计算公式是：

$$a_t = \frac{肯定的现金流量}{不肯定的现金流量期望值}$$

一般情况下，风险程度系数与肯定当量系数两者之间存在着如表 5-1 所示的经验关系。

表 5-1　风险程度系数与肯定当量系数的经验关系表

风险程度系数（变异系数）	肯定当量系数	风险程度系数（变异系数）	肯定当量系数
0.00～0.07	1	0.33～0.42	0.6
0.08～0.15	0.9	0.43～0.54	0.5
0.16～0.23	0.8	0.55～0.70	0.4
0.24～0.32	0.7		

肯定当量法是用调整净现值公式分子的办法来考虑风险，按风险调整贴现率法是用调整净现值公式分母的办法来考虑风险，这是两者的重要区别。肯定当量法克服了按风险调整贴现率法夸大远期风险的缺点，可以根据各年不同的风险程度，分别采用不同的肯定当量系数，但是如何确定肯定当量系数是一个难题。因为肯定当量系数与变异系数之间并没有一致公认的客观标准，而与公司管理当局对风险的好恶程度有关。

三、对外投资管理

（一）对外投资的原则

企业对外投资就是将资金投放于企业外部以分得投资收益或控制被投资企业的投资行为。企业在对外投资时，为了保证投资取得预期的效果，应当遵循以下原则。

1. 效益性原则

对外投资时，必须考虑到该项投资的经济效益，以及对企业整体经济效益的影响。在综合考虑其他因素的同时，应尽可能选择一个经济效益最好的项目。尤其是在证券投资的情况下，可供选择的投资对象很多，企业必须广泛收集有关的投资信息，了解市场发展的趋势，以便做出正确的投资决策。

2. 安全性原则

所谓安全性原则就是投资要能够按期收回本金和应得的投资收益。企业的对外投资一般都会面临许多风险。一般来说，风险越大，报酬率越高；风险越小，报酬率越低。因此，企业必须在投资报酬和风险之间权衡利弊。通常投资于资金雄厚的大企业要比投资于小企业安全；投资于基础产业要比投资于高技术产业安全；债权性投资要比股权性投资安全。企业在对外投资时,要全面考虑被投资企业的财务状况、经营成果、行业特点以及发展前景等,以便保证对外投资的安全性。

3. 流动性原则

企业的对外投资因其目的不同,投资的性质也各异。有的对外投资期限很长,一般不考虑在近期变现;有的对外投资,只是为了充分利用现有的闲置资金,这部分资金以后可能会有其他的用途,这种投资就应当考虑其流动性,以便在将来需要现金时能够及时变现。一般来说,证券投资的流动性比直接投资的流动性强。因此,企业如果要提高对外投资的流动性,可以考虑以证券投资为主。

4. 整体性原则

企业的对外投资活动是企业整体经营活动的一个重要组成部分,对外投资必须服从企业的整体经营活动,对外投资的目标应与企业总的经营目标相一致。尽管企业对外投资的目的有许多,但都要服从企业的整体目标。只有这样才能提高企业的整体经济效益,有利于企业的长期稳定发展。

(二) 对外直接投资管理

对外直接投资就是企业根据投资协议以货币资金、实物资产、无形资产对其他企业进行直接投资,以取得投资收益或者实现对被投资企业控股的目的。

1. 对外直接投资应考虑的因素

企业对外直接投资活动是为实现企业一定的投资目的服务的,它具有投资期限长、金额大、风险高的特点。投资的成败对企业的长远发展具有重要的影响,因此,在进行投资决策时必须充分考虑各方面的因素。

(1) 企业当前的财务状况。企业对外进行投资首先必须考虑本企业当前的财务状况,如企业资产的利用情况、偿还债务的能力、未来几年的现金流动状况以及企业的筹资能力等。

(2) 企业整体的经营目标。企业的对外投资必须服从企业整体的经营目标,对外投资的目标应与企业的整体经营目标相一致,或者有利于实现企业的整体经营目标。

(3) 投资对象的收益与风险。虽然对外投资的目的各不相同,但任何一种对外投资都希望获得更好的投资收益。企业进行对外投资时要认真考虑投资对象的收益和风险,在保证实现投资目的的前提下,要尽可能选择投资收益较高、风险较小的投资项目。

2. 对外直接投资的方式

企业在进行投资决策,拟订投资计划时,就应当确定对外投资的具体方式。通常企业对外投资的方式主要有以下几种:

(1) 合资经营方式。它是指投资企业通过与其他企业共同投资组建合资经营企业所进行的对外投资。合资经营企业是由投资各方按照共同投资、共同经营、共享利润、共担风险的原则而设立的企业。

（2）合作经营方式。它是指投资企业与其他企业组建合作经营企业所进行的对外投资。合作经营企业是一种契约式的合营企业，它是投资企业与其他企业通过签订合同、协议等形式来规定各方的权利和义务而组建的企业。

（3）购并控股方式。它是指通过兼并其他企业或者购买其他企业的部分股权以实现对被投资企业控股的目的所进行的对外投资。购并控股是企业对外投资的一种重要方式，它可以通过出资购买被投资企业资产的方式进行，也可以通过出资购买股票的方式实现对被投资企业的控股。

（三）证券投资管理

证券投资是指把资金投放于购买股票、债券等金融资产以获取收益或控制对方的行为。

1. 证券投资的目的

企业进行证券投资，其最终目的是使企业在经济上获得收益，使投出的资金能够增值。但不同的投资者，在不同的时期和环境下又有不同的投资目的。证券投资的目的主要有以下几种：

（1）获利。投资者最基本的投资目的是为了获取利益，而且要尽量使证券投资的净收益最大化。

（2）参与经营决策。有些投资主体进行投资是以参股、控股为动机，通过购买股份公司的股票，达到参与发行公司经营决策的目的。这样有利于投资企业扩大经营规模、开拓市场、控制被投资企业和增强企业的竞争能力。

（3）投机。投机一般是指证券买卖者从差价中获得收益的一种经济行为，其目的在于通过证券买卖价格的波动，赚取价差收益。

2. 证券投资分析

企业在进行证券投资之前必须做出分析和判断，以获得尽可能大的收益并减少投资的风险。证券投资的分析，主要有证券投资的基本分析和证券投资的技术分析两个方面。

证券投资的基本分析是从证券投资的宏观经济环境、行业发展趋势和发行公司的微观经济因素等方面进行因素分析，从而预测证券市场行情变动趋势的一种分析方法。其理论依据是证券价格由证券内在价值决定，通过分析影响证券价格的基本条件和决定因素，来判断和预测其发展趋势。证券投资的基本分析对于预测整个证券市场的发展趋势，选择具体的投资对象具有重要的作用。

证券投资的基本分析主要由宏观经济因素分析、行业分析和企业分析三个部分组成。

(1) 宏观经济因素分析。证券投资者要想对证券行情的长期发展趋势做出判断，就必须对当前国家的宏观经济运行状况及其走向有深入的了解和分析，这样才能准确地预测证券发展趋势，进而做出正确的证券投资决策。影响证券市场的主要宏观经济因素有：经济增长状况、经济发展周期、国家经济政策和通货膨胀影响等。

(2) 行业分析。宏观经济因素分析侧重于选择投资机会，而证券投资的行业分析则主要分析某行业的发展状况以及该行业证券的投资风险和前景。影响证券市场的主要行业因素有：行业的市场类型、行业的生命周期等。

(3) 企业分析。对公司的分析是证券投资基本分析的最关键环节，公司的经营状况和其他基本素质决定了投资的收益和风险。因此，只有对证券发行公司了解透彻，分析全面，才能避免投资的盲目性。

证券投资的企业分析主要包括企业的经营状况分析和企业的财务状况分析两大部分。有关企业的财务状况分析可参见第一章有关内容。这里主要介绍企业的经营状况分析。企业的经营状况分析主要有以下内容：

① 企业的经营观念。企业的经营观念是整个企业经营活动的指导思想，贯穿于企业经营活动的全过程，涉及到经营内容的各个方面。分析企业的经营观念有利于把握企业的发展趋势。适应市场经济的企业应具备的经营观念有：开放观念、开拓观念、竞争观念、人才观念等。

② 企业的经营形态。不同的经营形态会影响企业的成长和发展。分析企业的经营形态要考虑以下方面：集团化、关联化、系列化、部门化等。

③ 企业的发展历程。企业的发展历程从企业创建开始，包括发起人的资信状况、经济环境背景、经营业务范围以及股本结构等。通过这些情况可了解企业的发展前景和业务成长潜力。

证券投资的技术分析是指利用统计学、数学的方法，分析股票价格的运动规律，了解股票价格的过去变动情况，预测其未来变化趋势的一种分析方法。如果说基本分析侧重于证券投资对象的抉择，那么技术分析则侧重于证券买卖时机的抉择。

进行技术分析所依据的资料主要是证券价格、证券交易数量等市场资料。进行技术分析的方法主要有图形分析和指标分析。

图形分析是根据以往证券市场的统计资料和经验法则，从证券价格运动的自身规律入手，通过分析所描绘出来的图形与形态，借以推测证券价格走势的一种分析方法。图形分析方法是技术分析中最基本的方法，也是指标分析的基础。图形分析方法主要有线型图分析和 K 线图分析。

指标分析是在图形分析的基础上，采用数据来分析市场买卖双方的意向和实力，即通过分析市场气氛和供求双方力量状况来避免市场波动的偶然性，从而更准确地了解、预测价格变动的趋势，改进技术分析的方向。指标分析方法主要有移动平均线分析、相对强弱指标分析、随机指标分析等。

3. 证券组合投资

证券投资是一种高风险的投资，对付风险的最普遍的方法是投资分散化，就是选择若干种证券加以搭配，建立证券组合。通过多种证券报酬高低、风险大小的互相抵销，使证券组合在保持特定收益水平的条件下，把总风险减小到最低限度，或者在将风险限制在愿意承担的特定水平条件下尽可能使收益最大化。

（1）证券组合投资的风险。证券组合投资的总风险是由可避免风险和不可避免风险两部分组成的。在证券组合中所含的证券种类愈多，组合投资的总风险也就愈小，但不可能小于不可避免风险。可避免风险又称为非系统性风险，它是指某些因素对个别投资来讲，由于其本身原因造成经济损失的可能性。在进行证券组合投资时，可将这种风险加以避免或减少其风险程度。不可避免风险又称为系统性风险，它不是由证券发行公司本身的原因引起的，而是某些特定因素给证券投资这个行业带来的不确定性和风险，如整个世界或国家的经济形势，政治形势的不稳定，国家财政状况的好坏以及税收、金融制度的变化等。对于这类风险，一般投资者没有任何方法能分散掉，即投资者采用投资组合方式也难以降低这类风险。

（2）证券投资风险的衡量。衡量证券投资风险的指标是 β 系数。个别证券投资的 β 系数是反映个别证券相对于平均风险证券的变动程度的指标。它可以衡量个别证券的市场风险即不可分散风险。个别证券投资的 β 系数可用下列公式计算：

$$\beta = \frac{某个证券投资的超额报酬率的变化程度}{市场全部证券投资超额报酬率的变化程度}$$

假若 $\beta > 1$，表明该种证券的风险大于整个市场的平均风险，即该种证券的涨跌幅度大于整个市场的平均水平；假若 $\beta < 1$，表明该种证券的风险小于整个市场的平均风险，即该种证券的涨跌幅度小于整个市场的平均水平。

β 系数可以反映各种证券不同的市场风险程度，既然证券的公司特有风险可以通过投资组合分散掉，那么市场风险就成为投资者关注的焦点。β 系数成为证券投资决策的重要依据。

证券组合投资的综合 β 系数是个别证券投资的 β 系数的加权平均数。该系数反映特定投资组合的市场风险，即该组合的报酬率相对于整个市场平均报酬率的变异程度。证券组合投资的综合 β 系数计算公式如下：

$$\beta_P = \sum W_i \beta_i$$

式中：β_P 为证券组合投资的综合 β 系数；W_i 为组合投资中第 i 种证券所占的比重；β_i 为第 i 种证券的 β 系数。

组合投资的综合 β 系数，受不同证券投资的比重和个别证券 β 系数的影响。当一个高 β 系数的证券加入到原有的组合投资中，即提高高风险股票在组合投资中的比重时,原有组合投资的综合 β 系数会上升,整个组合投资的风险加大;反之,当一个低 β 系数的证券加入到原有的组合投资中,即提高低风险股票在组合投资中的比重,会使原有组合投资的综合 β 系数下降,使整个组合投资的风险降低。

(3) 证券组合投资的预期报酬率。投资者投资证券组合和其他单个投资一样也要求得到相应的收益率。投资者投资于证券组合要求的收益率包括两个部分,即无风险报酬率和风险报酬率(超额报酬率)。证券组合投资的预期报酬率可用下列公式计算:

$$R_P = R_f + \theta_P = R_f + \beta_P (R_m - R_f)$$

式中: θ_P 为证券组合的超额报酬率; β_P 为证券组合的 β 系数; R_m 为市场全部证券的平均投资报酬率; R_f 为无风险报酬率。

(4) 证券组合投资的策略。在证券组合理论的发展过程中,形成了各种各样的派别,从而也形成了不同的组合策略。这些策略主要有以下三种:

① 保守型策略。这种策略认为,最佳证券组合投资策略是要尽量模拟市场现状,将尽可能多的证券包括进来,以便分散掉全部可分散风险,得到与市场所有证券的平均收益同样的收益。此种策略属于收益不高、风险不大的策略,故称之为保守型策略。

② 冒险型策略。这种策略认为,与市场完全一样的组合不是最佳组合,只要投资组合做得好,就能超越市场,取得远远高于平均水平的收益。在这种组合中,一些成长型的股票比较多,而那些低风险、低收益的证券不多。这种策略收益高,风险大,因此称之为冒险型策略。

③ 适中型策略。这种策略认为,证券的价格,特别是股票的价格,是由特定企业的经营业绩来决定的。采用这种策略的人,一般都善于对证券进行分析,如行业分析、企业业绩分析、财务分析等,通过分析,选择高质量的股票和债券组成投资组合。适中型策略如果做得好,可以获得较高收益而又不会承担太大风险。

四、流动资产投资管理

流动资产是参加企业生产经营周转的,在一年或一个经营周期内变现或耗用的资产。合理安排和有效运用流动资产对加速资金的周转,提高企业的经济效益有着重要的作用。所以,科学地安排流动资产投资,可以降低财务风险,增加企业收益。

(一) 流动资产管理的基本要求

流动资产的管理除要做好日常安全性、完整性的管理以外,还需要在风险和收益之间进行权衡,决定流动资产的总额及其结构以及这些流动资产的筹资方式。资产的流动性越强,其收益性就越差;在其他情况相同的条件下,易变现资产所占比例越大,现金短缺风险就越小,但收益率就越低;同样,在其他情况相同的条件下,企业各项债务的偿还期越长,没有现金偿债的风险越小,企业的利润可能越少。流动资产管理要求如下：
(1) 认真分析，正确预测流动资产的需用量。
(2) 合理筹集，及时供应所需的流动资产。
(3) 做好日常管理工作，尽量控制流动资产的占用数量。
(4) 提高资金的使用效益，加速流动资产的周转。

(二) 货币资产的管理

货币资产即企业在生产经营活动中停留于货币形态的那部分资产，是流动性最强的资产。拥有足够的货币资产对降低企业财务风险，增强企业资金的流动性具有十分重要的意义。

现金之于企业，犹如润滑油之于机器，如果企业缺乏足够的现金，它可能会面临周转不灵的威胁，甚至会宣告破产。确定合理的现金持有量就显得非常重要。

现金管理的目的，就是在资产的流动性与获利能力之间做出选择，既能保证正常的现金支付需要，又不闲置较多的现金，以获得最大的长期利润。财务管理人员可以考虑将一定的现金投资于"类现金"资产。"类现金"主要指在银行和金融市场的定期存款和股票交易所上市交易的有价证券。这些资产既能产生一定的收益又易于转换为现金。

现金余额水平的确定是现金管理的关键。影响现金余额水平的因素主要有以下几个方面：预期现金流量、现金流量的可能偏离、重要的临时性支出、企业未清偿债务的到期情况、企业应付紧急情况的借款能力、管理人员对现金短缺的基本态度、企业控制现金的效率等。

(三) 债权资产的管理

债权资产是企业在销售过程或其他业务中投放出去的应收款，主要是应收账款。债权资产本身并不能直接带来任何资金效益，但应收账款具有增加销售和减少存货的功能。

企业在应收账款上占用资金，要付出一定的代价。应收账款的成本主要有：应收账款的机会成本、应收账款的管理成本、应收账款的坏账成本等。提供信用条件，增加应收账款，能增加销售、减少存货，从而增加利润，但同时又会增加占用在应收账款上的资金成本，增加管理费用和发生坏账损失的可能性。因此，应收账款的管理主要是在提供信用所增加的利润和成本之间权衡，只要利润大于成本，就可放宽信用条件，使占用在应收账款上的资金获得最大限度的利润。

企业对应收账款的管理主要是制定一个适合本企业的商业信用政策。信用政策包括信用标准、信用条件等部分。

1. 信用标准及其确定

信用标准指客户获得企业的商业信用应具备的条件。企业信用标准决定企业应收账款的质量。如果企业信用标准较严，只对资金雄厚、信誉卓著的客户提供商业信用，则企业应收账款质量高，发生坏账损失的可能性就小，应收账款机会成本低。但另一方面，又将丧失一部分信用较差的客户的销售收入和从这部分收入中带来的利润。如果企业信用标准较松，对信誉卓著、一般、较差的客户都提供信用，则销售收入增加，利润也增加；但应收账款质量降低，发生坏账损失的可能性增大，应收账款的机会成本也增加。所以信用标准的制定，应在信用标准所能带来的利润及成本之间权衡利弊得失后进行决策。

制定信用标准，目的在于作为指导企业商业信用业务的参考依据。而在具体的业务过程中，对某一特定的顾客究竟是否提供商业信用，关键还在于对该顾客的信用状况做全面的评价。对于老顾客，如果已有了基本的信用评价，那么日常的工作就是根据掌握的最新资料来观察其信用状况的变化趋势；而对于新顾客，就必须采取一定的办法给予全面的信用评价，其目的是为了确定新顾客是否会有坏账风险或延迟支付货款的可能。一般说来，对有坏账风险的顾客不应该给予任何商业信用，而对可能延迟付款的顾客，则可提出较苛刻的信用条件，并给予较少的商业信用。

信用评价主要从五个方面进行。这五个方面是：品质（Character）、能力（Capacity）、资本（Capital）、抵押（Collateral）、条件（Condition），称为"五C"系统。

（1）品质。品质是指客户愿意如期履行其付款义务的可能性，是评估客户信用品质的首要因素。因为客户是否愿意在货款到期时，尽自己的最大努力偿付货款，直接决定着应付账款的收回速度和数量。企业可以通过了解客户过去付款的一贯做法，以及客户与其他企业关系是否良好，来评价客户的品质。

（2）能力。能力是客户偿付货款的能力，即客户流动资产的数量、质量以及流动比率、速动比率的高低。企业可以通过客户提供的财务报告，并对客户进行实地调查、观察等，分析客户资产流动性，对客户能力做出判断。

（3）资本。资本是指客户的财务实力和财务状况，企业可以通过分析客户提供的财务报告分析判断。

（4）抵押。抵押是指客户拒付款项或无力支付款项时，能被用作抵押的资产。如对客户的信用状况有争议，或是对客户的信用状况不了解，但客户能够提供足够的抵押品时，企业也可以向其提供信用。当货款到期，客户不能付款时，便可以变卖抵押品抵补货款。

（5）条件。条件是指经济环境对客户付款能力的影响。企业可通过了解客户在过去类似条件下的付款表现做出判断。

对客户的信用分析和评价可以用定性的方法，也可以用定量的方法。定量方法主要是将信用评价的内容细分为若干指标，并赋予每个指标分值，在分析客户资料的基础上对每个指标打分并计算出总分。总分的高低反映客户的信用水平。

确定了客户的信用状况后,企业应该根据产品销售和资金情况,制定一个可以给予客户赊销的最低标准。例如,三级以上的客户可以提供赊销。或者在企业销售时对不同的客户采取不同的策略。例如,对第一级别客户给予优惠的信用条件,每年只需审查一次就可以了;第二级别客户可考虑赊销限额,每隔半年审查其信用状况;第三级别客户则需每隔三个月审查其信用状况,信用条件较为严格;第四级别客户须提供抵押,才给予信用;第五级别客户只能按照现金付款条件进行购货。

2. 信用条件及其选择

信用条件是指企业要求顾客支付赊销款项的条件,包括信用期限、折扣期限和现金折扣。信用期限是企业规定顾客的最长付款期限;折扣期限是规定顾客可享受现金折扣的付款期限;现金折扣是顾客在折扣期内付款时给予的优惠。

(1) 信用期限的制定。信用期限是企业为客户规定的最长付款期限。信用期限长,可以扩大销售,增加收益,产生有利影响。但相应地,应收账款资金占用、收账费用、坏账损失增加,对企业产生不利影响。企业应通过分析改变现行期限对收入成本的影响,确定恰当的信用期限。

确定信用期限时主要考虑延长或缩短信用期限的成本和效益,比较各种期限的得失,选出一个成本最小或效益最大的合理的信用期限。

首先计算延长信用期限增加的收益,然后计算延长信用期限增加的应收账款的成本,最后将收益和成本相比较,并做出判断。

延长信用期限增加的收益 = 销售量增加 × 单位边际贡献 − 增加的固定成本

延长信用期限增加的应收账款的成本 = 应收账款的机会成本增加 + 应收账款的管理成本增加 + 应收账款的坏账成本增加

其中:应收账款的机会成本 = 应收账款占有资金 × 应收账款的机会成本率

延长信用期限的净损益 = 延长期限增加的收益 − 延长期限增加的应收账款成本

延长信用期限的净损益大于零则选择信用期较长的信用条件;反之,选择信用期较短的信用条件。

(2) 现金折扣的确定。现金折扣的优惠实际上是产品售价的扣减,企业是否愿意以及提供多大程度的现金折扣,考虑的是提供折扣后的收益是否大于成本,以此作为选择依据。

需要指出,制定信用标准和信用条件必须联系存货管理和现金管理共同考虑。在生产进度既定的情况下,商业信用政策通过影响销售量而间接影响存货量。存货过多,超出了正常范围,就会增加存货成本;而若商业信用政策过宽,销售需求超过企业可供销售的存货量,出现脱销情况,就会丧失应该得到的利润。所以,信用标准和信用条件的制定,必须连同存货政策一并考虑。同样道理,商业信用政策也直接影响企业的现金流量,所以,也必须系统地考虑现金政策。此外,在非常情况下,为了达到某种目的,也可以制定特殊的商业信用政策。例如,在新产品或滞销产品的推销过程中,可以给予更优惠的信用条件;在银根紧缩,客户资金周转困难,而本企业资金尚充裕的情况下,为了积极扩大销售,可以进一步延长信用期限;如果企业的生产是均衡的,但其产品的消费具有季节差异,为了扩大消费淡季的销售量,也可考虑在不同季节实行不同的信用政策;等等。

(四)存货管理

存货管理分为实物管理和存货资金管理两个方面。存货的实物管理是由生产部门及供销部门进行的。企业财务人员对存货的管理主要是从存货占用的资金的角度进行管理。

每个企业都必须储备足够的存货。存货的管理与现金和应收账款的管理不同。一般来说,存货的日常管理不属于财务部门的职责,它属于生产部门和供销部门的职责范围。但企业的财务人员仍十分关心存货的管理工作,它们是从存货资金管理的角度对存货进行有效管理的。

首先,存货管理的好坏势必影响企业流动资金的占用。为了合理、节约地使用流动资金和保证企业生产资金的供应,财务部门必须与生产部门和供销部门密切配合、相互合作,以加强存货的管理。

其次,业务部门关心的主要是存货能否满足生产经营的需要,存货是否安全和完整;而财务部门关心的是如何为每一种存货确定一个储存量,这个储存量可以使投放在这部分资产上的资金以最小的成本取得最大的收益。为此,财务人员必须权衡采购和储存存货的成本与收益,以便最有效地分配使用企业的资金。

最后,财务部门关心的是存货投资问题。财务人员要分析投放在存货资产上的资金(存货投资)的机会成本,确定最佳的订货批量和订货间隔期,安排好生产经营的资金流量。

1. 企业储存存货的成本

企业储存存货需要花费一定的费用。储存存货成本包括取得成本、储存成本、缺货成本。

(1)取得成本。存货的取得成本是指为取得某种存货而发生的成本,包括订货成本和购置成本。

(2)储存成本。存货的储存成本是指为储存某种存货而发生的成本,其中一部分是固定成本,与存货数量无关,如仓库折旧费、保管员工资等;另一部分属变动成本,与存货数量成正比例关系,如存货占用资金应计利息、搬运费、保险费、存货破损和变质损失等。

(3)缺货成本。存货的缺货成本是指因存货库存中断而造成的损失,包括材料库存中断造成的停工损失和紧急采购的额外费用,产成品库存中断造成的拖欠发货损失和丧失机会的损失等。

2. 经济订货量的确定

决定存货量多少的关键是如何既能满足生产和销售的需要，又能使存货成本最低。企业可以运用经济订货量的概念，安排对存货的控制。经济订货量是使存货成本最小时的每次订货批量。

假设我们已经知道某一特定存货项目全年生产经营的需要量，并且在一定时期内其消耗量是均衡的。另外，假设这种存货在市场上随时能够采购到，即不会发生短缺（这时就无短缺成本）。则经济订货量可以通过以下模型确定：

$$Q = \sqrt{\frac{2SD}{C}}$$

式中：Q 为每次订货量；C 为单位存货储存成本；S 为全年存货的总消耗量；D 为每次订货成本。

（1）确定全年需订货多少次。其计算公式为：

$$全年订货次数 = \frac{全年存货耗用量}{经济订货量} = \frac{S}{Q}$$

（2）确定每两次订货的间隔时间。其计算公式为：

$$每两次订货的间隔时间 = \frac{360}{全年订货次数} = \frac{360}{\frac{S}{Q}} = \frac{360 \times Q}{S}$$

（3）确定每次订货需要准备的资金。其计算公式为：

$$每次订货需要准备的资金 = 经济订货量 \times 存货单价 + 每次订货成本$$

企业通过计算经济订货量和以上三个指标，就可以做出一个很好的存货控制和资金安排的计划。

第二节 新光照相机厂项目投资决策分析案例

一、基本情况

新光照相机厂是生产照相机的中型企业，该厂生产的照相机质量优良，价格合理，长期以来供不应求。为了扩大生产能力，厂部决定新建一条生产线。

李珂是该厂助理会计师，主要负责筹资和投资工作。总会计师张新才要求李珂搜集建设新生产线的有关资料，写出投资项目的财务评价报告，以供厂领导决策参考。

李珂经过十几天的调查研究，得到以下有关资料：该生产线的初始投资是12.5万元，分两年投入。第一年年初投入10万元，第二年年初投入2.5万元。第二年可完成建设并正式投产。投产后每年可生产照相机 1 000 架,每架销售价格是 300 元,每年可获销售收入 30 万元。投资项目可使用五年,五年后残值为 25 000 元。在投资项目经营期初要垫支流动资金 2.5 万元,这笔资金在项目结束时可如数收回。该项目生产的产品年总成本的构成情况如下:

原材料费用　　　　　　20 万元
工资费用　　　　　　　3 万元
管理费(扣除折旧)　　　2 万元
折旧费　　　　　　　　2 万元

李珂又对各种资金来源进行了分析研究,得出该厂加权平均的资金成本为 10%。

李珂根据以上资料,计算出该投资项目的营业现金流量、现金流量、净现值(详见表5-2、表5-3 和表5-4),并把这些数据资料提供给全厂各方面领导参加的投资决策会议。

表 5-2　　　　　　　　投资项目的营业现金流量计算表　　　　　　　单位:元

项　目	第 1 年	第 2 年	第 3 年	第 4 年	第 5 年
销售收入	300 000	300 000	300 000	300 000	300 000
现付成本	250 000	250 000	250 000	250 000	250 000
其中:材料费用	200 000	200 000	200 000	200 000	200 000
人工费用	30 000	30 000	30 000	30 000	30 000
制造费用	20 000	20 000	20 000	20 000	20 000
折旧费用	20 000	20 000	20 000	20 000	20 000
税前利润	30 000	30 000	30 000	30 000	30 000
所得税(33%)	9 900	9 900	9 900	9 900	9 900
税后利润	20 100	20 100	20 100	20 100	20 100
现金流量	40 100	40 100	40 100	40 100	40 100

表 5-3　　　　　　　　投资项目的现金流量计算表　　　　　　　单位:元

项　目	投资建设期			生　产　期				
	第 0 年	第 1 年	第 2 年	第 1 年	第 2 年	第 3 年	第 4 年	第 5 年
初始投资	-100 000	-25 000						
流动资金垫支			-25 000					
营业现金流量				40 100	40 100	40 100	40 100	40 100

续表

项目	投资建设期			生产期				
	第0年	第1年	第2年	第1年	第2年	第3年	第4年	第5年
设备残值								25 000
流动资金收回								25 000
现金流动合计	−100 000	−25 000	−25 000	40 100	40 100	40 100	40 100	90 100

表 5-4　　　　　　　　　　投资项目的净现值计算表　　　　　　　　单位：元

时间	现金流量	10%贴现系数	现值
0	−100 000	1.000	−100 000.00
1	−25 000	0.909 1	−22 727.50
2	−25 000	0.826 4	−20 660.00
3	40 100	0.751 3	30 127.13
4	40 100	0.683 0	27 388.30
5	40 100	0.620 9	24 898.09
6	40 100	0.564 5	22 636.45
7	90 100	0.513 2	46 239.32
净现值			7 901.79

在厂领导会议上，李珂对他提供的有关数据做了必要的说明。他认为，建设新生产线有 7 901.79 元净现值，故这个项目是可行的。

厂领导会议对李珂提供的资料进行了分析研究，认为李珂在搜集资料方面做了很大努力，计算方法正确，但忽略了物价变动问题，这使李珂提供的信息失去了客观性和准确性。有关方面的意见如下：

（1）总会计师张新才认为，在项目投资和使用期间内，通货膨胀率为 10% 左右。他要求各有关负责人认真研究通货膨胀对投资项目各有关方面的影响。

（2）基建处长李吉认为，由于受物价变动的影响，初始投资将增长 10%，投资项目终结后，设备残值将增加到 37 500 元。

（3）生产处长赵非认为，由于物价变动的影响，原材料费用每年将增加 14%，工资费用也将增加 10%。

（4）财务处长周定奇认为，扣除折旧以后的管理费用每年将增加 4%，折旧费用每年仍为 20 000 元。

(5) 销售处长吴鸣认为,产品销售价格预计每年可增加10%。

(6) 厂长郑光熙指出,除了考虑通货膨胀对现金流量的影响以外,还要考虑通货膨胀对货币购买力的影响。他要求李珂根据以上各方面的意见,重新计算投资项目的现金流量和净现值,提交下次会议讨论。

李珂接到这项任务后,根据各方面的意见认真做了测算,对投资项目是否可行进行了重新分析。

二、案例分析

李珂针对厂部中层干部的意见,找出影响投资项目的各因素后,再进行投资项目的现金流量及净现值的重新测算,以便为厂领导提供更为有力的决策依据。分析步骤如下:首先,分析、确定影响新光相机投资项目决策的各因素;其次,根据影响新光相机投资项目决策的各因素,重新计算投资项目的现金流量、净现值等;最后,根据分析、计算结果,确定新光相机项目投资决策。

(一)确定影响新光相机投资项目决策的各因素

在项目投资和使用期间,受通货膨胀因素的影响,物价上涨已是大势所趋。为此,确定因受物价变动的影响而使项目投资额、相机产品成本等的增加。各年的相关指标调整计算如下:

1. 初始现金流量计算

(1) 第一年年初项目投资额将增加到:$10 \times (1 + 10\%) = 11$(万元)。

(2) 第一年年末项目投资额将增加到:$2.5 \times (1 + 10\%) = 2.75$(万元)。

(3) 第二年年末流动资金垫支将增加到:$2.5 \times (1 + 10\%) = 2.75$(万元)。

2. 营业现金流量计算

(1) 第一年各项指标。

材料费用将增加到:$20 \times (1 + 14\%) = 22.8$(万元)。

人工费用将增加到:$3 \times (1 + 10\%) = 3.3$(万元)。

制造费用将增加到:$2 \times (1 + 4\%) = 2.08$(万元)。

产品销售收入将增加到:$30 \times (1 + 10\%) = 33$(万元)。

每年折旧费用2万元,保持不变。

(2) 第二年各项指标。

材料费用将增加到:$22.8 \times (1 + 14\%) = 25.992$(万元)。

人工费用将增加到:$3.3 \times (1 + 10\%) = 3.63$(万元)。

制造费用将增加到:$2.08 \times (1 + 4\%) = 2.1632$(万元)。

产品销售收入将增加到:$33 \times (1 + 10\%) = 36.3$(万元)。

每年折旧费用2万元,保持不变。

(3) 第三年各项指标。

材料费用将增加到：$25.992 \times (1+14\%) = 29.6309$（万元）。
人工费用将增加到：$3.63 \times (1+10\%) = 3.993$（万元）。
制造费用将增加到：$2.1632 \times (1+4\%) = 2.2497$（万元）。
产品销售收入将增加到：$36.3 \times (1+10\%) = 39.930$（万元）。
每年折旧费用 2 万元，保持不变。

（4）第四年各项指标。
材料费用将增加到：$29.6309 \times (1+14\%) = 33.7792$（万元）。
人工费用将增加到：$3.993 \times (1+10\%) = 4.3923$（万元）。
制造费用将增加到：$2.2497 \times (1+4\%) = 2.3397$（万元）。
产品销售收入将增加到：$39.930 \times (1+10\%) = 43.923$（万元）。
每年折旧费用 2 万元，保持不变。

（5）第五年各项指标。
材料费用将增加到：$33.7792 \times (1+14\%) = 38.5083$（万元）。
人工费用将增加到：$4.3923 \times (1+10\%) = 4.8315$（万元）。
制造费用将增加到：$2.3397 \times (1+4\%) = 2.4333$（万元）。
产品销售收入将增加到：$43.923 \times (1+10\%) = 48.3153$（万元）。
每年折旧费用 2 万元，保持不变。

3. 终结现金流量计算

设备残值 3.75 万元。

流动资金收回 2.75 万元。

（二）重新测算新光相机投资项目的营业现金流量、现金流量和净现值

根据第一步确定的各影响因素，重新计算投资项目营业现金流量、现金流量、净现值等，如表 5-5、表 5-6 和表 5-7 所示。

表 5-5　　　　　　　　投资项目的营业现金流量计算表　　　　　　　　单位：元

项　目	第一年	第二年	第三年	第四年	第五年
销售收入	330 000	363 000	399 300	439 230	483 153
现付成本					
其中：材料费用	228 000	259 920	296 309	337 792	385 083
人工费用	33 000	36 300	39 930	43 923	48 315
制造费用	20 800	21 632	22 497	23 397	24 333
折旧费用	20 000	20 000	20 000	20 000	20 000
税前利润	28 200	25 148	20 564	14 118	5 422

续表

项目	第一年	第二年	第三年	第四年	第五年
所得税（33%）	9 306	8 299	6 786	4 659	1 789
税后利润	18 894	16 849	13 778	9 459	3 633
现金流量	38 894	36 849	33 778	29 459	23 633

表 5-6　　　　　　　　　　投资项目的现金流量计算表　　　　　　　　　单位：元

项目	投资建设期			生产期				
	第 0 年	第 1 年	第 2 年	第 1 年	第 2 年	第 3 年	第 4 年	第 5 年
初始投资	−110 000	−27 500						
流动资金垫支			−27 500					
营业现金流量				38 894	36 849	33 778	29 459	22 633
设备残值								37 500
流动资金收回								27 500
现金流量合计	−110 000	−27 500	−27 500	38 894	36 849	33 778	29 459	88 633

表 5-7　　　　　　　　　　投资项目的净现值计算表　　　　　　　　　　单位：元

年份	现金流量	10%的贴现系数×10%购买力损失	现　值
0	−110 000	1.000 0 × 1.000 0	−110 000.00
1	−27 500	0.909 1 × 0.909 1	−22 727.73
2	−27 500	0.826 4 × 0.826 4	−18 780.77
3	38 894	0.751 3 × 0.751 3	21 953.78
4	36 849	0.683 0 × 0.683 0	17 189.65
5	33 778	0.620 9 × 0.620 9	13 021.99
6	29 459	0.564 5 × 0.564 5	9 387.41
7	88 633	0.513 2 × 0.513 2	23 343.65
净　现　值			−66 612.02

（三）做出投资项目决策

李珂经过细心测算后，发现该项目投资的净现值为负数，且数额很大。因此，该企业只好放弃这一项目投资决策。

三、问题探讨

新光相机投资决策中为什么要分析计算现金流量？在投资决策中采用现金流量

法,其目的主要有两个。

1. 采用现金流量法有利于科学地考虑时间价值因素

科学的投资决策必须认真考虑资金的时间价值,这就要求在决策时一定要弄清每笔预期收入款项和支出款项的具体时间,因为不同时间的资金具有不同的价值。因此在衡量方案优劣时,应根据各投资项目寿命周期内各年的现金流量,按照资金成本,结合资金的时间价值来确定。而利润的计算,并不考虑资金收付的时间,它是以权责发生制为基础的。

现金流量与利润的差异主要表现在:① 购置固定资产付出大量现金时不计入成本;② 将固定资产的价值以折旧或损耗的形式逐期计入成本时,却又不需要付出现金;③ 计算利润时不考虑垫支的流动资产的数量和回收的时间;④ 只要销售行为已经确定,就计算为当期的销售收入,尽管其中有一部分并未于当期收到现金;⑤ 项目寿命终了时,以现金的形式回收的固定资产残值和垫支的流动资产在计算利润时也得不到反映。

2. 采用现金流量法更符合客观实际情况

在长期投资决策中,应用现金流量能更科学、更客观地评价投资方案的优劣,而利润则明显地存在不科学、不客观的成分。主要表现在以下两个方面:一方面,利润的计算没有一个统一的标准,在一定程度上受存货估价、费用摊配和折旧计提的不同方法的影响,因而,净利润的计算比现金流量的计算有更大的主观随意性,作为决策的主要依据不太可靠。另一方面,利润反映的是某一会计期间"应计"的现金流量,而不是实际的现金流量。若以实际未收到现金的收入作为收益,具有较大风险,容易高估投资项目的经济效益,存在不科学、不合理的成分。

第三节 新钢公司新增生产能力投资额预测分析案例

一、基本情况

新钢公司是一个历史悠久的钢铁生产企业,生产规模较大,市场产销两旺,公司发展前景非常乐观。公司经理召开会议,动员全体职工积极行动起来,充分挖掘内部潜力,大搞技术革新,并号召大家献计献策,为完成全年生产任务努力工作。

在会上,公司经理介绍了本年的销售形势,认为形势大好,对公司非常有利。根据市场调查资料测算,市场需求的趋势将使公司每年的销售量有所增加,预计本年钢铁销售量可达 480 000 吨,比去年增长 20%。如果公司能在较短期间增加固定资产投入,尽快形成生产能力,抓住这个大好时机,就能为公司创造可观的经济效益。

同时,公司经理根据市场需求量,结合自身实际,又做了进一步分析。他说,虽

然市场对我们非常有利,但也必须清楚自身的实际生产能力,量力而行。如果确实可行,就应该马上行动。公司现在的具体情况如下:

(1) 现有生产设备 10 台,其中冷轧机 4 台,热轧机 6 台。每台设备台班产量均为 40 吨,每天开工三班,全年计划设备检修 15 天。

(2) 如果按市场订单组织生产,计划年度冷轧机应生产钢材 280 000 吨,热轧机应生产钢材 200 000 吨。

(3) 公司通过内部挖潜,充分利用原有旧设备,还可修复一台冷轧机,大约需要修理费用 58 000 元。

(4) 现在市场价格:每台热轧机 230 850 元,每台冷轧机 180 500 元。

(5) 公司劳动力充足。

(6) 如果公司需要新增生产能力,其投资所需资金,公司能够通过合理的渠道加以解决。

最后,公司经理说,情况就是这样,大家商量商量,如果以销定产的计划可行,就请有关部门拿个计划,测算一下新增设备的投资额。

二、案例分析

投资额预测,实际上是固定资产需用量预测。固定资产是劳动手段,其数量的多少,取决于企业的生产经营规模和固定资产的拥有量。为保证公司以合理的固定资产占有量完成既定的全年生产任务,就必须对计划期固定资产需用量进行预测。

新增生产能力投资额预测分析应该这样考虑:首先,根据新钢公司的本年计划生产任务和现有生产设备,分析、计算生产能力是否充足;其次,根据生产设备余缺情况,测算新增设备投资额;最后,根据案例资料,综合测算新钢公司新增生产能力投资额。

(一) 根据以销定产的年度生产计划,确定生产设备需用量

$$设备需用量 = \frac{年度计划生产任务}{设备台班产量 \times 开工班次 \times 年计划工作日}$$

$$冷轧机需用量 = \frac{280\,000}{40 \times 3 \times 350} = 6.67 \approx 7 \text{(台)}$$

$$热轧机需用量 = \frac{200\,000}{40 \times 3 \times 350} = 4.76 \approx 5 \text{(台)}$$

根据上述计算结果,冷轧机需用量为 7 台,原有 4 台,需新增 3 台。而热轧机需用量为 5 台,公司现有 6 台,不需增加新设备。也就是说,要完成计划生产任务,只需新增 3 台冷轧机即可。

(二) 新增设备投资额预测

根据上述计算,新钢公司为完成计划年度生产任务需增加设备投资为:

冷轧机投资额 = 3 × 180 500 = 541 500（元）

（三）分析确定年度设备投资额

根据案例资料，新钢公司为完成本年的以销定产计划生产任务，需做两个方面的具体工作，一方面要测算新增设备数量，另一方面还要考虑企业内部挖潜改造、修旧利废等情况。在本例中公司为完成生产任务，只需新增 2 台冷轧机，修复 1 台冷轧机。这样，新钢公司的设备投资额应为：

设备投资额 = 2 × 180 500 + 58 000 = 419 000（元）

三、问题探讨

1. 影响投资效果的投资环境分析

投资环境是影响企业投资效果的各种外部因素的总和。企业的生存与发展，是以外部环境为条件的，因此在投资决策时，企业必须对投资环境进行认真的分析。

（1）研究投资环境，使投资决策有坚实的基础，保证决策的正确性。通过投资环境的研究，可了解市场供求情况、国家经济政策、资源的供应，以及国内外政治、经济、技术等发展动向，以保证投资决策的正确性。

（2）研究投资环境，及时了解环境变化，保证投资决策的及时性。只有不断深入地研究投资环境，才能及时了解、掌握投资环境的变化情况，适应市场的需求，做出符合实际的英明决策，为企业赢得利润或避免不必要的损失。

（3）深入研究投资环境，可预计未来投资环境变化趋势，提高投资决策预见性。

2. 投资决策时应考虑的主要因素

（1）投资的一般环境。投资一般环境通常包括政治形势和经济形势。要预测政治形势，就必须认真学习和了解国家的有关方针政策、法律制度、规定、规划等，只有这样，才能规避因政治形势的变化而带来的风险。

经济形势往往决定着企业投资的类型和规模。因此，应研究、掌握国民经济发展状况、经济发展水平、经济增长的稳定性以及劳动生产率，把握国民经济结构和国家产业政策等。

（2）投资的相关环境。投资的相关环境通常包括与特定投资项目有关的一系列因素，具体包括相关市场、相关资源、相关科学技术、相关地理环境、相关基础设施和相关政策优惠等。在本例中，新钢公司就是在进行了相关市场调查研究后，才做出新增设备投资计划决策的。

3. 生产性投资、重置性投资和追加性投资的关系

企业投资既是简单再生产的基础，也是扩大再生产的条件，同时还是调整企业生产能力构成和发展新产品、调整产品结构的主要手段。作为生产性资产投资通常包括以下几个方面：

（1）与企业创建有关的创始性投资，如建造厂房、购置机器设备、原材料等。

（2）与维持企业现有经营有关的重置性投资，如更新已老化或损坏的设备进行的投资。

（3）与降低企业成本有关的重置性投资，如购置高效设备替代虽能用但低效率的设备进行的投资。

（4）与现有产品和市场有关的追加性投资，如为增加产量、扩大销售量所进行的投资。

（5）与新产品和新市场有关的扩充性投资，如为新产品和新生产线以及开拓新市场进行的投资。

以上生产性投资在实际工作中往往是交织进行的。在本例中新钢公司的投资就是追加性投资和重置性投资的有机组合。

思 考 题

1. 简述投资管理的内容。
2. 什么是现金流量？现金流量有哪些具体概念？
3. 试述利用利润指标分析项目收益的局限性及其弥补措施。
4. 如何计算现金流量？
5. 常用的项目决策评价指标有哪些？各有何优缺点？
6. 对外直接投资应考虑的因素有哪些？
7. 证券投资分析应从哪些方面进行？
8. 简述证券投资的基本分析、行业分析和企业分析的基本内容。
9. 如何确定商业信用？
10. 案例研究。

案例一：DYJ公司的商业信用决策

（一）基本情况

DYJ公司为了进一步扩大经营规模，本年初经调查研究决定新建一个生产线，解决其产品的供不应求状况。但天有不测风云，企业出现了产品积压。DYJ公司为了将产品尽快推销出去，拟采用商业信用政策。采用商业信用政策的有关资料如表5-8所示。

表 5-8　　　　　　　　　　　　DYJ 公司有关资料

项　目	数　据
S：现在信用政策条件下的产品销售收入（万元）	100
A：现在信用政策条件下的应收账款投资（万元）	12
P：现在利润	10
V：变动成本率（变动成本占销售收入的比重）（%）	80
B：使用标准（预期坏账损失率的限制）（%）	10
X：平均坏账损失率（%）	6
C：信用条件	30 天内付清
Z：平均收款期（天）	45
R：应收账款的机会成本（%）	15

可供 DYJ 公司选择的信用方案有如下两个：

1. 方案信用条件（Ⅰ）

45 天内付清，无现金折扣：增加销售额 20 万元；增加销售额的坏账损失率为 11%；取得现金折扣的销售额占总销售额的比重为 0；平均收账期为 60 天。

2. 方案信用条件（Ⅱ）

"2/10，n/30"：增加销售额 30 万元；增加销售额的坏账损失率为 10%；取得现金折扣的销售额占总销售额的比重为 50%；平均收账期为 20 天。

（二）分析要点及要求

(1) 分析信用条件的变化对 DYJ 公司利润的影响；

(2) 分析信用条件的变化对 DYJ 公司应收账款机会成本的影响；

(3) 分析确定现金折扣成本的变动情况；

(4) 分析信用条件的变化对 DYJ 公司坏账损失的影响；

(5) 分析确定信用政策变动给 DYJ 公司带来的净收益。

（三）问题探讨

商业信用投资（或筹资）为什么在市场经济条件下盛行？

[提示] 商业信用实际上是一个公司对另一个公司的借款。但它是和购买联系在一起的借款，是一种特别筹资，即产品和借款（信用）是捆绑在一起的。这种捆绑控制了市场的不完善所产生的财务签约成本。通过使用商业信用，交易双方都能降低该业务的成本或风险。具体可从如下几个方面分析：财务媒介作用、低信息成本的优势、产品质量信息、便利。

案 例 二

(一) 基本情况

(1) 新光公司准备引进一条生产线,该生产线的初始投资是85万元,分两年投入的。第一年年初投入60万元,第二年年初投入25万元。建设期2年,投产后每年可获销售收入110万元。投资项目可使用五年,五年后残值为15万元。在投资项目第2年年末要垫支流动资金8万元,这笔资金在项目结束时可如数收回。

(2) 该项目生产的产品年总成本的构成情况如下:

原材料费用为60万元;工资费用10万元;管理费(扣除折旧)6万元;折旧费按直线法计提。

(3) 公司加权平均的资金成本为10%。

(4) 所得税税率为25%。

(5) 在项目投资和使用期间内,预计通货膨胀率为8%左右。

(6) 由于受物价变动的影响,初始投资将增长10%,投资项目终结后,设备残值将增加到18万元;原材料费用每年将增加12%,工资费用也将增加10%;扣除折旧以后的管理费用每年将增加5%;折旧费用不变;产品销售价格预计每年可增加14%。

(二) 要求

1. 在通货膨胀条件下估算初始现金流量、营业现金流量和终结现金流量及净现值判断方案是否可行?(计算过程保留小数点后4位)(单位:万元)

2. 简述现金流量及其构成。

3. 简述项目投资评价的基本方法。

4. 简述风险性投资的方法。

第六章 成本费用管理案例

第一节 理论概述

一、成本费用管理的内容

成本费用管理是对生产费用和产品成本的一切管理工作的总称。具体地说，就是对企业生产经营过程中所有费用的发生和成本的形成所进行的预测、决策、计划、控制、分析和考核等一系列有组织的、系统的科学管理工作。成本费用管理的根本目的在于降低产品成本，增产节支，提高企业的经济效益。

成本费用管理具有非常丰富的内容，从广义的角度看，包括成本预测、成本决策、成本计划、成本控制、成本分析与成本考核等。

成本预测是对达到预期目标的各种行动方案，根据有关的资料，运用一定的科学方法，对将来不同情况下的成本水平以及可能的发展趋势进行测算，以便为成本决策、成本计划和成本控制提供及时、有效的信息，避免决策、计划和控制中的主观性、盲目性和片面性。成本预测是成本费用管理必不可少的内容，在成本费用管理的各环节中，都存在着成本预测的问题，如对准备试制的新产品的成本预测，对老产品更新改制的成本预测以及在编制年度计划时降低成本计划幅度的预测等。

成本决策是在成本预测的基础上，结合其他有关资料，运用定量和定性的方法，选择最优的行动方案。例如，企业会经常遇到建厂、扩建、改建、技改的决策，新产品设计或老产品改造的决策，合理下料的决策，自制或外购零件的决策，生产批量的决策，不同生产工艺方案的决策，产品质量成本的决策，等等。

成本计划是在成本预测与成本决策的基础上，根据计划期的生产任务、降低成本的要求以及有关资料，通过一定的程序，运用一定的方法，以货币形式规定计划期产品的生产耗费和各种产品成本水平，并用书面文件的形式规定下来，以作为实际执行和考核检查的依据。通过成本计划管理，可以在降低产品成本方面提出明确的奋斗目标，推动企业增产节约，挖掘潜力。

成本控制是指运用以成本会计为主的各种方法预定成本限额，按限额开支成本和费用，将实际成本与成本限额进行比较，衡量经营活动的成绩和效果，并以例外管理原则纠正不利差异，以提高工作效率，实现甚至超过预期的成本限额。成本控制是企业增加盈利的根本途径，直接服务于企业的目的；成本控制是抵抗内外压力，求得生存的主要保障；成本控制还是企业发展的基础。

成本分析是在成本核算及其他有关资料的基础上，运用一定的方法揭示产品成本水平的变动，进一步查明影响产品成本变动的各种因素、产生原因以及应负责任的单位和个人，并提出积极的建议，以采取有效措施进一步降低产品成本。成本分析是成本费用管理的一个重要方面，也是企业经济活动分析的重要内容之一。

成本考核是定期对成本计划及有关指标实际完成情况进行总结和评价，旨在鼓励先进，鞭策后进，以监督和促进企业加强成本管理责任制，履行经济责任，提高成本管理水平。要做好成本考核工作，必须先做好成本计划、成本分析工作，否则，成本考核就没有正确的标准和依据。

上述成本预测、成本决策、成本计划、成本控制、成本分析和成本考核是成本费用管理的重要环节，这些环节互为条件、互相配合、互相制约。成本预测、成本决策和成本计划是事前管理环节，它为成本控制提出了要求和目标；成本控制是事中管理环节，它为成本分析与考核提供了依据；成本分析与考核是事后管理环节，其分析和考核结果反馈给成本预测、成本决策及成本计划环节，作为下一阶段预测、决策和计划的参考。企业的整个成本费用管理工作就是这样一环扣一环地不断进行。

二、成本费用管理的要求

成本费用管理与企业的生存和发展休戚相关，企业应重视加强成本费用的管理，做好以下几方面的工作。

1. 建立与健全成本费用管理制度

制度是人们的行为标准，是责、权、利的具体表现。建立与健全必要的规章制度，目的是为了顺利开展成本费用管理工作，使该项管理工作有章可循，有法可依。

成本费用管理制度一般包括组织系统，责任单位，责任权限，开支范围，标准和手续，成本的预测、决策、计划、控制、分析和考核的方法等。其中，要严格遵守成本费用开支范围的规定，正确区分收益性支出和资本性支出。开展厂部、车间两级核算时，要制定内部结算制度，作为内部计价、结算的依据和标准。

2. 认真做好成本费用管理的基础工作

成本费用管理是一项较繁琐的综合性工作，为了使这项工作具有良好的客观基础和真实可靠的数据来源，企业首先应做好各项基础工作。

（1）完善定额管理。定额是对企业生产经营各方面活动所规定的一种标准，它是企业进行成本预测、决策、计划的基础，是控制、分析、考核的依据，是评价企业经营情况的尺度。定额包括材料、燃料、动力的消耗定额，工时消耗定额以及各项费用消耗定额。制定的定额应该既积极先进又切实可行,通过对定额执行情况的考核和分析,不断提高管理水平,改进定额水平。

(2) 加强材料物资计量验收保管。在产、供、销和物资的收发、领退过程中都必须有准确的计量制度和完备的验收手续,包括对材料的提货、入库、出库的计量验收,以及对在产品、产成品的计量验收等,从而保证成本中的物资消耗部分获得如实反映,以便准确地计算成本,并对其进行合理的分析和考核。

(3) 建立健全有关成本的各项原始记录。原始记录是直接反映生产经营活动的第一次记录,在整个成本费用管理过程中,原始记录是最初的起点,是正确计算产品成本的依据,也是成本预测、成本计划的基础资料之一。原始记录是否健全,记载是否真实,在一定程度上也反映了企业的管理水平。因此,建立健全原始凭证的记录,是成本费用管理与分析的一项重要内容。在企业内部必须有严格的管理和审核制度,保证企业各环节对产品产量、质量、工时消耗、物资领用和消耗、各项费用开支以及产品内部转移和产品入库等活动内容,都有详细的记录单记载,并且确定科学合理的填制方法和传递网络。

3. 正确划分各种费用支出的界限,保证成本计算的正确性

企业应遵循权责发生制以及成本与收入配比原则,划清以下几个界限。

(1) 收益性支出与资本性支出的界限。收益性支出是指与本年效益相配比的支出,即属于产品成本承担的料、工、费等。资本性支出是指与几个年度效益有关的支出,如购置固定资产的支出等,它不应一次计入产品成本,而应该逐年摊销该项支出。区分收益性支出与资本性支出,有利于保证资产价值和当期收益支出的正确性,准确地计算当期损益。

(2) 收益性支出与营业外支出的界限。营业外支出是与生产经营无关的其他支出,如非常损失、赞助支出等,这些支出与产品生产费用支出不同,属于经营无关支出,不能计入产品成本。

(3) 本期产品成本与下期产品成本的界限。权责发生制以及收益与支出配比原则,要求把本期产品承担的费用支出与下期产品承担的费用支出作为不同会计核算处理,即待摊和预提两种。凡应由本期负担而尚未支出的费用,应作为预提费用计入本期成本费用;凡已经支出而应由本期和以后各期负担的费用,应作为待摊费用,分期摊入成本费用。这种划分有利于企业的营业利润处于合理或平衡的状态。

4. 正确处理成本与产量、质量的关系,讲究全面经济效益

一般来说,产量与成本之间存在着一种正比关系,在一定范围或限度内,产量的增加可以降低单位产品的固定费用,因此合理的产量是降低产品成本途径的一个方面。当然,产量的增加必须与产品销售的可能性联系起来,无明确目标的生产增长,其带来的结果只能是浪费。

质量与成本之间一般也存在着一种正比关系，质量要求高，成本相应会上升，但销售的价格也会上升。企业要在产品的质量、成本、价格以及销售量之间权衡，力求取得最大的经济效益。

三、成本预测

成本预测是根据成本特性以及有关信息资料，运用定量分析和定性分析的方法，对成本水平及其变动趋势做出科学的测算和判断。它为企业的成本决策以及成本计划的编制提供数据和信息。

现代企业的生产规模不断扩大，工艺过程越来越复杂，生产过程中某一环节或某一短暂时期内的生产耗费一旦失去控制，都有可能给企业造成无可挽回的经济损失。因此，必须科学地预见生产耗费的程度和趋势，把握成本的发生状态，及时纠正可能出现的偏差。

尽管成本预测采用了一系列科学的方法，也基本能把握住成本变化的规律，但成本预测同其他预测（销售预测、资金需用量预测等）一样，由于是根据历史资料推测未来，因而存在不可避免的局限性，这种局限性体现在不准确性也即近似性这一点上。

（一）成本预测的程序

1. 确定成本预测的对象和目标

在进行预测之前，首先要明确预测什么，然后再根据预测的目标、内容和要求确定预测的范围。

2. 收集、整理成本预测所需的各类资料

根据确定的预测对象和目标，尽可能地收集与之有关的资料和数据。这些资料和数据有的可能来源于企业内部，有的可能来源于企业外部；有的可能是量化了的数据，有的可能则是非量化的资料。然后再对收集来的资料进行加工、整理、归纳和鉴别，去伪存真，有效利用。

3. 选择预测方法进行预测

预测必须通过一定的方法才能完成，无论是定性预测方法还是定量预测方法，预测方法的选择应考虑实际可用和准确程度。不考虑实际情况的方法，再复杂、再精致，其结果也可能是荒谬的。

4. 对预测结论进行分析评价，修正结论并得出最终结果

预测毕竟是一种推测和估计，预测结果和实际结果难免有一定的误差。但重要的是误差的大小，在预测之前应确定允许误差的范围，在预测之后要分析预测误差产生的原因，以便改进预测方法或补充数据资料，修正预测结论，最终得出预测结果。

(二) 成本预测的方法

1. 定性成本预测方法

定性成本预测方法是指通过调查研究，采用直观材料，依靠个人的经验和综合分析能力，对未来成本状况进行预测的一系列方法。定性预测方法的优点是简便，缺点是科学性差，以主观判断为主。这种方法适用于缺乏统计数据和原始资料，难以定量预测的情况。

（1）意见汇集法。意见汇集法也称主观判断法，它是由预测人员根据事先拟好的提纲，对那些对预测对象业务比较熟悉，对其未来发展趋势比较敏感的领导人、主管人员和业务人员开展调查，广泛征求意见，然后把各方面的意见进行整理、归纳、分析、判断，最后得出预测结果。

意见汇集法的优点在于可集思广益，费时不多，耗费较少，运用灵活，并且可以根据影响预测对象因素的情况变化，及时对预测数据进行修正改变。其缺点在于预测结果易受个人主观判断的影响，对一些专门问题不易深入，而且常会出现意见很不一致的情况，给预测带来困难。

（2）特尔菲法。特尔菲法又称专家调查法，于20世纪40年代由美国兰德公司首创。它主要采用通信的方法，通过向有关专家发出预测问题调查表的方式来搜集和征询专家们的意见，并经过多次反复及综合、整理、归纳各专家的意见以后，做出预测判断。特尔菲法的预测特点：一是保密性。针对预测项目先成立专家组（约15至20人），然后发信给每位专家征求意见，并要求他们独立做出判断，提出自己的书面意见，不与其他成员商量，互相保密，以防止彼此间产生心理干扰。二是反馈性。企业把各专家寄来的各种书面意见加以整理、归纳，然后反馈给每位专家，但不注明是谁的意见。要求他们参考别人的意见，修改自己的第一次判断，并在保密的情况下做出第二次判断。经过多次的反馈，专家们的意见趋向成熟。三是综合性。经过几次反复征求意见后，企业把最后一次的不同意见采用中位数、平均数或加权平均数的方法加以综合，得出预测结果。

特尔菲法的优点在于，各个专家可以各抒己见，调查单位可以了解各种不同的看法，分别告知各个专家，从而取长补短。对专家意见进行综合分析，有助于克服预测中的片面性。这种方法的缺点是时间可能拉得较长。

2. 定量成本预测方法

定量成本预测方法是根据成本的历史资料，通过一定的数学模型来预测未来成本状况的一类方法。这类方法主要有以下几种。

（1）比例推算法。比例推算法是利用生产耗费与企业有关重大经营活动指标之间的必然的依存关系，按被确认的报告期成本与这些指标比例推算预测期的成本水平。其计算公式如下：

$$某预测期产品成本 = \frac{已确认的预测期有关重大经营成果}{指标预测数} \times \frac{报告期的产品产量}{报告期有关重大经营成果指标}$$

比例推算法虽然立足于成本与某些经营成果指标之间的客观关系，但是历史的比例关系并非都处于可比状态，成本的变动也并非完全取决于某一经营成果指标的上升与下降。因此，比例推算法只能使成本预测处于一种大概估计的水平。

（2）回归分析法。回归分析法中最常用的是一元线性回归分析技术。它是根据线性方程：产品成本(Y) = 固定成本(a) + 单位变动成本(b) ×产量(X)，以及若干观察期（n），按最小二乘法的原理，通过确定一条能正确反映一个自变量 X 与因变量 Y 之间误差平方和最小的直线，即回归直线来进行预测的方法。

回归直线方程式 $Y = a + bX$ 中的常数项 a 与系数 b 的值，按下列联立方程计算：

$$\begin{cases} a = \dfrac{\sum Y - b \sum X}{n} \\ b = \dfrac{a \sum XY - \sum X \sum Y}{n \sum X^2 - (\sum X)^2} \end{cases}$$

（3）因素分析法。因素分析法是通过对影响成本各项因素的逐一分析来预测未来成本状况的。

四、成本决策

成本决策是指按照既定的目标，在成本预测的基础上，借助一定的手段和方法进行估算和判断，比较各种备选方案并从中选优的过程。

成本决策不仅是成本管理的重要职能，还是企业生产经营决策体系的重要组成部分。从提高经济效益的角度来看，成本决策具有重要意义。作为反映企业经济效益好坏的重要指标的利润，是销售收入减去成本后的余额，在销售收入既定的条件下，降低成本就成了提高企业经济效益的关键。成本越低，企业的经济效益就越好；反之，成本越高，企业的经济效益就越差。成本决策不仅是企业提高经济效益的迫切需要，而且是企业适应内外部环境条件的变化，在激烈的市场竞争中求得生存的必然要求。成本决策不仅是企业短期决策的重要组成部分，而且是长期经济决策的重要内容，如厂址的选择、新建与扩建，国内自制与国外引进等项目的成本决策。

成本决策在降低企业产品成本上主要有三条途径：一是设计阶段对产品结构和生产工艺的改革；二是合理组织生产；三是采取节约费用的措施。设计阶段的成本决策是十分重要的，有关资料表明：产品成本的70%左右是设计研制阶段确定的，产品投产后再要大幅度地降低成本就比较困难，除非更改设计。产品设计出来后，如何合理组织生产，对于降低产品成本同样有着很大的关系。如生产批量的大小，原材料的综合利用，零部件的加工顺序，厂内运输线路的合理安排等，对产品成本的高低都有很大的影响。另外,在生产过程中,如何节约各种费用,尤其是一些数额较大的费用支出,如外购零部件的支出、利息支出、人工费用支出等,也是降低成本的一条途径。

成本决策的类型有:确定型、非确定型和随机型。成本决策的方法有定量决策方法和定性决策方法两种。成本决策的内容包括:产品成本决策、质量成本决策等。

(一)成本决策的程序

1. 确定决策目标

成本决策的目标就是要求在生产经营活动中,资金耗费水平达到最低,所取得的经济效益最大。这是成本决策的总体目标。在某一具体问题上,可采取各种不同的形式,但总的原则必须是兼顾企业目前与长远的利益,并且要通过自身努力能够实现。

2. 广泛收集资料

确定成本决策目标后,应收集与进行该成本决策有关的所有成本资料以及其他资料。资料的真实性与准确性是决策是否可靠的基础。因此,收集的资料要求全面、客观、准确,以保证决策的科学有效性,避免错误决策给企业带来的损失。

3. 拟定可行性方案

成本决策的可行性方案是指保证成本决策目标实现,具备实施条件的具体措施。进行成本决策,应充分拟定多个可行性方案,才能从比较中择优。因此,一个成功的决策应该有一定数量和一定质量的可行性方案作为保证。在拟订方案时,要注意方案的全面完整性,也要关注方案之间的互斥性,全面准确地拟定出各种可行性方案。

4. 做出最优决策

选择合适的决策方法,确定合理的评价标准,对各种可行性方案在分析比较后进行筛选,最后得到一个最优的方案。方案选定后即可实施,对实施的方案还要根据实际发展进程和行动方案的比较,评价决策的质量,以便改进后续决策。

以上四个阶段互相联系、互相影响,并不是一次顺序完成的,下一个阶段常需返回到上一个阶段。例如,拟定可行性方案时发现资料不充分,便要再收集资料;选择最优方案时发现原设计方案不够理想,还要再修改、补充方案。

(二)成本决策的方法

1. 确定型成本决策

所谓确定型成本决策是指决策者对所决策的成本问题的未来发展有十分清楚的了解,其有关条件都能准确地列举,每种决策只可能有一种后果。因此这类决策过程并不复杂,只需从备选方案中选出最优。在企业的生产经营过程中,有关确定型成本决策常常被运用,如设备的更新决策、零部件的自制或外购决策、生产规模的决策以及产品设计和组织生产方面的成本决策等。

2. 风险型成本决策

所谓风险型成本决策是指决策者对未来的成本情况无法做出肯定的判断，但可判明其各种情况发生的概率。这类决策一般运用概率统计的原理进行分析，以最低期望成本作为决策准则。在风险型决策中，决策树技术被广泛运用。

五、成本控制

成本控制是指在企业的生产经营过程中，按照规定的成本标准对影响成本的各种因素加强管理，及时发现与预定的目标成本之间的差异，采取一定的措施以保证完成预定的目标成本，尽可能以最少的耗费，取得最大的成果。

由于成本涉及企业经营活动的方方面面，因此成本控制是企业整个经营活动中不可缺少的一个重要方面。凡是在成本形成过程中影响成本的因素，都应成为成本控制的范畴。对于某一产品而言，其成本控制包括：产品投产前的设计成本控制、产品投产后的实际发生成本控制、产品使用阶段的成本控制。因此，成本控制是一项范围广泛的工作，企业要搞好成本控制，必须建立成本控制责任体系，制定一整套管理制度，把成本控制工作落实到各部门、各车间和班组，并使其明确各自的权利、责任和义务，以保证成本计划的顺利执行。

（一）成本控制的形式

成本控制是企业成本管理中的一项重要内容，由于企业的生产特点不同，对成本管理工作的要求各异，因此成本控制的形式也多种多样。从不同的角度，可分为以下几类。

1. 成本的责任控制

成本的责任控制是指按成本内在的经济关系，在相互联系和密切合作的基础上，本着责任制的原则就成本控制工作在有关方面的合理分工。对任何企业来说，生产经营行为都是一个有机的整体，生产经营过程中的各种耗费也即成本的控制必须是一个有机的整体。在这个整体中，人人都有责任参与成本控制。根据股份制企业的管理模式，董事长和总经理应对本企业的生产经营效果负完全责任；总会计师协助总经理组织领导企业的成本控制；总工程师则协助总经理在生产技术方面采取有效地降低成本的措施。在此基础上，形成一个以财会部门为主体的，由各级和各部门共同参与的责任成本控制体系。该体系包括：

（1）企业各职能部门的控制责任。财会部门的控制责任包括：负责制定企业的成本管理制度，参与制定各项定额和厂内价格，编制财务成本计划并负责落实、检查和考核，组织成本核算，进行成本的预测、控制、监督和分析，指导所属基层单位的成本控制工作。生产部门的控制责任包括：负责制定生产定额，编制和落实生产作业计划，组织和调度生产等；技术部门的控制责任包括：负责制定和检查各项物资消耗定额，搞好产品设计，改进生产工艺，提高产品质量和产量，降低消耗。动力部门的控制责任包括：负责制定水、电、气等消耗定额，加强计量，降低消耗。劳动工资部门的控制责任包括：负责制定劳动定额，安排和改进劳动组织，严格执行有关规定，控制薪金支出等。其他如设备、统计、供销储运等部门都有相应的责任。

（2）生产车间的控制责任。它是在车间主任的领导下，以车间财会部门或人员为主体的分工协作管理。其主要任务是：根据本车间的承包指标或从厂部下达的成本指标编制成本计划，并向有关班组下达；从事车间成本的日常控制，节约费用开支；组织车间成本核算、分析、检查与考核；指导班组成本管理工作。

（3）班组的控制责任。它是在班组长的领导下，以班组核算员为主体的全班组的共同管理。班组核算员应根据车间下达的有关成本指标，结合实际情况制订生产、消耗和出勤计划，并分解落实到人；组织核算班组执行的各项指标；考核和分析计划指标的完成情况，不断总结经验，提高成本管理水平。

2. 成本的目标控制

目标成本控制是一项已被广泛运用的成本控制制度。这种制度让企业全体职工共同参与制定企业目标和各级分目标。然后在目标的实施中实行自我控制，从而在企业目标实现的同时使职工在工作中得到自我满足。目标成本控制的基本内容有：

（1）目标成本的制定。这是目标成本控制的前提和基础。在充分分析和研究本企业实际情况的基础上，可用以下两种方法确定目标成本：一是选择某一先进成本作为目标成本；二是先确定目标利润，从产品销售收入中减去目标利润，就是目标成本。

（2）目标成本的分解落实。成本是一项综合性的指标，为保证目标成本的实现，必须使每一项具体措施落实到各部门、车间、班组甚至个人，做到措施具体，目标明确。

（3）目标成本的控制与考核。推行目标成本必须从各个环节加强控制、降低消耗、压缩费用，以期完成预期的任务。一定时期终了，企业应以财会部门为主成立考评小组，实行奖惩措施。

（4）目标成本的分析。企业考评小组就成本升降情况及其原因进行广泛的分析研究，总结经验，为更好地推行目标成本管理打下基础。

3. 成本的阶段控制

（1）成本的事前控制。它是指在产品投产前对影响成本的各项经济活动进行事前规划、审核，以确定目标成本，它是成本的前馈控制。成本的事前控制包括成本预测、成本决策和编制成本计划。

（2）成本的事中控制。它是指在成本形成过程中，随时与目标成本对比，发现问题采取措施予以纠正，以保证目标成本的实现，它是成本的过程控制。

（3）成本的事后控制。它是指成本形成之后，把日常发生的差异及其原因汇总起来进行分析研究，探索成本升降的原因，明确经济责任，为下一个成本循环的目标成本确定提出改进意见，以不断降低成本，提高企业经济效益，它是成本的后馈控制。

成本的事前控制主要是确定成本标准；成本的事中控制主要是围绕成本标准，一时一事对单项成本开支进行控制；成本的事后控制主要是分析考核，为改进下一期的生产经营做出贡献。

4. 成本项目的控制

（1）材料耗费的控制。材料耗费在产品成本中所占比重较大。对材料耗费的控制可从以下两方面进行：一是控制材料的消耗数量。具体来讲，可制定材料的消耗定额，实行定额控制；或者通过发行企业内部流通券的办法控制材料消耗。不管是哪一种做法，都需相应制定一系列的奖惩措施来予以保证。二是控制材料的单位成本价格。由于材料的单位成本是由材料的买价、运杂费、途中合理损耗、入库前的挑选整理费用等构成，因此控制中应把握材料的买价、途中运杂费及损耗、挑选整理费用，并通过积极寻求其他替代材料、回收残余料等方法降低材料的单位成本。

（2）控制人工耗费。人工耗费即工资费用，同样是产品成本的重要组成部分。控制人工耗费可从以下三方面着手：一是制定劳动定额和编制定员，控制工时消耗；二是编制工资基金计划，控制工资基金支出；三是提高劳动效率，降低单位产品的工资费用。

（3）控制制造费用。车间在组织生产经营过程中，必然会发生一定的制造费用，这些费用最终都要通过一定的方法分配到成本中去由各产品负担。制造费用的控制主要应抓住以下两点：一是制定费用定额和计划，并将其层层分解，逐步落实；二是控制制造费用的日常开支。

（4）控制管理费用和销售费用。管理费用多为固定费用，应按责任中心编制费用预算加以控制。对其中具有变动性的差旅费、运输费等，应考虑计划期间业务量可能变动的幅度，编制弹性预算加以控制。另外，要根据费用开支的具体情况，规定不同的审批权限和程序，严格控制管理费用的日常开支，并对费用预算或控制指标的执行情况进行及时反映和经常检查。对于销售费用的控制，一方面要控制好其绝对数额，对占销售费用比重较大的费用，如广告费等，必须按预算严格控制实际支出；另一方面还要进行相对费用控制，即要比较费用和收入之间的相对效益，从而真正达到控制成本的目的。

（二）成本控制的基本原则

1. 政策性原则

（1）质量和成本的关系。不能片面追求低成本而忽视产品质量。

（2）国家利益、企业利益和消费者利益的关系。降低成本从根本上来说对国家、企业和消费者三者都是有利的，但是如果在成本控制过程中采用不适当的手段损害国家和消费者的利益，则是极端错误的，应予以避免。

（3）当前利益与长远利益的关系。不能为了片面地降低成本而拼设备，加班加点拼产量，不顾企业的长期发展。

2. 全面性原则

由于成本涉及到企业的方方面面，因此成本控制要进行全员控制、全过程控制、全方位控制。

3. 分级归口管理原则

企业的成本目标要层层分解、层层归口、层层落实，落实到各部门、各车间、各工段、各小组甚至各个人，形成一个成本控制系统。一般来说，控制范围越小越好，因为这样可使各有关责任单位明确责任范围，使成本控制真正落到实处。

4. 责权利相结合原则

落实到某一部门、车间、小组或个人的目标成本，必须与其责任大小、控制范围相一致，否则控制就不可能产生积极的效果。同时，为了充分调动控制者的积极性，应将成本控制的好坏与奖励的大小结合起来。

5. 例外管理原则

例外管理原则是成本效益原则在成本控制中的体现。成本控制所产生的效益必须大于因进行成本控制而发生的耗费，如建立成本控制系统的耗费、保证成本控制系统正常运转的耗费。企业实际发生的费用，不可能每一项都和预算完全一致，分文不差。如果不管成本差异的大小，都要予以详细记录，查明原因，将不胜其烦。因此根据成本效益原则，成本控制应将精力集中在非正常的、金额较大的例外事项上。解决了这些问题，就等于解决了关键问题，目标成本的实现就有了可靠的保障，成本控制的目的也就实现了。但由于不同企业生产经营特点不同、经营规模不同，因此构成例外原则的具体标准也不同。

六、标准成本控制

标准成本控制是指预先确定标准成本，在实际成本发生以后，将实际成本与标准成本相比，用来揭示成本差异，并对成本差异进行因素分析，据以加强成本控制的一种成本控制方法。

（一）标准成本的概念

标准成本是通过精确的调查、分析与技术测定而制定的，用来评价实际成本、衡量工作效率的一种预计成本。在标准成本中，基本上排除了不应该发生的"浪费"，因此被认为是一种"应该成本"。标准成本和估计成本同属于预计成本，但估计成本不具有衡量工作效率的尺度性，主要体现可能性，供确定产品销售价格使用。标准成本要体现企业的目标和要求，主要用于衡量工作效率和控制成本，也可用于存货和销货成本计价。

在实际工作中，标准成本有两种含义：一是指单位产品的标准成本，它是根据单位产品的标准消耗量和标准单价计算出来的；二是指实际产量的标准成本，它是根据实际产品产量和单位产品成本计算出来的。

标准成本按其制定所依据的生产技术和经营管理水平，可分为理想标准成本和正常标准成本两种。

1. 理想标准成本

理想标准成本是指在最优的生产条件下，利用现有的规模和设备能够达到的最低成本。制定理想标准成本的依据是理论上的业绩、生产要素的理想价格和可能实现的最高生产经营能力利用水平。这里所说的理论业绩标准是指在生产过程中，毫无技术浪费时生产要素消耗量、最熟练的工人全力以赴工作、不存在废品损失和停工时间等条件下可能实现的最优业绩。而生产要素的理想价格是指原材料、劳动力等生产要素在计划期间最低的价格水平。最高的生产经营能力利用水平是指理论上可能达到的设备利用程度。所以，理想标准成本是一个完美无缺的目标，它揭示了实际成本下降的潜力，但因其提出的要求过高，不能作为考核的依据。

2. 正常标准成本

正常标准成本是指在效率良好的条件下，根据下期一般应该发生的生产要素消耗量、预计价格和预计生产经营能力利用程度制定出来的标准成本。在制定这种标准成本时，把生产经营活动中一般难以避免的损耗和低效率等情况也计算在内，使之切合下期的实际情况，成为切实可行的控制标准。这是一种经过努力才能达到的成本，以它作为标准可以调动职工的上进心。

由于正常标准成本既具有科学性和客观性，又具有现实性和激励性，因而在实践中被广泛采用。

（二）标准成本的制定

制定标准成本通常先确定直接材料和直接人工的标准成本，其次确定制造费用的标准成本，最后确定单位产品的标准成本。在制定时，无论是哪一个成本项目，都需要分别确定其用量标准和价格标准，两者相乘后得出成本标准。

用量标准包括单位产品材料消耗量、单位产品直接人工工时等，主要由生产技术部门主持制定，吸收执行标准的部门参加。

价格标准包括原材料单价、小时工资率、小时制造费用分配率等，由会计部门和其他部门共同研究确定。

1. 直接材料标准成本

直接材料的标准消耗量，是用统计方法、工业工程法和其他技术分析方法确定的。它是在现有技术条件下生产单位产品所需的材料数量，其中包括必不可少的消耗，以及各种难以避免的损失。

直接材料的价格标准，是预计下一年度实际需要支付的进料单位成本，包括发票价格、运费、检验和正常损耗等成本，是取得材料的完全成本。

2. 直接人工标准成本

直接人工的用量标准是单位产品的标准工时。确定单位产品所需的直接生产工人工时，需要按产品的加工工序分别进行，然后加以汇总。标准工时是指在现有生产技术条件下生产单位产品所需要的时间，包括直接加工操作必不可少的时间，必要的间歇和停工，如工间休息、调整设备时间，以及不可避免的废品耗用工时等。标准工时应以作业研究和工时研究为基础，参考有关统计资料来确定。

直接人工的价格标准是指标准工资率。它可能是预定的工资率，也可能是正常的工资率。如果采用计件工资制，标准工资率是预定的每件产品支付的工资除以标准工时，或者是预定的小时工资；如果采用月工资制，需要根据月工资总额和可用工时总量来计算标准工资率。

3. 制造费用标准成本

制造费用的标准成本是按部门分别编制，然后将同一产品涉及的各部门单位制造费用标准加以汇总，得出整个产品制造费用标准成本。

各部门的制造费用标准成本，分为变动制造费用标准成本和固定制造费用标准成本两部分。

（1）变动制造费用标准成本。它由数量标准和价格标准组成。变动制造费用的数量标准通常采用单位产品直接人工工时标准，它在直接人工标准成本制定中已经确定。有的企业采用机器工时或其他用量标准。作为数量标准的计量单位，应尽可能与变动制造费用保持较好的线性关系。变动制造费用的价格标准是每一工时变动制造费用的标准分配率，它是根据变动制造费用预算和直接人工总工时计算求得，其计算公式为：

$$变动制造费用标准分配率 = \frac{变动制造费用预算总额}{直接人工标准总工时}$$

确定数量标准和价格标准后，两者相乘即可得出变动制造费用标准成本。各车间变动制造费用标准成本确定之后，可汇总出单位产品的变动制造费用标准成本。

（2）固定制造费用标准成本。它也由数量标准和价格标准组成。固定制造费用的用量标准与变动制造费用的用量标准相同，包括直接人工工时、机器工时、其他用量标准等，并且两者要保持一致，以便进行差异分析。这个标准的数量在制定直接人工用量标准时已经确定。固定制造费用的价格标准是其每小时的标准分配率，它根据固定制造费用预算和直接人工标准总工时来计算求得，其计算公式为：

$$固定制造费用标准分配率 = \frac{固定制造费用预算总额}{直接人工标准总工时}$$

确定了用量标准和价格标准后,两者相乘,即可得出固定制造费用标准成本。各车间固定制造费用标准成本确定之后,可汇总出单位产品的固定制造费用标准成本。

标准成本一经确定,应就不同种类、不同规格的产品编制标准成本卡,作为编制预算、控制和考核的依据。标准成本卡应分车间、分项目反映单位产品标准成本及其所依据的材料、工时的用量标准和价格标准、工资率、制造费用分配率等。表6-1 为某一产品的标准成本卡。

表6-1　　　　　　　　　　　　　标准成本卡

成 本 项 目	用量标准	价格标准	标准成本
直接材料: 　　甲材料 　　乙材料 　　合　　计	3.5千克 2千克	20元/千克 50元/千克	70元 100元 170元
直接人工: 　　第一车间 　　第二车间 　　合　　计	2小时 4小时	8元/小时 12元/小时	16元 48元 64元
制造费用: 　　变动费用(第一车间) 　　变动费用(第二车间) 　　合　　计 　　固定费用(第一车间) 　　固定费用(第二车间) 　　合　　计	2小时 4小时 2小时 4小时	20元/小时 15元/小时 10元/小时 8元/小时	40元 60元 100元 20元 32元 52元
单位产品标准成本总计			386元

(三)标准成本差异分析

标准成本是一种目标成本,由于种种原因,产品的实际成本会与目标成本不符。实际成本与标准成本之间的差额,称为标准成本差异,或称为成本差异。成本差异是反映实际成本脱离预定目标程度的信息。为了消除这种偏差,要对产生的成本差异进行分析,找出原因和对策,以便采取措施加以纠正。完整的差异分析包括三个步骤:首先计算差异的数额并分析其种类;其次,在此基础上进行差异调查,找到产生差异的具体原因;最后判明责任,采取措施改进成本控制。

成本差异包括直接材料成本差异、直接人工成本差异、变动制造费用差异和固定制造费用差异四个部分。其中,直接材料、直接人工和变动制造费用属于变动成本,其成本差异的分析方法基本相同;而固定制造费用属于固定成本,其成本差异分析方法与变动成本有所不同。对于变动成本,其实际成本的高低取决于实际用量和实际价格，标准成本的高低取决于标准用量和标准价格，所以其成本差异可归结为价格脱离标准造成的价格差异与用量脱离标准造成的数量差异两类。

成本差异 = 实际成本 − 标准成本
　　　　 = 实际数量 × 实际价格 − 标准数量 × 标准价格
　　　　 = 实际数量 × (实际价格 − 标准价格) + (实际数量 − 标准数量) × 标准价格
　　　　 = 价格差异 + 数量差异

实际成本超过标准成本所形成的差异，叫作不利差异、逆差或超支，用正数表示；实际成本低于标准成本所形成的差异，叫作有利差异、顺差或节约，用负数表示。

1. 直接材料成本差异分析

直接材料成本差异是直接材料的实际成本与标准成本的差额。该差异形成的基本原因有两个：一是材料价格脱离标准；二是用量脱离标准。前者按实际用量计算，称为价格差异；后者按标准价格计算，称为数量差异。

　　　　材料价格差异 = 实际数量 × (实际价格 − 标准价格)
　　　　材料数量差异 = (实际数量 − 标准数量) × 标准价格

在一般情况下，直接材料不止一种，那么应就每种材料分别进行成本差异分析，然后加以汇总。

材料价格差异是在采购过程中形成的，不应由耗用材料的生产部门负责，而应由采购部门对其做出说明。采购部门未能按标准价格进货的原因很多，如供应厂家价格变动、未按经济采购批量进货、未能及时订货造成的紧急订货、采购时舍近求远使运费和途中消耗增加、不必要的快速运输方式、违反合同被罚款、承接紧急订货造成额外采购等，需要进行具体分析和调查，才能明确最终原因和责任归属。

材料数量差异是在材料耗用过程中形成的，它反映生产部门的成本控制业绩。材料数量差异形成的具体原因有许多，如操作疏忽造成废品和废料增加、工人用料不精心、操作技术改进而节省材料、新工人上岗造成多用料、机器或工具不适用造成用料增加等。有时多用料并非生产部门的责任，如购入材料质量低劣、规格不符也会使用料超过标准；又如工艺变更、检验过严也会使材料数量差异加大。因此，要进行具体的调查研究才能明确责任归属。

2. 直接人工成本差异分析

直接人工成本差异是指直接人工实际成本与标准成本之间的差额。它也被区分为"价差"和"量差"两部分。价差是指实际工资率脱离标准工资率，其差额按实际工时计算确定的金额，又称为工资率差异。量差是指实际工时脱离标准工时，其差额按标准工资率计算确定的金额，又称人工效率差异。

　　　　工资率差异 = 实际工时 × (实际工资率 − 标准工资率)

人工效率差异 =（实际工时 - 标准工时）× 标准工资率

需要注意的是，不同工种、不同级别的工资率不一定相同，如果生产某一种产品需经几个不同工种的加工，那么应就每个工种进行这样的成本差异分析，然后加以汇总。

工资率差异形成的原因包括：直接生产工人升级或降级使用、奖励制度未产生实效、工资率调整、加班或使用临时工、出勤率变化等。原因复杂而且难以控制。一般说来，应归属于人事劳动部门管理，差异的具体原因会涉及生产部门或其他部门。

直接人工效率差异形成的原因包括：工作环境不良、工人经验不足、劳动情绪不佳、新工人上岗太多、机器或工具选用不当、设备故障较多、作业计划安排不当、产量太多无法发挥批量节约优势等。它主要是生产部门的责任，但也不是绝对的，如材料质量不好也会影响生产效率。

3. 变动制造费用差异分析

变动制造费用的成本差异是指实际变动制造费用与标准变动制造费用之间的差额。它也可以分解为"价差"和"量差"两部分。价差是指变动制造费用的实际小时分配率标准，按实际工时计算的金额，它反映耗费水平的高低，故称为耗费差异。量差是指实际工时脱离标准工时，按标准的小时费用率计算确定的金额，它反映工作效率变化引起的费用节约或超支，故称为变动费用效率差异。

$$变动制造费用耗费差异 = 实际工时 \times \left(\frac{变动费用}{实际分配率} - \frac{变动费用}{标准分配率}\right)$$

$$变动制造费用效率差异 = \left(\frac{实际}{工时} - \frac{标准}{工时}\right) \times 变动费用标准分配率$$

变动制造费用的耗费差异是实际支出与按实际工时和标准费率计算的预算数之间的差额。由于后者是在承认实际工时是必要的前提下计算出来的弹性预算数，因此该项差异反映耗费水平即每小时业务量支出的变动费用脱离了标准。耗费差异是部门经理的责任，他们有责任将变动费用控制在弹性预算限额之内。

变动制造费用的效率差异是由于实际工时脱离了标准，多用工时导致的费用增加，因此其形成原因与人工效率差异相同。

4. 固定制造费用差异分析

固定制造费用的差异分析与上述变动成本差异分析不同，其分析方法有二因素分析法和三因素分析法两种。

（1）二因素分析法。二因素分析法是将固定制造费用差异分为耗费差异和能量差异。耗费差异是指固定制造费用的实际金额与固定制造费用预算金额之间的差额。固定费用与变动费用不同，不因业务量而变化，故差异分析有别于变动费用。在考核时不考虑业务量有变动，以原来的预算数作为标准，实际数超过预算数即视为耗费过多。其计算公式为：

固定制造费用耗费差异 = 固定制造费用实际数 – 固定制造费用预算数

能量差异是指固定制造费用预算数与固定制造费用标准成本的差异，或者说是实际业务量的标准工时与生产能量的差额用标准分配率计算的金额，它反映未能充分使用现有生产能量而造成的损失。其计算公式为：

固定制造费用能量差异 = 固定制造费用预算数 – 固定制造费用标准成本

$$= \left(\frac{生产}{能量} - \frac{实际产量}{标准工时}\right) \times 固定制造费用标准分配率$$

（2）三因素分析法。三因素分析法是将固定制造费用的成本差异分为耗费差异、效率差异和闲置能量差异三部分。耗费差异的计算与二因素分析法相同。不同的是将二因素分析法中的能量差异进一步分为两部分：一部分是实际工时未达到标准能量而形成的闲置能量差异；另一部分是实际工时脱离标准工时而形成的效率差异。其计算公式为：

$$固定制造费用闲置能量差异 = \left(\frac{生产}{能量} - \frac{实际}{工时}\right) \times 固定制造费用标准分配率$$

$$固定制造费用效率差异 = \left(\frac{实际}{工时} - \frac{标准}{工时}\right) \times 固定制造费用标准分配率$$

三因素分析法的闲置能量差异与效率差异之和，与二因素分析法中的能量差异数额相同。

固定制造费用的耗费差异主要是由于临时添置固定资产，超计划雇用管理人员和辅助生产人员，预提和待摊费用计入本期成本过高等原因引起的。固定制造费用的闲置能量差异主要是由于产品定价过高、经济不景气、材料供应不足等原因影响产销量而造成的。固定制造费用的效率差异与形成直接人工的效率差异的原因相同。不论哪一种差异，均需具体分析，才能恰当地落实责任而不失公正。

第二节 大地化工公司的目标成本管理案例

一、基本情况

大地化工公司是一家从事化肥生产、销售的大型国有企业，产品的主要品种是尿素。

看到财务处送来的公司上年度财务报表，总经理王强简直不敢相信，在上年每吨尿素售价增加 100 元、销售总收入增长 30% 的情况下，竟然发生亏损。仔细分析财务报表后，王强明白了发生亏损的原因。尽管上年每吨尿素售价提高了 100 元，但每吨尿素生产成本扣除原材料涨价因素后却增加了 300 元。同时，公司管理费用、财务费用、产品销售费用也有大幅度的上升。严峻的现实使公司决策层认识到，要提高公司经济效益，必须在拓宽市场、扩大销售的同时，强化内部管理，挖掘内部潜力，降低生产成本。

为了全面控制和降低生产成本，公司决定从本年开始实施"三全一严"的目标成本管理制度。它要求公司每项经济业务、每道生产工序、每项工作任务都必须讲求成本。要求成本管理不仅只限于对产品成本的管理，其内涵应当扩大到全员抓成本、全过程抓成本、全方位抓成本，并且还要做到严格考核，形成公司"三全一严"的成本管理体系。

（一）全员抓成本管理

在公司范围内不断向职工宣传教育，统一大家的思想，提高全体员工抓成本的自觉性和积极性，加强全员成本管理意识。具体措施为：采用模拟市场核算的办法，根据确定的目标利润倒推目标成本，再把目标成本层层分解形成 5000 多个成本指标，具体落实到公司领导、职能部门、车间主任、班组长、工种等具体岗位。做到人人头上有指标，人人参与成本管理。

（二）全过程抓成本管理

在全公司范围内，从项目设立、工程建设、原材料供应、产品生产、产成品库存到成品销售及服务的全过程都要制定成本管理的组织检查监督制度，并实施严格而有效的成本管理措施。具体表现在：在项目投资方面，紧紧围绕节能降耗、降低成本的要求来选项，并根据量力而行和"先进、经济、实用"的原则进行控制；在技术改造方面，紧紧围绕提高产量、质量，优化品种结构，对生产过程中的关键工序、薄弱环节进行有目标的技改，坚持走"增效—技改—再增效—再技改"的良性循环发展之路；在质量管理方面，强化质量管理意识，要求各单位、各职能部门各负其责，通力合作，增强质量效益观念；在生产能力利用方面，积极寻求市场，调整产品结构，充分利用现有生产能力；在日常管理方面，落实目标成本岗位责任制，提高职工对企业的向心力，推行成本否决制，使全体职工拥有在自己的岗位上为公司当家做主的权利、责任和义务，把市场的压力和风险细化为对内部各个环节和每个职工的压力和动力，使"厂兴我荣，厂衰我辱"的意识进一步深入人心，使全体职工与企业结成利益共同体，上下一致围绕降低成本、降低消耗，在各自的岗位上"八仙过海，各显其能"。

（三）全方位抓成本管理

紧紧围绕公司战略发展中制定的各项目标，上到公司，下到车间、工段班组，各级生产、技术、经营、政治宣传、生活服务等部门，都要贯彻"干什么、管什么、算什么"的原则，实行成本管理。特别是一般容易忽视的问题，如往来账款及时清理的问题、废品物资处理价格问题等都要进行成本管理。建立相应的奖惩落实措施，鼓励全体员工在一些细小环节上提出降低成本的合理化建议。实现企业"开源节流"的目的。

（四）从严进行考核

在建立了合理的成本管理制度和组织措施以后，成本管理工作是否有效其关键在于落实，落实是否彻底其关键又在于考核。考核能否坚持，核心在于奖惩是否落实，考核不细不严，奖惩不力或不能坚持，成本管理的措施都会落空。公司紧紧围绕"以人为本，严字当头，情义相融"的精神，先从严律己，后接受监督。制定严格的组织落实制度，建立成本分析例会制度，各被考核单位定期、不定期各自组织专题会议进行成本、费用项目分析，总结成本降低的经验，找出成本上升的原因，制定出相应的改进措施，确保公司总体目标的实现。在目标考核中，采取个人自我评价、民主评定、目标值测算等办法，既注意肯定成绩，又要找出不足之处，并将考核结果及时反馈给每个职工，让他们主动地总结经验，以便更具体地找到今后努力的方向，不断克服存在的问题。考核后对年度考核的结果进行重奖重罚。

才实施一年的"三全一严"目标成本管理制度已在大地化工公司收到了较好的成效。年底的考核结果表明，每吨尿素的生产成本扣除原材料涨价因素后比上年下降了390元，公司开支的办公费、招待费等管理费用减少了27%，本年在每吨尿素售价、销售总收入略有下降的情况下，公司仍实现盈利110万元。

二、案例分析

大地化工公司有效的成本管理措施使得公司在市场情况不利的背景下实现盈利。大地化工公司实施的"三全一严"的目标成本管理制度收到了很好的效果。

所谓"三全一严"是指全员抓成本、全过程抓成本、全方位抓成本和严格考核。"三全一严"是一种完善的成本管理体系。

1. 全员抓成本使得成本管理成为每个职工包括各级领导的自觉行动

成本管理和控制不只是生产部门的事。因为成本费用的形成是和各个不同的岗位紧密联系在一起的，每个岗位都对成本费用的形成或多或少地产生着影响。所以，只有某个部门或少数人参与的成本管理和控制是不可能起到好的效果的。只有将成本指标落实到各个部门和个人，才能够真正地控制成本。大地化工公司的全员抓成本正是体现了这样的思想。

2. 全过程抓成本使得成本管理成为日常生产经营过程中的基本活动

成本的形成表面上看主要在生产过程，但是成本的高低实际上在产品设计时就已经被决定了。如果设计不合理，"先天不足"，就很难在实施中得到纠正。所以，只有在形成产品的各个环节都注重降低成本才能产生预期的效果。大地化工公司的全过程抓成本符合这个基本规律。

3. 全方位抓成本使得成本管理成为各个部门的日常工作,保证了成本控制和管理的落实

企业的目标是盈利,各部门都要围绕这个目标开展工作。不管是政工部门还是生产部门或者是后勤部门都必须以企业目标为其工作的首要任务。所以,宣传部门要围绕成本管理制度发动、鼓动、激励职工,调动各方面的积极性降低成本费用。大地化工公司的全方位抓成本符合企业管理的一般规律。

4. 严格成本考核使得成本管理制度的执行有了保证,制度和措施需要检查和验证

如果只有制度、只有过程而没有结果会使得制度变成一纸空文。大地化工公司的严格成本考核措施有利于督促成本管理措施的全面贯彻执行,同时也调动了各方面的积极性。大地化工公司的"以人为本,严字当头"的管理措施是必需的。

三、问题探讨

1. 领导重视是成本管理措施制定、贯彻执行和落实的关键

许多制度在企业的各相关部门都可以制定,并且可以制定得很合理、很科学。但在执行中由于涉及不同的部门、不同的利益集团就会受到各种阻力,形成各种瓶颈。这些瓶颈需要企业的高层领导去打开。所以,领导重视是关键。

2. 目标成本的分解和制定同样重要

许多企业在成本管理中十分重视制定目标成本,但不重视成本目标的分解落实。事实上,目标成本制定后还必须有具体的部门或个人去完成。大地化工公司"把目标成本层层分解形成 5 000 多个成本指标,具体落实到公司领导、职能部门、车间主任、班组长、工种等具体岗位"给了我们很好的启示。

3. 开拓市场和内部挖潜应该并行

有人认为,只要拓宽了市场、扩大了销售,就能提高经济效益,而强化内部管理、挖掘内部潜力,降低生产成本,对提高经济效益影响不大。这种观点是片面的。只抓对外的市场而忽视内部管理不能取得完美的效果。企业应该"两手抓",一方面积极拓展市场,扩大销售,增加收入;另一方面还应该从内部节约费用,压缩成本。

第三节 兖州矿业集团东滩煤矿的管理费用控制案例

一、基本情况

管理费用是企业的一项主要支出。它一般包括办公费、差旅费和其他费用。如果一个企业的管理费用严重超支,就会阻碍企业生产经营成本的进一步降低。为了控制管理费用的支出,兖州矿业集团东滩煤矿依据集团公司的战略部署,制定了科学有效

的管理费用控制方法。

兖州矿业集团公司是整体改制的国有大型独资（约180亿元资产）公司。兖州煤业股份有限公司是一家境内外上市公司，主要从事地下煤炭开采、洗选加工及销售，资产总额达78.29亿元。兖州煤业是在亚洲金融危机中唯一一家在境外成功上市的中国国有企业。东滩煤矿是公司下属的六对生产矿井之一，位于兖州煤田中部的东面，东滩煤矿经营两个长壁工作面，其中一个工作面年产量连续五年在全国名列前茅。

东滩煤矿"家大业大"，管理费用也比较高，矿里决定采取有效办法，依据管理分工和权限，对管理费用按部门明确目标，巧妙控制。

（1）办公费用量大但支出较规范。首先，各职能科室依据企业总体计划，从基础工作入手，做好办公费用的计划管理工作。干部科重新对管理人员进行了定编定制，劳动工资科对各区队的工长重新进行了定员，财务科制定了厂人均办公费用定额。其次，各单位根据自己的费用总额掌握开支，节约自用，超支不补。如果本单位人员发生变化，需持干部科、劳动工作科的证明到财务科办理费用调整手续。

（2）出差费用根据不同类别进行分类管理，实行不同的控制方法。煤矿井下作业，劳动条件艰苦，工人伤病较多，对他们的及时疗养是企业对广大职工的爱护和企业主人翁的体现。但是，对于疗养人员不能无序管理，应有计划、分期分批组织疗养。为提高疗养效果和经济效益，对于外出疗养的人员，根据不同的疗养地点，实行不同的费用包干，节约自用，超支自负。每年财务科根据矿上的效益和成本负担情况，制定出疗养费用总额，包给矿工会。矿工会在此限额内安排疗养人员和疗养地点。通过采用这种方法，疗养费用比以前节约20万元。对于其他因公出差人员，财务科在年初根据不同科室的业务性质，测算其全年的出差费用总额，下达各区队科室承包使用，矿分管领导在各区队科室的可用费用限额内进行审批。实行节奖超罚，同时和分管领导考核挂钩。

（3）管理费用中其他费用支出项目繁多。首先，根据不同区队科室的性质，将其业务进行归类，预测每类业务需要的费用，汇总后承包给各个区队科室。其次，对于一些比较特殊的费用支出，本着具体问题具体分析的原则，计入各区队科室的承包数。承包数一旦下达后，一般不再调整。各费用承包单位严格按资金使用范围执行季度计划报批手续，在每季末25号前将下一季度的资金使用计划先报分管领导审批，再报财务科。在费用支付中，需签订合同的业务，经分管领导签字后按合同程序办理，对不报送计划的单位，财务科不得给予报销。

东滩煤矿对于复杂的管理费用，区分其管理控制的难易程度，各区队科室精打细算，巧妙地实施了行之有效的管理控制方法，收到了良好的效果。

二、案例分析

费用管理和成本管理性质不同,因此,管理和控制的方法也有所不同。东滩煤矿的管理费用管理主要做了以下工作。

1. 制订费用计划,进行总额控制

管理费用由于和部门科室的事务挂钩,具有一定的相对稳定性。这一点和产品生产成本不同。所以,管理费用的管理以预算控制为主。东滩煤矿的控制措施符合费用管理的规律。

2. 具体问题具体分析,实行分类管理

不同的部门事务不同,需要的经费也不一样。实行分类管理有利于保证各项事业的完成。如果实行"一刀切"的费用管理办法必将造成有的部门由于经费问题无法开展工作,而有的部门则会由于经费多余而铺张浪费。东滩煤矿的分类管理有效地保证了工作的开展,同时又控制了不必要的开支。

3. 严格考核和奖惩

东滩煤矿在成本管理中严格按预算执行,不突破预算,还将节约数与部门或个人挂钩,调动了部门和科室控制费用的积极性。

三、问题探讨

1. 授权批准制度的采用

管理费用应该在分类的基础上进行授权,只有授权批准的项目和开支才能够列报。授权批准有两种方式:一般授权和特殊授权。

(1) 一般授权。一般授权是指企业内部各级管理人员在其职权范围内,根据既定的预算、计划、制度等标准,对常规性的经济业务活动或行为进行的授权。

(2) 特殊授权。特殊授权一般涉及特定的经济业务处理的具体条件及有关具体人员,主要由管理当局通过对某些特殊经济业务逐个审批来进行授权控制。

企业要合理利用一般授权和特殊授权,对不同的费用项目采用不同的授权方法。这主要看费用开支的重要性和数额的大小。

2. 费用安排的增量预算与零基预算

费用预算可以采用增量预算或零基预算的方法。

增量预算是指在基期有关指标的基础上,结合预算期业务水平及有关措施,通过调整原有水平而编制的预算。比如,在上年的基础上加或减一定的百分比。增量预算比较简单,易于操作,但不能根据具体事物的变化及时调整。

零基预算是对预算收支以零为基点,对预算期内各项支出的必要性、合理性或者各项收入的可行性以及预算数额的大小,逐项审议决策从而予以确定收支水平的预算。零基预算比较科学并能够及时适应事物的变化,一般适用于不经常发生或者预算编制基础变化较大的预算项目。

思 考 题

1. 简述成本管理的内容。
2. 成本管理的要求有哪些？
3. 试述成本预测的程序和方法。
4. 成本决策的程序和方法如何？
5. 成本控制的形式有哪些？
6. 试述目标成本的制定和控制。
7. 试述标准成本控制及其方法。
8. 案例研究。

案例一：青海石油集团的成本控制网络

（一）基本情况

成本控制是市场经济条件下企业经营管理的一个关键点，而成本控制能否成功的关键又在于成本控制方式的有效性。青海石油运输（集团）公司为了实现有效的目标成本管理，使目标成本管理的各项指标落到实处，创建了一套富有特色的成本控制网络，在企业成本控制工作中取得了骄人的业绩。其经验告诉我们，坚持以成本控制为中心的生产管理，是企业走向市场获得成功的必由之路。

为适应市场经济的需要，青海石油运输（集团）公司在企业推行目标成本管理。把这一新的管理方法落到实处，重点是目标成本的控制。公司领导班子经过对自身的生产经营状况详细分析后认识到，进行成本控制，重点在于变动成本。因此，他们对公司的各项变动成本进行了进一步细分，并在此基础上健全全公司成本控制标准及控制网络，制定全公司目标成本管理考核细则。公司管理层为成本控制网络的构建及目标成本管理考核制定了"效益、责任、严格、全员、高标准"的基本原则，坚持在以效益为目标、以责任为约束、以全员为基础、以严格考核为保证、以高标准为工作要求的前提下，分解各项成本费用指标，以"统一控制，分权管理"为主要措施，通过"高目标，强激励"等具体手段，层层把关，重点控制。新的成本控制网络在实际操作中的主要做法是：

（1）立足于一个"效"字。成本控制，"效"字为先，因此，公司首先抓住了确定效益最佳化的单位产品目标成本这个重点。他们根据各单位成本构成的不同，把变动成本费用指标进行了细化分解，形成了 $Y = KX + C$ 的成本控制公式。按变动成本费用指标分解各个单项，依次控制相关成本项目。同时，强化全公司职工的成本控制意识，以成本控制完成效果决定职工的报酬。将职工的工资收入与成本紧密挂起钩来,"成本升一分钱,收入少一分钱",把成本指标同广大职工的切身利益联系起来。

(2) 落实一个"责"字。为了更好地实施成本控制,公司层层分解成本指标,形成多层次成本控制责任中心,建构起纵横上下、全方位、一体化的责任利益共同体。为把成本指标落到实处,他们建立了三级目标成本管理网络。在集团公司下达成本指标后,各公司进一步将构成运输成本的各项指标层层分解落实到车间、班组、单(机)车和个人,实行成本控制全员参与。并按所规定的流程审核各项成本费用,变"秋后算账"为"事前控制"。若实际成本超出目标成本控制指标而形成"负成本",则从职工的工资收入和奖金中扣减,真正形成了"成本重担众人挑,人人肩上有指标"的责任体系。人人当家理财,人人花钱算账,变专家"算账"为全员"算账",大大增强了集团公司全体员工的成本责任意识。

(3) 把握一个"严"字。绩效考核的严格和公正,是强化职工责任意识、调动职工劳动积极性的关键所在。因此,公司建立了系统、严密的考核制度,坚持对成本控制目标分级,逐个进行定期严格考评。例如,对各单位的油料消耗费用进行月度实时鉴定,对单位成本、油料费用等变化情况进行比较分析,及时发现问题,并及时处理。做到考核评价系列化、制度化,并坚决兑现奖罚承诺。在对全公司各单位目标成本管理的考核过程中,他们坚持"效益—成本"双考核制度,即在坚持效益优先的同时,突出成本的"负效益"因素,决不因经济效益的高低而掩盖其管理上的漏洞,对超支应扣罚的,决不手软,充分发挥经济杠杆的作用。

(4) 着眼一个"全"字。实行全方位的目标成本管理,使目标成本控制覆盖全体职工,渗透到每一个层级,延伸至所有领域。在具体操作上,他们坚决做到让目标成本管理具有全员性,除加强对全公司各生产单位目标成本的考核管理外,在公司各业务部门也全方位地开展了目标成本管理的各项工作,在对各业务科室的考核中,广泛实行了以经济量化指标和定性基本职责为主要内容的考核制度。

(5) 瞄准一个"高"字。向管理工作的高起点、高标准迈进,通过高质量的成本控制管理工作去获取更大的经济效益。精细化管理是管理工作的发展方向,高标准、高效益是管理工作追求的目标。因此,公司对每一项管理指标都以精确、科学为基础,以提高效益为目标。例如,他们组织有关技术人员对全公司主要 15 种车型的油料消耗定额进行科学的审定和修改,使油料消耗有了明显下降,达到石油运输系统的先进水平,减少了经济效益的隐性流失。

(二) 分析要点及要求
(1) 青海石油集团的成本控制网络是怎样的?
(2) 青海石油集团成本控制网络的主要特色是什么?
(3) 本案例中"效""责""严""全""高"分别代表了什么含义?
(4) 分析该公司成本控制得以成功的主要原因。

（三）问题探讨

青海石油集团的成本控制网络的有效建立给我们什么启示？

案 例 二

（一）资料

生产一种产品，预计单耗 5 公斤材料，预计材料单价 20 元/公斤，实际单耗 6 公斤，实际材料单价 18 元/公斤。

（二）要求

（1）分析单位产品直接材料成本差异；（2）本月预计产量 200 件，实际产量 220 件，分析直接材料总成本差异。

第七章 股利决策案例

第一节 理论概述

股利是股份公司向股东支付的报酬,不论是公司的管理层还是股东,通常都把它看作是一种与债权人所获得的利息相似的报酬,或者是对股东延迟消费的一种补偿。此外,股利往往也被看作是公司将其现有利润对股东的一种分配。

股票与任何一种其他形式的财产一样,其价值取决于由它可能产生的未来预期现金流量。除非发生收购、清算和股票回购等事件,现金股利是股票唯一可能产生的现金流量。因此,预期股利往往被看作是决定股票价格和权益资本成本的唯一因素。所以,通常情况下,管理层用来增加股东财富的最好方法就是在法律许可的条件下,向股东支付尽可能多的股利。但是这种做法可能会引起一系列问题。例如,如果公司发现了有利可图的投资机会,为满足投资需要并保持良好的财务状况而放弃现金股利支付是否有利于股东?同样,公司为了满足股利支付和投资机会所必需的资金需要是否要向公众投资者增发股票?而增发对象中可能包括的现有股东的态度又将如何?等等。那么,一个公司应如何制定其股利政策?股利政策的重要性究竟如何?这些就是本章要讨论的问题。

一、传统的股利理论与 MM 股利理论的比较

(一) 传统的股利理论

传统的股利理论认为现金股利不仅是股票价值最重要的决定因素,而且 1 元现金股利的价值要大于 1 元投资的价值。发放现金股利的公司的股票价值要大于不发放现金股利的公司的股票价值。这种观点的基础是"在手之鸟"要优于"林中之鸟"。传统的股利理论还隐含着这样一种结论:发放现金股利会降低资本市场对未来股利认知的风险水平,从而意味着用于贴现未来预期现金股利的折现率将会降低,所以股票的市场价格将会提高。

(二) MM 股利理论

1. MM 股利定理的内容

1961 年，米勒和莫迪里亚尼发表了一篇重要的文章，探讨了股利政策及其对股东财富的影响。

公司的管理者在发放股利时并不需要考虑他们自己。只要公司采纳了所有那些经正确的折现计算后其净现值为正的投资项目，股东的财富就会最大化，而个人股东则可以在其收入模式中通过借贷达到个人财富效用的最大化。

通过这一点，MM 定理进一步说明一个公司股票的价值并不受该股票所产生的预期股利模式的影响。当股东需要现金时，他们可以通过卖掉一部分股份获得现金。而那些宁愿把资金留在公司的股东在接受现金股利时，也可以用收到的现金在资本市场上购买额外的股份。

所以，MM 股利理论认为公司的股票价值与公司是否发放股利无关，而是完全取决于股东个人的投资行为。

下面的实例可以解释 MM 定理：

华邦公司净资产的现值为 500 万元。其中包括 100 万元的现金，准备投入一个预期现金流入现值为 200 万元的项目。假定公司的资本结构为 100 万普通股（无负债），公司实现该项投资，且不发放现金股利，公司股票的每股价值应为（500 万 + 200 万 – 100 万）/10 万 = 6（元）。如果公司将 100 万元的现金全部用于发放股利而不进行投资，公司股票的每股价值应为（500 万 – 100 万）/100 万 = 4（元），单位股份的持有人同时获得 1 元的现金股利。

显然，进行项目投资对公司的股东更为有利。如果公司既要投资于该项目，又要向股东支付 100 万元的现金股利（即用掉所有可用的现金），那么它就需要重新融资。假定公司保持资本结构不变，它需要发行价值相当于所支付的现金股利的新股。这样公司在进行项目投资和股利发放后的价值就为 500 万元，新股的发行价格就为每股 5 元（需要发行 20 万股以满足 100 万元的资金需求）。

这也意味着原始股东将通过股利发放获得每股 1 元的现金股利，同时因公司价值由未支付股利的每股 6 元下跌至支付股利后的每股 5 元而遭受每股 1 元的损失，总体来说，股利支付并没有引起股东财富的变化。

值得注意的是，只要公司进行新的投资，原始股份的价值就将提高到每股 6 元。如果不考虑公司支付股利的数量，个别股东可以选择他们需要多少股利。假定华邦公司不发放股利，一个持有 100 股股票的股东希望获得 60 元的现金，他就可以以每股 6 元的价格在股票市场上卖掉 10 股股票，以产生"自制股利"。相反，假定公司向股东发放每股 1 元的现金股利，同时增发 20 万新股筹集 100 万元的资金，那些不希望获取股利而愿意保持在公司投资的股东，可以用收到的现金股利购买新股以抵销发放股利对其在公司的投资额的影响。同样，一个持有100股股票的股东在获得100元的现金股利后，可以以每股5元的价格购买20股新股，使他在公司中的总股份增加到120股，其总价值为600元，相当于不发放股利时100股的价值。此外，当使用全部的现金股利购买新股时，原始股东的股权不会稀释，即购买新股前的股权比例（持有100万股中的100股）和购买新股后的股权比例（持有120万股中的120股）保持不变。

这个例子阐释了MM定理的核心即投资决策问题。任何留存收益，在满足所有的以股东投资的机会成本（权益资本成本）折现后净现值为正的投资需求后，都应该支付给股东，以保证他们寻求其他投资机会。这种股利发放政策被称为剩余股利政策。MM认为通过资本市场来评价两个仅仅是因为股利政策而导致差异的公司是不合理的。假如一个公司希望通过增发新股筹集资金以发放股利，对于个别不喜欢该公司股利政策的股东而言，他们可以以产生"自制股利"的方式来适应各自的口味，并因此抵销股利政策的影响。

总之，MM股利政策理论并没有明确指出股利的发放与否对公司价值的重要性。如果股东从未收到过现金股利或与他所持有股份相关的现金，那么这部分股东持有的股票的价值将为零。MM股利理论指出股利政策与公司的价值无关，只要公司的投资能使得所有的投资项目在用资本成本对项目的现金流量进行折现计算后的净现值为正，且这些项目的收入最终会以现金的形式支付给股东，那么，即使对一家在清算前从未发放过股利的公司而言，其股票的价值也不会低于那些发放正常股利的公司。这就是说，只要公司的经营与投资是盈利的，那么这些盈利是否以股利的形式支付给了其股东并不重要。

2. MM股利理论的假设

MM股利理论是建立在一定的假设基础上的，了解这些假设可以解释为什么MM股利理论在实践中往往不被接受的缘由。

（1）资本市场是无成本的。该假设假定不存在交易成本和任何其他障碍，对投资者而言，他们在实践中的行为和他们在理论中的预期一样。

这一假设与现实存在不相符合的情况。这一假设与现实情况之间的差异可以解释为什么MM上述命题会引发疑问。MM的观点认为：股东们可以自由地、无成本地通过卖出股票产生现金股利或买进股票抵销企业发放现金股利来进行股利收入的自行调整，但事实上，资本市场上的交易会发生相关的成本（如代理成本），而且这种成本可能会比较高。这使得股东收到现金股利与将部分股票出售变现并不能完全相互替代，它们不会完全相等。

（2）在资本市场上，证券定价是有效的。实证研究的结果也支持这个假设。该假设是必要的，否则，华邦公司在实施投资时其股票价值未必会每股增加1元，而在发放股利时其股票价值也未必会每股减少1元。

（3）公司在发行股票时没有任何成本。这个假设也是很难成立的。MM认为不发放现金股利和通过发行新股筹集资金并发放现金股利是等效的，但这在实践中并不正确。发行新股往往要涉及大量的法律和管理成本，而这也是在决定股利支付水平时要考虑的一个重要因素。

（4）不存在公司和个人所得税。这一假设也不现实，但它是否重要呢？从公司的角度来看，公司的税收负担并不独立于股利支付水平，因为股利支付来源于公司的应税利润。

从个人所得税角度看，最主要的问题就是股利收入和资本利得哪一个更具有税收优势。这主要取决于个人的收入和资本利得的水平。假设这两项收入都比较小时，股利收入和资本利得在税收优势方面的差异就不会很大；而当个人的收入和资本利得较大时，个人所得税和资本利得税就显得十分重要。但是当个人有很高的股利收入和资本利得水平时，股利收入和资本利得就很可能会课以相同的税率。

在英国，投资现象的特征之一就是机构投资者持有权益资本的现象在不断增加。其原因可能是像退休基金和养老保险基金这样的机构投资者在股利收入和资本利得方面是免税的。对这样的投资者而言，股利收入与资本利得就具有税收优势。但是，当公司的税收负担取决于与投资相关的资金性质时，情况就会变得复杂起来。从公司的角度来看，一些投资于不动产的投资者可能会比其他投资者具有税收优势，如对生产性厂房的投资可以获得税收减免，办公楼的投资就没有该项减免。

我们可以看出，如果公司的股利政策保持一定程度的稳定与一致时，MM的"无税收"假设可能就不那么重要了。当然，这个假设的缺陷还不足以影响MM股利理论。很显然，股票发行成本和交易成本的存在是会影响MM股利理论，但是我们还需要进一步解释为什么MM的分析并不能对现实状况进行合理的表述。

从以上的讨论中我们可以看出，如果考虑资本杠杆问题，我们很难判断传统理论和MM理论哪个更为正确。我们只能在大量实证研究的基础上，对这两种观点进行评论。

MM关于股利政策无关论的理论具有一定的可信度。MM的假设虽然不能令人完全信服，但这并不足以证明其结论也是无效的。应当强调的是，许多研究支持了MM关于股利水平与公司股票价值之间缺乏明确的相关关系这一结论。

从研究结果来看，股东的构成状况对企业的股利政策存在一定的影响。换句话说，某些股利政策总是吸引那些对这一政策感兴趣的投资群体。承认这一点，就很容易解释为什么公司的管理者并不愿意改变公司的股利支付水平。

只要投资者了解公司的股利政策，股利就不会影响公司股票的价值，MM的这一观点得到了一定的验证与支持。因此，最有效的方法可能就是把公司的股利政策告诉给投资者，以建立一种十分稳定的模式并且长期坚持这一政策。如果公司丧失了股利政策的一贯性，就可能导致投资者的不确定性，并且由于偏好不同会使现有的股东发生动摇。另外，股利政策的变动可能会导致较低的股价和较高的资本成本。这就意味着流动性在股利决策时并不是一个特别重要的因素，公司确保的就是要有充足的现金用于支付股利。

（三）简单的比较

传统的股利理论似乎缺乏必要的逻辑基础。股东认为1元现金的价值高于1元投资的价值意味着他们认为公司可能将把留存的现金用于较为不利的投资中（即净现值为负的项目）。但由于股东最终会分享公司投资项目的全部成果，所以只要公司投资的项目具有正的净现值，投资就会优于现金股利分派。所以，与传统的观点相比，MM股利理论对股利的认识看起来更符合逻辑一些。

二、公司股利政策的选择

（一）"股利政策重要"说

在实务中，有不少企业都认为股利政策是很重要的，其原因主要有以下几个方面。

1. 认为股利具有一定的信息内涵

这种观点认为公司发放股利水平的变动，对外界而言意味着新的信息传递。例如，股利发放水平的增加，可能是公司管理层对公司未来抱有信心的一种信号。

如果说这种观点是正确的，那么股利信号所传递的信息是否会随着股利政策的变化而变化呢？当然在公司的兼并中，不希望被兼并的目标公司的管理层所采取的策略之一就是增加公司的股利水平，这种做法可能就是希望能传递一种鼓励股东对公司未来充满信心的一个信号。

如果股利增加是一种信号传递的话，那么为什么公司管理层不能依靠公布其财务报表来传递相应的信息呢？其原因可能是：尽管公司财务报表所包含的内容要比增加股利多得多，但是管理层认为报表上的信息只是纸上谈兵，而发放股利才是更有力的语言。

在股利包含一定信息内涵假定的前提下，我们可以推断增加股利对资本市场上的股价会有积极影响。对这种现象的验证说明资本市场上并不具备强式效率。这是因为与公司管理者相关的信息并不能完全体现在公司股价中。

2. 股东构成影响

投资者都具有一定的投资偏好，比如他们总是选择一些适合自己的投资类型。投资者的偏好主要取决于他们个人的税收状况。一方面，边际所得税较高的股东可能喜欢持有那些股利支付水平较低的公司的股票；另一方面，可以免税的退休基金这样的机构投资者，需要正常的现金收入来满足退休基金持有者的支付需求，因此这类投资者可能喜欢持有那些股利支付水平较高的公司的股票。当然，一个投资者也可以卖掉他的股票来获得现金收入，但是这会产生交易费用。

假如存在股东构成的影响，那么就意味着一个公司至少会有一部分投资者因为喜欢这个公司的股利政策而购买它的股票。假如公司的股利政策缺乏一贯性，许多投资者就可能因为无法知道该公司的股利水平是否满足他们的偏好而卖出该公司的股票。一个公司的股票如果不受欢迎，就会对该公司的股票价格和资金成本产生不利的影响。即使对某一个公司而言，它的股利政策一直保持了较好的一贯性，但是目前经历了一个大的变动，那么那些对以前的股利政策情有独钟的投资者就会转而寻找在股利政策方面更适合他们的公司的股票。很可能，一个新的投资者总会寻找到他所喜欢的股利政策，但是股票在不喜欢这种股利政策的投资者和那些新投资者群体之间转让所产生的成本，会对股东产生不利的影响。不仅如此，当投资者心中对公司的未来没有信心时，对公司的股价也会有不利的影响。

3. 企业资金的流动性会影响其股利政策

对一个特定的公司，在特定的时间，其支付股利的水平在很大程度上要受可用现金数额的限制。如果无力支付股利会在资本市场上产生不利影响，那么企业无论何时确保有一部分可用现金会对增加股东财富有利，不管这些现金是借款还是通过其他渠道取得的。当然，这意味着企业可能要放弃一些好的投资机会。

4. 优先次序理论

在实际中，公司的行为往往显示出企业的股利政策和资本杠杆状况是联系在一起的。因为股利的支付会减少公司的留存收益，从而会对资本结构（即杠杆水平）产生影响。

优先次序理论涉及筹资成本以及可用于投资的资金等方面的内容，它认为：留存收益没有筹资成本，比如它不存在发行成本；而通过企业外部筹集资金则成本较高；债务融资的成本相对较低，尤其是从银行或金融机构取得的定期借款更是如此；相比而言，权益资本的发行成本相对较高，尤其是向广大公众发行股票更是如此。

所以，优先次序理论认为公司应当首先从经营利润中提取资金用于满足投资的需要。只有在公司的留存收益不能满足资金需求时，公司才会考虑债务融资；债务融资仍不能满足资金需求时，才会考虑通过发行新股进行权益融资。这样的结果就会鼓励公司保持较低的负债水平，同时，由于投资会对现金产生一定的需求，公司会保持较低的股利支付水平。

（二）影响公司股利政策的因素

在实际中，股份公司是非常重视其股利政策的。公司在确定其股利分配政策时，除考虑理论分析的一些结论之外，也要考虑诸多实际因素的影响。

一般地，影响公司股利分配政策的主要因素有以下几个方面。

1. 经营过程中存在的各种约束

公司在确定其股利政策时,首先要考虑在经营过程中面临的各种不同的约束。这些约束包括以下三个方面:

(1) 契约约束。这是指公司在经营过程中与其他方面的利益相关人已制定的有关契约对股利发放形成的约束。比如,公司在借入长期债务时,债务合同对公司发放现金股利可能会有一定的限制,如对每股现金股利最高数额进行限制,或对发放现金股利时公司的流动比率、速动比率、利息保障倍数等重要财务指标的最低数额进行限制等。另外,如果公司同时发行优先股,优先股也会对公司普通股股利的发放有所限制。公司的股利政策必然要满足这些契约的约束。

(2) 法律约束。为了维护有关各方的利益,各国的法律通常都对公司的利益分配顺序、资本充足性等方面有所规范,公司的股利政策必须符合这些法律规范。

(3) 现金充裕性约束。公司发放现金股利必须要有足够的现金。如果公司没有足够的现金,则其发放现金股利的数额必然要受到限制。

2. 公司的投资机会

如果公司的投资机会多,对资金的需求量大,则公司很可能会考虑少发现金股利,将较多的利润用于投资和发展;相反,如果公司的投资机会较少,资金需求量小,则公司有可能会多发现金股利。因此,公司在确定其股利政策时,需要对其未来的发展趋势和投资机会做出较好的分析与判断,以作为制定股利政策的依据之一。

从企业的生命周期来看,处于上升期的企业投资机会多,资金需求量大,因此其股利分配额通常较低;而处于成熟期或衰退初期的企业,投资机会减少,资金需求量降低,但其利润相对较为丰厚,资金较为充裕,因此其现金股利分配额通常相对较高。

3. 资金成本

股份公司应保持一个相对合理的资本结构和资金成本。如果公司的股利政策选择不当,将导致公司的资本结构失衡,资金成本上升。因此,公司在确定股利政策时,应全面考虑各种筹资渠道、资金来源的数量大小和成本高低,使股利政策与公司理想的资本结构和资金成本相一致。

4. 偿债能力

偿债能力是股份公司确定股利政策时要考虑的一个基本因素。现金股利分配要支付现金,而大量的现金支付必然会影响企业的偿债能力。因此,公司在确定现金股利分配额时,一定要考虑对公司偿债能力的影响,要保证在支付现金股利之后仍能保持较强的偿债能力,以维护公司的信誉与较强的举债能力。

5. 信息传递

如前所述,股利分配是股份公司向外界传递关于公司财务状况和未来前景的一条重要渠道。公司在确定股利政策时，必须考虑外界对这一政策可能产生的反应。

6. 对公司的控制

如果公司股东和管理人员较为看重股东对公司的控制权，则该公司可能不大愿意发行新股，而是更多地利用公司的内部积累。这一类公司的现金股利分配额就会较低。

(三) 股份公司的股利政策

在经营实践中，股份公司要综合考虑各种因素来确定自己的股利政策。公司可以采用的股利政策通常有以下几种。

1. 剩余股利政策

一般来说，公司的股利政策要考虑公司投资活动的资金需要。剩余股利是以首先满足公司资金需求为出发点的股利政策。根据这一政策，公司通常按以下步骤确定其股利分配额：

(1) 确定公司的最佳资本结构；

(2) 确定公司下一年度的资金需求量；

(3) 确定按照最佳资本结构，为满足资金需求所需增加的股东权益数额；

(4) 将公司税后利润首先满足公司下一年度的投资增加需求，剩余部分用来发放当年的现金股利。

按照剩余股利政策，公司每年的股利分配额是变化不定的，有时差距会很大。

2. 稳定股利政策

这一政策要求公司各年发放的现金股利额保持稳定或稳中有增的态势。这一政策以确定的现金股利分配额作为利润分配的首要目标优先予以考虑，一般不随资金需求的波动而波动。这种股利政策有以下两点好处：

(1) 这种股利政策可以给股票市场与公司股东一个稳定的信息。甚至当公司的利润下降时，由于公司的现金股利保持稳定，人们对公司的信心也会相对保持稳定，要比现金股利额下降时强。在这种情况下，公司管理当局通过这一股利政策向外界传达的是这样一种信息："公司的状况并不像利润下降所表现的那样差，公司有能力改变这种状况，有能力保持股东应得的收益。"当然，这种情况需要公司有足够的现金量来维持。

(2) 这种股利政策有利于吸引那些希望将公司的股利作为其稳定收入来源的现行股东和潜在股东。

采用这种股利政策时，要求公司对其未来的支付能力做出较好的判断。一般来说，公司确定的稳定股利额不应当太高，要留有余地，以免造成公司无力承担其现金支付的情况。

3. 固定股利率政策

这一政策要求公司每年按固定的比例从税后利润中支付现金股利。从企业支付能力的角度来看，这是一种真正稳定的股利政策。但这一政策可能会导致公司股利分配额的频繁变化，给外界传递一种公司不甚稳定的信息，所以通常很少有公司愿意采用这种股利政策。

4. 正常股利加额外股利政策

这种政策也称为"低股利加额外分红"政策。按照这种政策，企业除了每年按一个固定的股利额向股东发放正常股利之外（这个固定的股利水平通常较低），还会在企业盈利较高、资金较为充裕的年度向股东发放高于一般年度的正常股利额，其高出的部分即为额外股利。

这种类型的股利政策一方面为企业确定现金股利发放额提供了一定的灵活性，特别是那些利润和资金需求浮动范围较大的企业更是如此，企业可以设定一个较低的正常股利额，以保证企业在一般年度有足够的支付能力支付现金股利；另一方面，当企业的盈利水平较高或资金需求较低时，企业又可以额外支付一部分现金股利，以增加股东的现金收入。

5. Lintner（林特纳）模型

John Lintner 曾于 1956 年提出过一个关于公司股利分配的模型，认为公司股利与下面的四个因素有关：

（1）公司对"股利与收益比"确定了一个长期目标值，公司的股利与这个值的大小相关。

（2）公司股利分配的变化与公司长期盈利能力相关。

（3）与公司管理人员对股利增减变化的态度有关。比如，公司管理人员可能不愿意现金股利在增加之后又减少，不愿意看到一种不稳定的状况。

（4）与公司管理人员是否更重视现金股利变化的相对值而不是绝对值有关。

基于这四个相关因素，Lintner 提出了相应的股利分配模型：如果公司确定了"股利与收益之比"的一个长期目标值，则下一年度的股利分配额 DIV 应等于下一年度每股收益 EPS 的一个常数比例，即

$$DIV_1 = 目标股利 = 目标比例 \times EPS_1$$

两年之间的股利变化幅度为：

$$DIV_1 - DIV_0 = 目标股利变化额 = 目标比例 \times EPS_1 - DIV_0$$

由于公司管理人员不愿意减少下一年度的股利发放额，当公司的收益情况发生变化时，公司通常只对其股利发放额做较小的调整。因此，实际股利发放变化额为：

$$DIV_1 - DIV_0 = 调整率 \times 目标股利变化额$$
$$= 调整率 \times (目标比例 \times EPS_1 - DIV_0)$$

从公式中可以看出：公司越是不愿意改变其股利发放额，所确定的调整率就越低。当调整率为零时，公司采用的就是固定股利额政策；当调整率为 1 时，公司采用的就是固定股利率政策。

由于股利政策具有重要的信息传递作用，对公司股票价格和投资者对公司未来发展的信心有很大的影响，所以，大多数美国的股份公司都非常重视公司股利政策的制定与现金股利的发放。总体来看，美国的股份公司采用的大多是稳定的股利额政策。即使是在公司的税后利润变化起伏较大的情况下，公司的现金股利也会呈现增长的态势。在这种情况下，公司的现金股利率通常就会出现较大的波动与震荡。

三、股利的种类及发放程序

（一）股利的种类

股利的支付方式比较多，常见的有以下几种。

1. 现金股利

现金股利是公司以现金的形式向股东发放股利，这是最常见的股利形式。现金股利发放的多少主要取决于公司的股利政策和经营业绩，此外，公司是否有足够的现金准备也是现金股利发放的重要决定因素之一。

2. 财产股利

财产股利是用现金以外的资产支付股利。具体有：

（1）实物股利。以实物资产或实物产品作为股利发给股东，多用于额外股利的发放形式。但是，这种形式在实务中很少被采用。

（2）证券股利。以公司所拥有的其他企业的有价证券，如债券、股票等，作为股利支付给股东。

3. 负债股利

负债股利是公司以负债形式支付的股利，具体又有公司应付票据和公司债券两种形式。负债股利只是公司在已宣布并必须立即发放股利而货币资金又不足时采用的一种权宜之策，因为未来公司还是要向股东支付现金的。

值得注意的是，财产股利和负债股利在我国公司实务中很少被采用，但并非为我国法律所禁止。

4. 股票股利

股票股利是公司以发放的股票作为股利支付的方式，在我国常被称为送红股，是指公司将本年的利润留在公司里，而分配给投资者一定的公司股票作为股利，使投资者所持股票增加而获得投资收益。

当公司面临扩大再生产或投资新领域时，希望能保留所有的盈利作为投资的资金来源，但又得考虑向股东发放股利，这时公司往往会采用股票股利的方式，这样可使公司留存大量的现金用于再投资，有利于公司长期发展。同时，发放股票股利会向投资者传递公司将会继续发展的信息，从而可以提高投资者对公司的信心。但是，股票股利也有其负面影响，一是发放股票股利的费用比现金股利大；二是发放股票股利有时也会被投资者认为是公司资金周转不灵的征兆，从而对公司的经营前景产生怀疑。此外，对于一直奉行稳定股利政策的公司，因发放股票股利而扩张了股本，如果以后继续维持原有的股利水平，势必会增加未来的股利支付，加重公司未来的财务负担。

5. 股票回购

股票回购是指公司按一定的程序购回发行或流通在外的本公司股票的行为。如果公司手中有多余的资金，而又没有良好的投资机会时，可以考虑用这部分多余资金买回公司股票，公司收回了部分股票，发行在外的股票股数就相应减少，每股收益势必提高，从而导致公司股票价格上涨，由此所带来的资本收益就可以代替股利收入，作为投资者的投资回报。所以股票回购也被认为是支付股利的方式之一，是现金股利的一种替代方式。当然，在公司财务运营实务中，股票回购还可以有许多其他更重要的作用。例如，在公司股票价格偏低时，股票回购可以减少公司流通在外的股票数量，提高股票价格；在公司调整资本结构时，股票回购可以提高公司负债率，降低企业综合资本成本；股票回购还可以消除潜在的被控制的威胁。

在西方国家，公司回购的股票一般作为库藏股票处理。而我国的法律则规定，除非为减少公司注册资本而注销股份，或者与持有本公司股票的其他公司合并，公司不得购回本公司的股票，不得拥有库藏股。

当然，股票回购也有其负面作用。例如，有些公司可能利用股票回购来进行股价的操纵，损害投资者的利益；股票回购也会减少公司的权益资本，削弱公司对债权人利益的财产保障。

（二）股利的发放程序

公司分配股利必须遵循法定的程序，一般是先由董事会提出分配方案，然后提交股东大会决议通过才能进行分配。股东大会决议通过分配方案之后，公司要向股东宣布发放股利的方案，并确定股权登记日、除息日和股利发放日。这几个日期对分配股利是非常重要的。

1. 宣布日

宣布日就是公司董事会宣布发放股利的日期。董事会在宣布分配方案的同时，要公布股权登记日、除息日和股利发放日。我国上市公司一般是一年发放一次或两次股利，即在年末和年中分配。在西方国家，股利则通常是按季度支付。

2. 股权登记日

股权登记日是有权领取本期股利的股东资格登记的截止日期，也称为除权日。规定股权登记日是为了确定股东能否领取股利的日期界限。股票是经常流动的，所以确定这样一个股权登记日是非常必要的。只是在股权登记日这一天登记在册的股东才有资格领取本期股利,而在这一天之后登记在册的股东,即使持有在股利发放日之前购买的股票,也无权领取本次分配的股利。

3. 除息日

除息日是指除去股利的日期,即领取股利的权利与股票分开的日期。按照证券业的惯例,一般在股权登记日后的第四个交易日为除息日,在除息日之前购买的股票,才能领取本次股利;在除息日当天或以后购买的股票,则不能领取本次股利。规定除息日主要是因为股票的买卖交易之后,需要一定的时间办理股票过户手续,股权登记日之前几日内购买的股票,股利发放公司难以及时地得到股票所有权已经转让的通知。除息日对股票的价格有明显的影响,在除息日之前,股票价格中包含了本次股利;而在除息日之后,股票价格中不再包含本次股利,所以股价会下降。但是,现代先进的计算机交易系统为股票的交割过户提供了快捷的手段,在实行"T+0"交易制度下,股票买卖交易的当天即可完成交割过户手续,这种情况下,股权登记日的次日(指工作日)即可确定为除息日。

4. 股利发放日

股利发放日也称付息日,是公司将股利正式发放给股东的日期。在这一天,公司可以通过结算登记系统将股利直接打入股东的资金账户,由股东向其证券代理商领取股利。

第二节 高额派现股利政策案例

一、基本情况

A公司近年来,除了取得优良的经营业绩之外,最引人注目的是每年都有丰厚的现金分红。在引进第一条卤素灯生产线并成为该行业的龙头老大后,其经营业绩一直很好。公司上市之前,抢先推出汽车灯、摩托车灯,使其经营业绩进一步增长。并在本年增发5 500万股,融资6.67亿元人民币,用于新一代高科技"绿色照明"T8、T5高效节能荧光灯等九个项目。采取了"每10股送5股派现3元"的股利政策后,一直维持高额派现的股利政策不变。本年公司公布派发现金股利总额约为1.1亿元人民币。真金白银回报股东使公司受到投资者的青睐,股价一路平稳上升,成为深沪两市的老牌绩优股。

二、案例分析

1. 我国资本市场存在大量偏好现金股利的投资者

尽管税收差异论认为股利由于高于资本利得的税率而使投资者回避它,但不可否认总存在一些投资者对现金股利有很强的偏好。其主要原因有:

（1）我国股利收入按20%的税率征收个人所得税，对于广大中小投资者来说，他们支付的税款不多，因此，就不关心股利支付在税收上的不足。美国个人所得税占全部税收收入的70.30%，而我国同时期只有2.60%，一方面所得税比例过低，另一方面在征收过程中以税源扣缴为主，纳税人主动申报的不多，这样造成纳税人的纳税意识淡薄，所得税很难起到调节投资者行为的作用。

（2）投资者需要股利支付的现金流量，于是给予现金股利很高的评价，从而有利于公司价值的上升。

（3）股票市场的流动性偏好。这一方面降低了股票价格的信息含量，使投资者对股票价格预期的不确定性增加；另一方面使投资者以自由出售股票来获取与股息相同数量的资本利得受到限制。从中国资本市场来看，对股价过度炒作的"投机热"冷静下来后，投资者更倾向于实实在在的股利收入。

2．"顾客效应"理论的解释

倾向于资本利得而非股利收入的投资者，会不会由于对现金股利的回避而使公司价值下跌呢？"顾客效应"理论对这一问题给予了很好的解释。Elton和Gruber认为，投资者偏好的多样化使他们投资于股利政策符合他们偏好的公司。这样，随着时间的推移，不同股利政策的公司会吸引足够多偏好其股利政策的投资者以维持公司的股价。此时，公司的股利政策与其市场价值无关。"顾客效应"还有另一层含义，即公司吸引足够多的倾向于该公司股利政策的投资者后，改变股利政策将变得十分困难。因为公司一旦改变了股东认同的股利政策，投资者会"用脚投票"出售公司的股票，使公司的市场价值下降。A公司采取了"每10股送5股派现3元"的股利政策后，一直维持高额派现的股利政策不变，究其原因：一是公司本身具备宽裕的现金流量；二是公司为了迎合习惯了高额派现股利政策的"老客户"的投资心理。

3．信号理论的解释

信号理论认为，资本市场对公司采取的对未来现金流量和公司价值产生潜在影响的每一行为都会做出反应，股利政策包含了企业价值的信息，资本市场会根据它对企业价值做出评估，因此，股利政策是一种向资本市场传递信息的重要方式。然而，Frank认为，公司可以采用其他信息揭示方式传递公司价值的信息，如财务报告、审计师和证券分析师的报告等，通过股利政策来传递有利于公司价值的信息并不具备成本优势。笔者认为，公司应该采取那些没有好的投资项目的公司难以效仿的信息传递方式，该公司的股利政策可视为这种积极信号传递的有效方式。因为采用高额派现的股利政策减少了其他由于经营业绩不好导致现金流不足的公司效仿的危险，这种股利政策表明其现在有而且将来也有能力创造出派发股利所需要的现金流，这需要公司良好业绩的支撑。

三、问题探讨

1. 高额派现的股利政策是否有利于公司未来的发展

根据"优先次序理论",如果公司存在有利可图的投资项目,其融资应优先通过内部融资进行,然后再通过低风险的债券,最后才采用增发股票。A公司在本年增发5 500万股融资6.67亿元人民币用于新一代高科技"绿色照明"T8、T5高效节能荧光灯等九个项目,而在本年公司年报公布派发现金股利总额约为1.1亿元人民币,这似乎与"优先次序理论"矛盾。因为公司拥有很好的投资项目时,一方面使用成本较高的新股融资,另一方面将成本较低的留存收益返还给投资者。毫无疑问,公司承担了新股发行的额外成本,股东也承担了股利收入的税收损失,这些都会对公司的市场价值产生负面影响。

2. 高额派现的股利政策是取决于所有股东还是少数非流通股的大股东

在有良好投资机会的情况下,公司应该采取剩余股利政策,这样才可以使公司价值最大化,从而使所有股东财富增值。A公司的股利政策显然与这一原则相悖。这种分配方案其实是大股东对小股东利益的侵蚀,违反了基本的"同股同利"的分红原则。

综上所述,我国目前的资本市场属于非有效市场,投资者短线炒作谋取投机收益的心理较重,很大程度上不关心公司的股利,从长远来看,这也不符合投资者本身的利益,而大量上市公司动辄"不分配"的股利政策对这一投机行为也起了推波助澜的作用。从这方面来说,A公司高额派现回报投资者的股利政策显得难能可贵,很大程度上将资本市场的投资者引向理性的轨道。但不可否认的是,并不能简单地以股利分配的多少、分配的方式来判断公司股利政策的优劣。股利政策作为公司最重要的财务政策之一,根本上要以公司的市场价值最大化为目标。在中国目前非有效的资本市场下,简单地使股价稳定或一定程度的增长并不能作为公司股利政策的单一目标,因为非有效市场上的股票价格往往是一种短期利益的体现,不能反映公司真实的财务情况。因此,公司股利政策应是在"股价目标"的基础上,结合公司的长远发展以及各种利益关系的协调来综合考虑。只有这样,才能从根本上实现公司市场价值最大化的财务目标,才能规范我国资本市场并使其真正成为优化资源配置的场所。

第三节 混合股利政策案例

一、基本情况

(一) B公司的经营业务情况

B公司产品覆盖电视、空调、数字视听、电池、器件、通讯、网络、小家电、生产设备及可视系统、娱乐科技、液晶显示、应用电视等多个产业，形成了彩电、空调、AV产品、网络产品、电池等十多个系列，一百多种产品。

（二）B公司历年的股利分配情况

1. 第一年度股利分配方案和配股方案

根据年度股东大会决议，公司向全体股东每10股派发现金股利12元（含税），另送2股红股。

2. 第二年度股利分配方案和配股方案

在年度股东大会上，审议通过了本年度利润分配方案。公司本年实现税后利润707 222 988.03元，提取10%法定公积金70 722 298.80元，提取10%法定公益金70 722 298.80元，提取45%任意盈余公积金318 250 344.61元之后，加上上年未分配利润5 137 276.72元，本年度可供股东分配利润为252 665 322.45元。分配后剩余部分未分配利润结转下一年度。具体分配方案为：全体股东每10股送红股7股，派发现金红利1.00元。

3. 第三年度股利分配方案和配股方案

公司本年实现净利润1 150 713 998.10元，分别按10%提取法定公积金、法定公益金各115 071 399.81元，按53%提取任意盈余公积金609 878 418.99元，加上上年度未分配利润14 846 562.54元，可供股东分配的利润为325 539 342.03元，向全体股东每10股送红股6股，分配普通股股利303 218 919.00元，未分配利润22 320 423.03元结转下年度分配；公司还进行了增资配股，配股方案为普通股每10股配售2.5股，共计配股5 945.469万股。公司本次增资配股预计募集资金43 699.20万元（含承销费），主要用于数字彩电的开发和形成年产50万台大屏幕数字彩电的生产能力，五大系列卫星接收机产品的开发和形成年产30万台能力的生产线，行输出变压器的开发和建设年产450万只行输出变压器的生产线，印刷电路板的开发和建设年产36万平方米印刷电路板的生产能力，高频头的开发和建设年产425万只高频头的生产线，建设年产350万台彩电生产能力的彩色电视机生产线等六个技改项目。

4. 第四年度股利分配方案和配股方案

本年度公司实现净利润1 674 923 032.63元，分别按税后利润的10%提取法定公积金、法定公益金各167 492 303.26元，按税后利润的51%提取任意盈余公积金854 210 746.64元，加上上年未分配利润22 320 423.03元，本年度可供分配利润合计508 048 102.50元；向全体股东每10股送红股6股，分配普通股股利485 150 270.40元；未分配利润22 897 832.10元结转下年度分配。

5. 第五年度股利分配方案和配股方案

本年度公司实现净利润2 612 029 143.09元，根据《公司章程》和股东大会决议，分别按净利润的10%提取法定公积金、公益金各261 202 914.31元，加上上年初未分配利润22 897 832.10元，本年度可供股东分配的利润为2 112 521 146.57元，按净利润的28%提取任意盈余公积金731 368 160.07元；股利分配方案为以本年末总股本152 997.556 3万股为基数，向全体股东每10股送红股3股，同时，每10股派发现金红利5.8元（含红股所得税和红利所得税），共计分配普通股股利1 346 378 495.44元，剩余未分配利润34 774 491.06元结转入下一年度。

本年第二次实施增资配股。配售股票类型为人民币普通股，每股面值人民币1元，配售股份数量242 575 135股，每股配售价格9.8元人民币；以配股当时股本1 293 734 054股为基数，每10股配售1.875股，预计可募集资金总额为237 723.632 3万元（包括现金及实物资产对等价值），扣除相关发行费用，预计可募集资金总额约为235 952.415 4万元；配股资金主要用于红太阳一号工程项目、印刷电路板二期技术改造项目、回扫变压器（FBT）二期技术改造项目以及江苏、吉林两地控股企业的产品出口基地建设。

6. 第六年度股利分配方案和配股方案

自本年开始公司进入了艰难的调整期，公司主营业务彩电的利润率由于残酷的价格战一降再降，导致净利润急剧减少，同时公司为了实现战略调整，向新的领域进军，又急需大量的资金投入。在这种两难的情况下，公司不得不采取零股利政策，先满足内部筹资需要。本年公司实现净利润2 003 950 870.00元，分别提取10%法定公积金和10%法定公益金，加上期初未分配利润，本年可供分配的利润为1 637 926 650.00元。但鉴于公司未来发展需要，本年度不进行利润分配，也不进行资本公积金转增股本。

7. 第七年度股利分配方案和配股方案

本年度公司实现净利润525 318 232.31元，提取10%法定公积金，计52 531 823.23元，提取10%的法定公益金，计52 531 823.23元，加上期初未分配利润1 420 060 619.89元，可供分配的利润为1 840 315 205.74元。但公司为进一步增强未来在家电行业的竞争能力，积极培养公司发展后劲，经公司董事会审议决定，本年度不进行利润分配，也不进行资本公积金转增股本。

本年进行了增资配股。配售股票类型为人民币普通股，每股面值1元，每股配售价格为9.98元人民币；以配股当时总股本198 896.823 2万股为基数，每10股配售2.307 6股，预计可募集资金总额为202 530.606 96万元（全部为货币资金），扣除发行费用预计募集资金量为198 721.712 051万元。

8. 第八年度股利分配方案和配股方案

本年度公司实现净利润274 236 480.00元，提取法定公积金，计28 592 204.00元，提取的法定公益金，计28 592 204.00元，加上期初未分配利润1 830 025 472.00元，可供分配的利润为2 047 077 544.00元。但公司为进一步增强未来在家电行业的竞争能力，积极培养公司发展后劲，经公司董事会审议决定，本年度不进行利润分配,也不进行资本公积金转增股本。

9. 第九年度股利分配方案和配股方案

本年度实现净利润 88 535 872.00 元,提取法定公积金,计 8 327 180.50 元,提取法定公益金,计 8 327 180.50 元,加上年初未分配利润 1 610 376 064.00 元,可供分配的利润为 1 682 257 575.00 元。但公司为进一步增强未来在家电行业的竞争能力,积极培养公司发展后劲,经公司董事会审议决定,本年度不进行利润分配,也不进行资本公积金转增股本。

二、案例分析

我们首先将案例介绍中的有关数据予以整理,制得表 7-1。

表 7-1　　　　　　　B 公司历年每股收益及分红配股方案

年份	每股收益（元）	分红方案	配股方案
第一年	2.164	10 送 2 股派 12 元	
第二年	2.973	10 送 7 股派 1 元	
第三年	2.277	10 送 6 股	10 配 2.5 股,每股 7.35 元,也可 10：7.41 转配,转让费 0.2 元
第四年	2.070	10 送 6 股	
第五年	1.710	10 送 3 股派 5.8 元	10 配 1.875 股,每股 9.80 元
第六年	0.876	不分配不转增	
第七年	0.243	不分配不转增	10 配 2.3076 股,每股 9.98 元
第八年	0.127	不分配不转增	
第九年	0.041	不分配不转增	

1. 对公司股利支付方式的评价

从上表中首先可以直观地看出,公司几年来,采用的股利分配方式主要是现金股利和股票股利。

前面已经论述过,现金股利就是公司以现金的形式向股东发放股利,这是最常见的股利形式。据统计,公司上市八年累计派发现金股利达 11.97 亿元,位居我国所有上市公司的前十位,可以说在这方面公司给予投资者的回报并不算少。现金股利可以说是公司对于股东的最直接的回报方式,因而也最能够吸引投资者。当然,支付现金股利也需要公司具备一定的条件,主要是公司有盈利和现金支付能力。

股票股利是指公司以发放的股票作为股利支付的方式,在我国常被称为送红股。公司送红股的比例之高、频度之密,在我国上市公司中也是居于前列的。

一般而言,公司采用股票股利的方式,是出于公司面临扩大再生产,希望能保留盈利作为投资资金来源的考虑,这样可使公司留存大量的现金用于再投资,有利于公司长期发展。

值得注意的是,公司的现金股利发放和送红股都是采用捆绑式进行的,即发现金的同时又送红股,如第一年、第二年、第五年均是如此。这两者结合运用,既可以满足股东对现金股利的要求,又可以使得公司留下大部分盈余作为再投资之用。

2. 对公司股利政策的分析

纵观公司历年的股利分配方案,其采用的股利政策并没有很明确的稳定性,只是明显地分为了两个不同的阶段。

第一个阶段是第一年到第五年。这一阶段公司年年分红,但主要是送红股,即发放股票股利,其中有三年配之以一定的现金股利,而且在这五年中公司于第三年、第五年两次进行了增资配股。可见,这一时期公司的股利政策更多的是在为公司扩充股本进行再融资服务,同时又以适当的现金股利回报股东,吸引投资者。例如,在公司上市后的第一年,发放高达每股1.2元的现金股利,可谓出手阔绰,一下子就吸引了广大投资者的注意力,从上市之初便树立了良好的公司形象。

第二个阶段是第六年及之后。这一阶段公司年年不分配,连续四年执行的是零股利政策,倒是在第七年又进行了增资配股。可见这一时期公司采取的是彻底的剩余股利政策,不但没有向股东有所回报,反而进行配股,要求股东追加投资。

三、问题探讨

1. 公司选择不同的股利政策的原因

我们都知道影响公司股利政策选择的因素是多种多样的,有法律因素、公司因素、股东因素等。这里,我们结合B公司的发展历程和历年经营业绩、财务状况,对B公司采取上述股利政策的原因进行探讨。

从历年每股收益及分红配股方案表中,可以看出该公司上市以后每股收益几乎年年在下降,同时股利政策也由前期的既派现金又送红股变换到了后期的既不分配也不转增,由此可见,在该公司的股利政策决策中,盈利高低和股利高低是正相关的。

第一阶段股利政策中最为突出的就是其送股比例高、频度密。第六年之前公司年年送股,而且常常是超过10∶5的比例。为什么会选择这样的股利政策呢?一方面是该公司这几年良好的业绩支撑使其可以这样做。一是有盈余可供分配,二是不用担心由于股本快速扩张导致股价急剧下跌。相反,公司可以留下大量盈余用于进一步发展。另一方面,该公司也是出于配合增资配股的需要。在第三年、第五年两次实施配股融资,这与大量送红股的政策应该说是相得益彰的。大量送红股,使得公司股本急剧扩张,然后进行增资配股无疑使融资规模比直接进行配股要可观得多。

再看第二阶段的股利政策,这是典型的剩余股利政策。案例介绍已经说明自第六年开始该公司进入了艰难的调整期,公司主营业务彩电的利润率由于残酷的价格战一降再降,导致净利润急剧减少,同时为了实现战略调整,向新的领域进军,又急需大量的资金投入,在这种两难的情况下,公司不得不采取零股利政策,先满足内部筹资需要。

2. 公司股利政策对其自身的影响

B公司的股利政策有其成功的一面也有不足之处。成功之处我们在前面的论述中已经有所涉及,主要是送红股与配股增资恰当配合,股利政策与筹资政策得到了综合运用。同时,在第一阶段公司的股利支付率还是相当高的,使公司股东获得了较为满意的回报。

至于不足之处主要是股票股利发放过多,再加上三次配股,使得该公司股本扩张速度过快,而当市场环境恶化,公司盈利大幅下降时,问题便接踵而来。其实,这一问题在我国上市公司中普遍存在。从理论上讲,公司股利分配采用现金还是红股,与企业的资金是否充裕有关,但从我国上市公司实际执行过程中明显看出,考虑更多的是股本扩张对今后再融资关系以及维护股价的需要,往往缺乏从效益增长能否保持同步的角度考虑,由此,在股本大规模扩张后,给公司的业绩提高带来了巨大的压力。

思 考 题

1. 你认为公司的股利政策会不会影响公司的股票价格?为什么?
2. 作为上市公司的管理层,你认为在决定公司分配股利与留存盈余的比例大小时,应当考虑哪些因素的影响?
3. B公司的股利政策还有什么应当改进的地方?它在未来几年应当采取什么样的股利政策?
4. 股票回购有哪些负面影响?
5. 中国的上市公司在进行股利分配时,采用哪种方式比较多?为什么?
6. 请结合上市公司国有股减持和股权结构优化问题谈谈股票回购在我国现阶段的应用意义。
7. 案例研究。

案例一: 申能股份股票回购

(一) 基本情况

申能股份有限公司在各大证券媒体上发布了其回购部分国有法人股并予以注销的公告书。申能股份的前身是申能电力开发公司,是我国电力行业第一家上市公司。申能股份的控股母公司为申能(集团)有限公司,是国有独资的大型企业集团。

申能股份公告的股票回购方案主要内容如下:① 股票回购对象为申能(集团)

有限公司持有的部分国有法人股；② 股票回购的数量是 10 亿股国有法人股，占总股本的 37.98%；③ 股票回购价格以公司截至上年 6 月 30 日调整后每股净资产值 2.51 元为准；④ 本次股票回购资金总额为 25.1 亿元人民币，全部使用公司自有资金并以现金支付。股票回购前后股份变动情况如表 7-2 所示。

表 7-2　　　　　　　　　　申能股份股票回购前后股份变动情况

股份性质	回购前		回购后	
	股份数（万股）	股权比例	股份数（万股）	股权比例
尚未流通股份	2 471 735 769	93.87%	1 471 735 769	90.12%
其中：国有法人股	2 113 096 700	80.25%	1 113 096 700	68.16%
募集法人股	268 999 069	10.22%	268 999 069	16.47%
受让转配股	89 640 000	3.40%	89 640 000	5.49%
已流通股份	161 352 000	6.13%	161 352 000	9.88%
总股本	2 633 087 769	100%	1 633 087 769	100%

（二）分析要点及要求

请分析申能股份股票回购方案本身及其对申能股份有限公司的财务影响。

（三）问题探讨

（1）申能股份股票回购方案在实施之前需要经过哪些程序？你认为其中最应当注意的是哪个环节？为什么？

（2）申能股份股票回购后股本结构的变化说明什么问题？对将来的现金股利分配有何影响？

案例二：股票股利与股票分割案例分析

（一）基本情况

公司在发放股票股利之前股东权益各项目资料如表 7-3 所示。每股市价 12 元，每股面值 4 元。

表 7-3

指　标	之　前	10 送 1	1 股分割成 4 股
股本（万元）	4 000		
每股面值（元）	4		
股数（万股）	1 000		

续表

指　　标	之　　前	10 送 1	1 股分割成 4 股
资本公积（万元）	5 000		
盈余公积（万元）	500		
未分配利润（万元）	2 000		
股东权益合计（万元）	11 500		

（二）要求

（1）如果公司采用 10 送 1 进行股票股利发放，那么股东权益各项目如何变化？

（2）如果公司采用 1 股分割成 4 股进行股票分割，那么股东权益各项目如何变化？

（3）分析股票股利发放与股票分割的异同点。

（4）分析股票股利发放与配股的异同点。

第八章　财务预警案例

第一节　理论概述

一、财务预警的地位与功能

处于市场经济环境中的每一个企业都面临着各种各样的风险，企业可能由于环境的变化或者不恰当的环境应对决策致使其生存和发展受到威胁，陷入财务失败的困境。为了防止财务失败，企业经营者、投资人或债权人可能会采取一些预警方法。例如，为了防止财务失败，企业经营者可能在产品缺乏市场竞争力的时候，加大技术或者营销投入；投资者会在初始投资时便注重考察管理层的能力，以确定是否进行投资，减少财务失败的可能性；而债权人在提供借贷资金时就会要求企业明确资金用途，限制企业扩大债务总额。这些都是企业的利益相关者或在技术上、或在市场上、或在管理层能力上预先做出的防止企业陷入经营困境的措施。可以说，财务失败是技术失败、营销失败的最终必然表现，技术失败、营销失败是财务失败的内在原因。对于大企业，尤其是大型企业集团来说，企业的经营者不可能对集团内所有子公司的技术、市场都非常熟悉，而外部的投资者、债权人更是难以深入了解，往往只是依赖于经过中介机构鉴证的财务报告做出相关决策。因此，财务预警机制是一种综合性的预警方法，它着眼于企业的综合经济效果。

财务预警机制对于企业不同的利益相关者具有不同的功能。对于企业经营者来说，财务预警机制的功能主要为监控、分析，即企业经营者可以利用详细的内部数据和量身定做的财务预警机制来监测企业的财务运行状况，分析企业内在财务弊病，掌控企业财务决策。对于投资者、债权人以及提供赊销的供货商等外部利益相关者来说，财务预警机制的功能主要在于评价企业财务健康程度，以便做出相关投资、放贷或赊销决策。

二、财务失败的内涵与原因

（一）财务失败的内涵

企业的基本目标是生存和发展，在激烈的市场竞争中只有生产高效和管理有序的公司方能实现长期的生存和发展,提高企业的获利水平及总体价值。然而,现实中并非所有的企业都能够在竞争中获得成功并保持持续经营,有的企业由于各种原因会导致获得的资本收益明显低于同类投资的社会平均收益,甚至不足以补偿企业所支出的各种费用,从而难以应对各种风险,企业的生存受到威胁,逐渐陷入财务困境或财务失败的状态。

关于财务失败(Financial Failure)的定义和描述很多,大致可以分为两类,一类是从经济本质上推演的定义,另一类是直接从经济现象上描述的定义。第一类定义认为,财务失败的本质是经济损失(Economic Loss)持续恶化的结果,即在相当的一段时间内,企业的资本收益低于同类投资的平均收益,并最终导致企业会计利润为负,而且由于持续亏损,企业最终停止经营、破产或被重组、收购,这就是财务失败的企业(Altman,1990)。第二类定义典型的代表如 Ross 等人的定义,他们从四个方面定义财务失败:第一,企业经营失败,即企业清算后无力支付债权人的债务;第二,法定破产,即企业和债权人向法院申请企业破产;第三,技术破产,即企业无法按期履行债务合约付息还本;第四,会计破产,即企业的账面净资产出现负数,资不抵债。其他定义有:Beaver(1966)定义的财务失败是破产、拖欠优先股股利、拖欠债务的企业等;Zopounidis(1998)定义的财务失败是破产企业;而 Foster(1986)将财务失败定义为,除非对经济实体的经营或结构实行大规模重组,否则就无法解决的严重变现问题的状况。

由于第一类财务失败定义在研究和应用中具有很大的操作难度,因此基本上都从经济现象上具体界定财务失败的特征,比如上述 Altman 的定义就是以企业在各种形式下被停止经营为财务失败的具体标志。

应该指出的是,国内关于上市公司财务预警的研究中,使用的学术名词还有财务危机、财务困境等。尽管不同的学者使用的术语不同,但是所研究的问题的本质是一致的,即企业在负债经营的情况下,由于盈利能力不足而陷入无力履行企业合约责任的状况。企业从正常的经营状态逐渐陷入财务失败的状态是一个连续而渐变的过程,在这一过程中有不同的表现和阶段性特征,因此关于财务失败的定义,学者们常根据各自所研究问题的特点而对财务失败有着不同的界定,即对财务失败分界点或者说财务失败的标志的界定不同。

事实上,从财务预警的角度看,财务失败的含义有广义和狭义之分。广义的财务失败是指企业由于盈利能力的实质性减弱,企业的偿付能力丧失,它涵盖了企业财务状况恶化的各个阶段。其表现形式包括:拍卖变现、无力支付短期债务、无力支付债务利息、无力支付债券本金或无力支付优先股股息等。从资产存量的角度静态地看,财务失败通常表现为企业总资产账面价值低于总负债账面价值,即企业净资产为负值,处于资不抵债的状况;从现金流量的角度动态地看,通常表现为企业缺乏偿还即将到期债务的现金流入,现金总流入小于现金总流出,即企业净现金流量为负值,企业在现金流上处于入不敷出的状况。狭义的财务失败则是指企业丧失偿付能力的最严重状况,企业的资产市场价值总额小于负债市场价值的总额,即"资不抵债",导致企业不能清偿到期债务而发生破产即企业破产。

(二) 财务失败的原因

传统上对财务失败与破产的解释大致可分为四类。第一类称作"非均衡模型"(Disequilibrium Model),主要用外部冲击来解释公司的破产,如混沌理论(Chaos)和灾害理论(Catastrophe)。第二类为用具体的经济原因(如市场结构、资本结构及公司的定位)来解释公司破产的财务模型(Financial Model),如 Scott(1981)导出的一期期权定价模型、没有外部资本市场的赌徒破产模型、具有完全外部资本市场的赌徒破产模型以及不完全外部资本市场中的赌徒破产模型四种模型。第三类是近年引入的代理模型(Agency Model),试图用股东和债权人之间的潜在利益冲突来解释公司的破产。最后一类是建立在产业经济学上的管理理论(Management Theory),这一理论试图通过寻找公司管理和战略上的弱点来解释破产,此类研究主要以案例研究为主。

在财务预警实际应用研究的层面上,对于财务失败原因的解释主要集中于管理能力和经营风险两个方面,认为引起财务失败的具体原因有:① 市场变化的不确定性而导致的企业收益不稳定;② 企业负债过度而失控,致使企业无法偿还已到期债务,或不能从原债权人处取得新的融资;③ 企业管理水平低,如权力过分集中,没有经营计划,管理人员素质低,无法控制经营成本等;④ 公司业务迅速扩张,进入不熟悉的业务领域;⑤ 内部控制和财务报告系统存在严重弊端;⑥ 行业壁垒较少,新的竞争者易于进入;等等。

三、财务预警的方法

由于基础理论的不同,财务预警方法主要有两大类。

一类是以财务分析理论为基础,从企业的资金存量和流量分析入手的多因素分析方法。企业的财务报告所提供的会计信息综合反映了企业财务状况和经营成果,根据企业会计信息的结构分析、比率分析和比较分析可以研究企业的偿债能力、盈利能力、发展能力和资金运营状况等,从而分析企业的安全状况,进而对企业的综合财务状况做出判断。因此,关于财务预警的研究主要出发点是关于会计信息的财务分析。从财务分析的角度看企业财务的直接表现有以下几大方面:① 企业筹资能力的丧失,资本结构失衡;② 企业现金流量不佳,企业的经营现金净流量持续为负,不能保证企业的正常周转;③ 资产流动性弱化,资产结构失衡,不良资产大量积压;④ 企业负债结构和企业资产占用期限搭配(即筹资政策)不合理。对以上各个方面的相关财务比率的单项和综合研究,也就是企业财务预警模型研究的主要的理论基础。比如，使用多组判别分析等统计方法对各种财务比率，包括流动性比率、债务杠杆比率和盈利率等指标进行同行业比较和跟踪，就可以对本企业财务失败可能性的大小做出判断。这种预警并不是对事件本身的预测，而是对发生可能性的预测。这种方法常常可以在危机发生之前的一两年做出预警。

另一类是以风险分析为基础的方法，主要采用风险监测系统，虽然这类方法的数据收集和模型建立比较复杂，但正日益受到财务管理界的重视。风险的主体是市场经济的参与者和竞争者，其损失主要是指经济利益的减少和丧失。

所谓风险是指某一事件其可能发生的结果的不确定性。企业面临两种风险：一是经营风险，二是财务风险。经营风险是企业在不使用债务或不考虑投资来源中是否有负债的前提下，企业未来收益的不确定性，它与资产的经营效率直接相关；财务风险又称筹资风险，是指由于负债筹资而引起的到期不能偿还债务的可能性。影响财务风险的因素大多来自市场活动和企业资金运动的有关方面，财务风险积聚到一定程度，如果不能及时地采取化解措施或采取的措施有效程度不足，企业就会陷入财务的困境。

不同的筹资方式所带来的偿债压力的大小并不相同。主权资本属于企业长期占用的资金，不存在还本付息的压力，从而其偿债风险也不存在；而债务资金（本）则需要还本付息，而且不同期限、不同金额、不同资金使用效益的债务资金，其偿债压力并不相同。因此，筹资管理的一项重要内容，是如何确定不同债务筹资方式下的风险并据此进行风险的回避与管理。

由于筹资风险是针对债务资金偿付而言的，因此，从风险产生的原因上可将其分为两大类：现金性筹资风险与收支性筹资风险。

现金性筹资风险是指企业在特定时点上，现金流出量超出现金流入量，而产生的到期不能偿付债务本息的风险。可见，现金性筹资风险是由于现金短缺或者是债务的期限结构与现金流入的期间结构不相配套而引起的。现金性筹资风险具有以下特征：① 它是一种个别风险，表现为某一项债务不能即时偿还，或者是某一时点的债务不能即时偿还。这种风险对企业以后的筹资影响不是很大。② 它是一种支付风险，与企业收支是否盈余无直接关系。因为，企业的支出中有些是不付现的，企业的收入中有些在当期并不能收到。因此，即使收支相抵有盈余（即有利润），也并不等于企业有现金净流入。③ 它是由于理财不当引起的风险，表现为现金预算与实际不符而出现支付危机；或者是由于资金结构安排不当而引起的，如在资产利润率较低时安排了较高的债务，以及在债务的期限安排上不合理而引起某一时点的偿债高峰等。因此，作为一种暂时性的偿债风险，只要通过合理安排现金流量和现金预算即能回避，它对所有者收益的直接影响不大。

收支性筹资风险是指企业在收不抵支情况下出现的不能偿还到期债务本息的风

险。按照"资产=负债+权益"公式，如果企业收不抵支即发生亏损，将减少企业净资产，从而减少作为偿债保障的资产总量，在负债不变的条件下，亏损越多，以企业资产偿还债务的能力也就越低，终极的收支性财务风险表现为企业破产清理后的剩余财产不足以支付债务。收支性筹资风险具有以下特征：① 它是一种整体风险，即对全部债务的偿还都产生不利的影响，它与某一具体债务或某一时点的债务的偿还无关；② 它不仅仅是一种支付风险，而且意味着企业经营失败，即处于收不抵支的破产状态，因此这种风险不仅源于理财不当，而且主要源于经营不当；③ 它是一种终极风险，一旦出现收不抵支，企业的债权人的权益将很难得到保障，而作为企业所有者的股东，其承担的风险及压力更大。因此，企业必须要加强管理，生产出适销对路的产品，扭亏为盈，才能规避收支性筹资风险，否则企业再筹资将面临困难。

基于对财务风险的定义和计量，财务预警模型研究的一个方向是：以风险测量技术为基础，建立风险估计和监测模型，如国际银行业首先开发使用，受到巴塞尔委员会肯定和推广的在险价值（VaR）方法就是一种先进的风险监测系统。VaR方法虽然侧重于金融性企业的交易业务，但这种方法可以计算不同种类和不同地区业务的总体风险，因而也逐步开始适用于一般工商企业。

（一）财务预警指标的选择

目前应用比较成功和有相当研究基础的是第一类——基于财务比率的多因素分析方法。在这种方法中，作为预警变量的财务比率指标的选择是关系到模型成败的重要问题。20世纪80年代以前的预警研究中，主要按照提高预警能力的要求，通过实证的方法选择能够提高预测准确度的财务比率建立预测模型。随着经济、财务理论和财务预警要求的不断发展，对于预警变量选择的认识也不断深入，经济变量关系分析的规范研究与变量的统计分析实证方法的结合，已成为共识的研究方法。在预警变量的选择上，首先要正确理解和把握所研究的财务现象中暗含的经济学理论和经济行为规律；其次，选择变量要考虑数据的可获得性；此外，还要考虑所有入选变量之间的关系，使得每一个解释变量都相互独立。总的来讲，构建企业破产预警变量指标主要应遵循以下原则。

（1）科学性原则。企业财务预警指标体系的构建要按照财务管理与财务分析理论，分析现象和原因，科学设计，指标应能够对各主要因素做出合理科学的描述。

（2）全面性原则。为保证预警综合评价的客观准确，在初步建立指标体系时应尽可能地选取可以概括反映企业财务状况的指标，以便最终确定指标时有筛选余地。

（3）可比性原则。选取评价指标，应注意评价指标口径范围和计算方法的纵向可比和横向可比原则。在对同一事物不同时期的评价中应注意纵向可比，而对同一时期不同事物之间的评价中应注意横向可比。

（4）可操作性原则。选取的指标不仅应符合企业财务的预警目的，更应有数据支持。也就是说,评价指标的数据应容易取得,否则无助于实际的应用。

(5) 协调性原则。在选取指标时,应注意与所采用的预警方法相协调。有的方法本身能够消除指标之间的相互干扰和替代,这时选取指标应多注意全面性。而另一些方法却要求评价指标间尽可能不相关,这时就应注意指标的代表性。

(6) 经济性原则。在选取指标时,应注意与相关研究的对比和借鉴,提高指标分析的效率,节约分析成本和时间。

在具体选择财务预警指标上,预警机制制定者可以在划分偿债能力指标、盈利能力指标、资金运营状况指标和发展能力指标四大类财务指标的基础上,根据有关实证研究的结论、企业所处行业特点、企业自身内在特性等选择基本的财务指标,再结合历史模拟运用效果进行修正。在不同国家杂志上的 47 篇文献中,应用最多的财务指标有营运资金/总资产、总债务/总资产、流动资产/流动负债、息税前利润/总资产、净利润/总资产等。而在对我国关于财务研究的 34 篇研究文献总结后发现,应用最多的是偿债能力指标、盈利能力指标、资金运营能力指标,包括资产负债率、营运资金/总负债、流动比率、速动比率、净资产收益率、销售利润率等。其中,实证研究中建立模型时使用频率最高的财务指标如表 8-1 所示。

表 8-1　　我国财务研究中财务变量选择统计表 (共 12 篇实证类文献)

变量名称	引用次数合计 (篇·次)	变量名称	引用次数合计 (篇·次)
总负债/总资产	11	主营业务利润率	4
流动资产/流动负债	9	速动资产/流动负债	3
净资产收益率	6	应收账款周转率	3
每股经营活动现金流量净额	5	长期负债/股东权益	2
营运资金/总资产	4	每股收益	2
资产周转率	4	利息保障倍数	2
销售利润率	4		

在企业设计自身的财务预警机制时,都可以借鉴这些国内外的研究成果。

(二) 财务预警方法的设计

1. 单变量方法

单变量方法是根据对数据的统计分析确定预测企业财务的最佳变量和变量的临界点的值。Fitapatrick (1932) 认为具有预测财务失败或财务风险意义的变量是财务比率的变化趋势,如净利润/净资产和净资产/债务的变化率;Smith&Winakor 认为最佳的预测财务失败的比率是营运资金/总资产;而 Merwin (1942) 则发现营运资金/总资产、净资产/总债务和流动资产/流动负债三个重要财务比率在前六年具有预警的作用。此后，在20世纪60年代，Beaver提出了应用单变量分析方法将企业区分为两类，根据误判率最小的原则，分别就不同的财务比率计算判别与非企业的分界点的值。根据Beaver的研究，按照财务比率预测能力的大小排序，依次是：现金流量/总债务、净利润/总资产、总债务/总资产。

尽管单个变量对于财务失败具有良好的预警作用，而且便于理解和应用，为以后的研究开辟了道路，但是单变量方法存在的问题是，由于财务比率之间具有相关性，当依据不同财务比率对企业的预警结果不一致时，很难对该企业的情况给出明确的判断。另外，影响企业财务状况的因素是多方面的，而采用单一变量预测企业的财务不能反映企业的综合信息。早在20世纪70年代研究人员就已经明确地认识到诸多不同的因素同时影响着企业的财务，单一变量的预测模型也逐渐被多变量的模型所取代。

2. 多元判别分析方法

Beaver以后大量的研究是应用多方法预测企业的财务失败。该方法的假设前提是：① 企业可以划分为两类，即财务失败企业和非财务失败企业；② 两类企业总体的财务变量相互独立，服从均值不同但是分布相同的多元正态分布；③ 各变量之间的协方差矩阵相等。1968年Altman首先引用多元判别分析方法建立多元的财务预警模型，该预警模型运用五项财务指标进行加权汇总平均产生的总判别分（Z值）来判别企业破产的可能性。判别函数为：

$$Z = 0.717X_1 + 0.847X_2 + 3.11X_3 + 0.420X_4 + 0.998X_5$$

式中，Z代表判别分；X_1代表营运资金/资产总额；X_2代表留存收益/资产总额；X_3代表息税前收益/资产总额；X_4代表股东的权益资产/负债总额；X_5代表销售额/资产总额。应该指出的是，X_1、X_2、X_3、X_4、X_5均以绝对百分率来表示。

该模型的判别原则为：当$Z<1.20$时，表示企业处于破产之列；当$1.20<Z<2.90$时，表示企业处于灰色区域，难以判断是否肯定破产；当$Z>2.90$时，表示企业处于不会破产之列。

判别分析得到的预警函数一般是由两个以上独立变量组成的线性函数，根据函数计算得到的分值的大小，判断企业是否处于财务失败状态。尽管判别分析模型取得了相当的成果，但是该类模型具有以下局限：

（1）财务变量服从独立的多元正态分布的假设过于理想，现实情况往往违背这一假设，尤其是处于财务失败或破产的企业的变量与正态分布的偏差更大。

（2）两类企业总体的分布相同的假设也不符合现实情况。

（3）对独立财务变量的作用解释不适当，协方差相等的假设也存在问题。

（4）建立模型的过程中对于先验概率和误判成本的取定缺乏科学的理论根据。

（5）判别误差估计的问题和变量的多重共线性问题也是困扰判别分析的重要

问题。

由于判别分析方法的局限，20 世纪 80 年代以后判别分析方法的应用研究逐渐减少。

3. Logtic 和 Probit 分类选择分析

Logtic 和 Probit 模型属于多元条件概率模型，是根据企业的财务比率等变量的累积概率分布函数计算企业属于不同类别的概率，根据概率的分界点确定企业归属于哪一类企业。Ohlson 于 1980 年研究开发的 Logtic 模型是此类研究的代表，他在 Ohlson 模型中应用了九个财务变量，包括定性的分析 0－1 变量和定量的连续变量。在 Ohlson 之后，Zavgren 等学者又对 Logtic 模型进行了改进和扩展，尽管对于 Logtic 模型与判别分析模型的比较研究没有充分证明 Logtic 模型的预测能力较强，但是由于它克服了判别分析模型关于变量分布假设的局限，Logtic 模型在 20 世纪 80 年代以后得到了广泛的应用。

Probit 模型与 Logtic 模型相似，两者的主要区别是对变量的概率分布假设不同。Probit 模型采用的是累计正态概率函数，即假设因变量服从累计正态分布；而 Logtic 采用的是逻辑概率分布函数，它将预测（0、1）事件的概率问题转化为实数轴上预测一个事件发生的机会比率的问题。

Logtic 和 Probit 模型的优点是不需假设变量服从多元正态分布，而且可以应用于非线性的拟合。尽管它们能够解决判别分析不能给出企业概率的缺陷，但是计算复杂，样本的选择受到对总体的概率估计的限制，而且应用中需要相当的数学基础，不便于理解和操作；此外，它们同样有先验概率估计和误差估计的问题，分析成本也较高。

4. 多目标规划决策优化模型

目标规划是最常用的多标准决策优化方法之一，起源于经典的线性规划决策分析模型，在财务预警研究中已得到一定的应用并取得了相应的成果。它一般以判别误差最小为目标构建目标函数，根据样本的实际情况分析确定预警模型必须满足的约束条件，通过目标规划求解的方法求得预警函数中的各变量系数和判别值。目标规划的最大局限是规划求解的计算比较困难，但是随着计算机求解的推广，以及规划求解方法的改进，在财务研究领域目标规划方法已成为备受关注的方法之一。利用目标规划方法建立预警模型的主要优点是：

（1）可以克服统计类模型关于预测变量的假设的局限，避免对于变量选择的严格要求，提高模型的适应性和模型的预警能力。

（2）预警变量可以选择定量指标也可以选择定性指标。

（3）决策模型的建立与样本的分布不相关，可以扩大应用的范围。

（4）通过对目标函数中各目标优先系数的设定，可以反映决策分析人员的原则和策略。

四、财务预警机制的建设

财务预警机制的建设是一项系统工程,企业若想建立、健全适合自身的财务预警系统,使之行之有效,必须从组织结构、信息系统支持等方面将上述财务预警方法的思想落到实处。财务预警机制的建设可以从以下几个方面着手。

1. 组织结构的保证

任何"科学"的方法如果没有人来实施永远都是无效的,财务预警机制同样如此。上文介绍了财务预警的理论基础以及方法,而要使这些方法真正在企业中行之有效,必须在组织结构上予以保证。

由于财务预警工作是一项贯穿企业整体的工作,是整个企业赖以做出重大财务决策的依据之一,其重大财务决策影响到各部门或者各子公司之间的利益分配。因此,财务预警工作必须由企业较高管理层次的机构来负责,我们可以把这样的机构称作财务预警委员会。那么这个机构对谁负责呢?是对董事会负责,还是对总经理负责,或者仅仅对财务总监负责?事实上,根据《公司法》有关规定,公司的经营计划和投资方案的决定权,公司年度财务预算方案、决算方案的制定权等都归属于董事会,如果财务预警委员会仅对财务总监或者总经理负责,那么财务总监或者总经理根据财务预警机制的显示结果而做出的防范企业整体财务风险的财务决策是与董事会的投资决策权相冲突的,这种决策是缺乏权威性的。此外,将财务预警委员会归属在董事会之下有利于调动整个企业的资源支持财务预警工作,有利于财务预警委员会的财务决策与董事会的企业战略决策相协调。

财务预警委员会成员不一定要求都是全职工作,可以由企业内部经营者、外部专家等组成,而其日常工作可以由财务部之类的职能部门来具体执行。如果是对整个企业集团的财务预警,可以由集团财务部牵头,各子公司财务部配合财务预警的工作实施,保持财务预警工作的整体性、持续性。

2. 信息系统的支持

正如上文指出的那样,财务预警是基于财务比率进行的。而财务比率的基础是会计信息,因此,会计信息的质量关系到财务预警机制的成败,企业只有在及时、准确、可靠的会计信息基础之上才能够对企业财务状况做出恰当的评价,由于财务预警还需对相关财务征兆做出调查分析,提出解决的方案,因此企业会计信息系统应该与管理信息有恰当的接口,以保证完备的追溯线索。企业还应该搜集行业有关数据,将企业置于整个市场去考虑,与行业中的其他企业相比较,分析行业发展态势以及企业在行业中所处地位变化是否会给企业带来财务危机。

3. 报告、分析、处理及完善机制

财务预警报告不同于法定财务报告，后者是依据法定会计制度、会计准则定期对外报告，而财务预警是企业自身的一种预警机制。这决定了企业可以根据需要建立报告的时间和内容。一般来说，企业应该建立定期和不定期的财务预警报告制度。定期财务预警报告是指企业各个部门、各子公司定期根据企业报告制度报告是否存在财务危机，如果存在是何种原因造成，已经或准备采取何种措施等，报告期限根据企业财务控制要求按周、月、季、年进行；不定期报告是指企业各部门、各子公司在有关财务指标发生重大变化，超过企业有关警戒线，可能存在财务危机时，单独向财务预警委员会报告。

财务预警的分析迅速与否、准确与否关系到财务失败的预防处理方法。财务预警委员会应该把握重点，分析财务风险存在的成因，估计可能的损失；同时，如果报告主体显示存在财务失败的可能性时，分析人员应该注意是否存在财务指标选取不当误导的可能性；最后，由于财务预警的分析结果通常与报告主体负责人的薪酬考核相联系，因此必须保证分析人员的高度独立性。

如果报告主体的分析结果显示存在财务失败的可能性时，财务预警委员会应该根据原因分析，在整个企业财务状况和未来经营成果的通盘考虑上，采取恰当的处理措施；而各部门、各子公司也应在日常经营中保持关注，控制财务风险，防止财务恶化。

财务预警机制是一项长期的系统工程，不可能"毕其功于一役"。财务指标选取是否恰当、预警模型是否适合本企业、行业变化对预警机制会产生什么样的影响等，都是财务预警委员会在建设财务预警机制时应该考虑的。此外，企业应该注意财务预警机制与企业其他管理制度的协调和配合。例如，有时财务预警报告主体的财务迹象的存在并不是预警报告主体自身的原因，可能与企业整体的战略部署有关，这个时候就不应该简单地削减预警报告主体负责人的薪酬。

第二节 中港集团财务风险控制制度案例

一、基本情况

中港集团是一家主要从事国内外港口建设和疏浚吹填工程以及港机航标制造的大型集团公司。中港集团还承建了众多的大桥、公路和机场工程以及环保、市政和工民建项目；中港集团同时也从事进出口贸易、房地产开发和金融投资等多项业务。中港集团拥有国内独资公司及合营企业700多家，在世界20多个国家和地区设立了子公司、分公司或办事处等常驻机构；拥有各类现代化的大型施工设施和工程船舶以及各类先进的设计科研设备;拥有逾万名经验丰富的高级经营管理人员和专业技术人员。

中港集团同时承建了包括长江口航道整治工程、澳门国际机场人工岛工程等在内的多项大规模疏浚吹填项目。近20年来,中港集团在国内外积极开拓公路、桥梁建设业务,承建了长江黄石大桥、温州大桥、澳门友谊大桥、阿联酋沙哈马立交桥等特大型、大型桥梁和高等级公路,与此同时还参与了许多大型机场的建设,如香港新机场、上海浦东机场、天津机场等。以港机制造为主的整机和成套设备制造、安装及进出口业务蓬勃发展,由中港集团制造安装的设备不仅广泛应用于国内各大港口和专业码头,同时还出口到美国、加拿大、德国等国家和地区。

集团公司董事会下设总裁、副总裁、总工程师、总经济师、总会计师,领导企划部、资产管理部、工程部、技术开发部、人力资源部、财务部、设计咨询事业部等部门,全资子公司包括航务工程局、航道局、设计院等共十多家,控股子公司近十家,驻外机构二十多家。

对于这样一个庞大的企业集团,财务风险控制至关重要。总公司开始建立财务风险控制制度,对下属单位、整个集团的财务风险进行监控。下面便是中港集团的财务风险控制制度:

第一章 总 则

第一条 为进一步加强集团财务管理,控制财务风险,根据国家有关法律法规和集团相关制度办法,结合集团实际情况特制定本制度。

第二条 本制度所称财务风险控制是指包括财务风险控制指标体系、财务风险预警、财务风险评估与识别、财务风险报告与分析、财务风险控制等一系列措施的制度和规范。

第三条 本制度适用于集团总公司及全资、控股子公司。

第二章 财务风险控制指标体系

第四条 财务风险控制指标体系以企业偿债能力指标为基础,分为主要指标和辅助指标共十项指标。

主要指标包括:现金流动比率,速动比率,流动比率,短期借款占流动负债的比重,长期债务与营运资金的比率,资产负债率,已获利息倍数等七项指标。

辅助指标包括:净资产收益率,应收账款周转率,对外担保占净资产的比重等三项指标。

第五条 各主要指标计算方法如下:

$$现金流动比率 = \frac{货币资金 + 有价证券}{流动负债}$$

$$速动比率 = \frac{流动资产 - 存货}{流动负债}$$

$$流动比率 = \frac{流动资产}{流动负债}$$

$$短期借款占流动负债的比重 = \frac{短期银行借款}{流动负债} \times 100\%$$

$$长期债务与营运资金的比率 = \frac{长期债务}{流动资产 - 流动负债}$$

$$资产负债率 = \frac{负债总额}{资产总额} \times 100\%$$

$$已获利息倍数 = \frac{利润总额 + 利息支出}{利息支出}$$

$$净资产收益率 = \frac{净利润}{平均净资产} \times 100\%$$

$$应收账款周转率 = \frac{营业收入净额}{(年初应收账款 + 年末应收账款)/2}$$

$$对外担保占净资产的比重 = \frac{对外担保额}{年末净资产} \times 100\%$$

第六条 各单位可以结合实际情况，根据需要增加财务风险控制指标，建立健全本单位的财务风险控制指标体系，但指标体系应包含以上各项指标。

第三章 财务风险预警

第七条 总公司根据各单位近三年各项指标完成情况，参考同类企业和行业平均水平，结合市场情况和金融环境等宏观因素，定期下达各单位的财务风险预警线。

第八条 财务风险预警线分为安全区、预警区、危机区三个区域。指标在安全区，表示发生财务危机的可能性较小；指标区在预警区，表示存在发生财务危机的可能性；指标在危机区，表示发生财务危机的可能性较大。

第四章 财务风险的评估和识别

第九条 各单位应定期（季、年）计算本企业各项财务风险控制指标，并分析本期与上期的变动差异，对变动异常（幅度超过10%）的指标要进行专项分析，查明原因并做出说明。

第十条 对于同时有三项以上（含三项）主要指标处于预警区以上的单位，视为存在发生财务危机的可能性，应进行财务诊断，作出专题分析，限期消除风险因素。

第十一条 对于同时有三项以上（含三项）主要指标处于危机区的单位，视为发生财务危机的可能性较大，总公司将进行专题调研，提出解决问题的措施和方法。

第十二条 引入财务风险预警评分制度。具体评分方法如表8-2所示：

表 8-2　　　　　　　　　　　　　财务预警评分方法

指标名称	权重	安全区	预警区	危机区
一、主要指标	80	该项指标得分为 0	将预警区间 10 等分，每等分按照权重 1/10 记分	该项指标得满分
现金流动比率	20			
速动比率	16			
流动比率	12			
短期借款占流动负债的比重	8			
长期债务与营运资金的比率	8			
资产负债率	8			
已获利息倍数	8			
二、辅助指标	20			
净资产收益率	7			
应收账款周转率	7			
对外担保占净资产的比重	6			
合计	100	(0, 40)	(40, 70)	(70, 100)

第十三条　各单位应定期对本企业的财务风险进行评估，依据上表计算本单位财务风险评估得分。

财务风险评估应遵循客观、科学和实事求是的原则。

第五章　财务风险报告与分析

第十四条　各单位应于季度终了 10 个工作日内，年度决算 20 个工作日内，计算本单位各项财务风险控制指标，并编制财务风险评分表，报总公司备案。

第十五条　财务风险控制指标出现本制度第九条、第十条、第十一条所列情形之一的，或财务风险评分结果在 40 分以上的，还应附财务风险分析报告，财务风险分析报告主要报告以下内容：

1. 本单位财务风险所处的级次；
2. 指标当期值与上期变动情况以及发生异常变动（10%以上）的原因；
3. 指标处于预警区或危机区的原因分析；
4. 降低财务风险和改善财务状况拟采取的措施和建议。

第十六条　各单位的财务风险评分表以及财务风险分析报告应经财务负责人和企业主要负责人签字。

第六章 财务风险控制

第十七条 各单位应对本企业的财务风险实行动态控制,建立重大事项报告制度。

第十八条 对于同时有五项指标处于危机区或财务预警评分结果在70分以上的单位,应限期整改,改善财务结构,降低借贷规模和负债比例。

第十九条 出现本制度第十八条所列情形,在规定时间内又达不到整改要求的,总公司将采取限制其银行借款、不予审批投资项目、不予提供借款担保、核减当年工资总额等措施。

第二十条 各单位负责人应对本企业的财务风险控制负责。

第二十一条 财务风险控制情况同企业经营者年薪制考核挂钩,作为兑现奖惩的重要依据。

第二十二条 引入财务风险控制指标区间表。如表8-3所示。

表8-3 中港集团财务风险控制指标区间表

	权重	航务工程局			航道局			工业企业			设计院		
		安全区	预警区	危机区	安全区	预警区	危机区	安全区	预警区	危机区	安全区	预警区	危机区
一、主要指标	80												
现金流动比率	20	>0.20	0.15~0.20	≤0.15	>0.20	0.15~0.20	≤0.15	>0.30	0.20~0.30	≤0.20	>0.70	0.50~0.70	≤0.50
速动比率	16	>1.00	0.80~1.00	≤0.80	>1.00	0.80~1.00	≤0.80	>1.00	0.80~1.00	≤0.80	>1.00	0.80~1.00	≤0.80
流动比率	12	>1.25	1.10~1.25	≤1.10	>1.35	1.20~1.35	≤1.20	>1.30	1.00~1.30	≤1.00	>1.30	1.00~1.30	≤1.00
短期借款占流动负债的比重	8	≤0.24	0.24~0.31	>0.31	≤0.24	0.24~0.31	>0.31	≤0.30	0.30~0.40	>0.40	≤0.20	0.20~0.30	>0.30
长期债务与营运资金比率	8	≤1.50	1.50~3.00	>3.00	≤1.5	1.50~3.00	>3.00	≤1.50	1.50~3.00	>3.00	≤4.50	4.50~6.00	>6.00
资产负债率	8	≤70	70~75	>75	≤65	65~70	>70	≤70	70~75	>75	≤70	70~75	>75
已获利息倍数	8	>2.00	1.50~2.00	≤1.50	>2.00	1.50~2.00	1.50≤	>2.00	1.50~2.00	≤1.50	>3.00	2.00~3.00	≤2.00
二、辅助指标	20												
净资产收益率	7	>2.50	1.60~2.50	≤1.60	>3.20	2.60~3.20	≤2.60	>2.80	2.00~2.80	≤2.00	>3.60	3.00~3.60	≤3.00
应收账款周转率	7	>3.00	2.00~3.00	≤2.00	>3.00	2.00~3.00	≤2.00	>2.00	1.50~2.00	≤1.50	>5.00	4.00~5.00	≤4.00
对外担保净资产的比重	6	≤50	50~70	>70	≤50	50~70	>70	≤50	50~70	>70	≤50	50~70	>70
合计	100												

第七章 附 则

第二十三条 各子公司应根据本制度，制定本企业财务风险控制实施细则，并报总公司备案。

第二十四条 本制度的修订权和解释权在总公司。

第二十五条 本制度自发文之日起生效。

二、案例分析

中港集团财务风险控制制度共七章二十五条，从风险揭示指标设计、财务风险评估、预警报告制度、财务风险控制手段等几大方面设计了适合集团自身的预警方案。应该说，该预警方案借鉴了财务预警的一些研究成果，基本满足了集团财务预警的需要。

1. 建立完善的财务风险控制指标体系

在理论综述部分，我们已经提到财务预警指标的选取应该遵循科学性原则、全面性原则、可比性原则、可操作性原则、协调性原则、经济性原则。中港集团财务风险控制制度选取了包括现金流动比率、速动比率、流动比率、短期借款占流动负债的比重、长期债务与营运资金的比率、资产负债率、已获利息倍数在内的七项主要指标和包括净资产收益率、应收账款周转率、对外担保占净资产的比重在内的三项辅助指标。主要指标和辅助指标之间的地位差别在于在计算财务风险得分时所赋予的权重不同，其中主要指标共占了80%的权重，而辅助指标只占了20%的权重。

值得注意的是，中港集团财务风险控制制度将对外担保占净资产的比重列为一项财务预警指标，这在我国已有的研究中还没有涉及。事实上，担保引起的财务风险在上市公司中已经表现得淋漓尽致。上市公司常常或为大股东，或为关联公司担保，获得大笔贷款后常常通过投资或占用等方式流向大股东，形成巨大的担保圈，随着担保圈及周围公司业绩下降，整个系统的财务风险与日俱增。因此，中港集团财务风险控制制度将对外担保占净资产的比重纳入财务预警指标是一个切合实际的选择，同时也对理论界今后的研究具有一定的启示作用。

2. 设计财务风险预警评分制度

中港集团财务风险控制制度是在对财务预警主体进行预警评分的基础上进行风险控制的，子公司、下属单位预警得分多少，处于安全区、预警区还是危机区直接关系到总公司的风险控制决策。因此，科学、有效的评分制度是财务风险控制的基础性工作。

该财务风险预警评分制度的思路是先对各财务指标进行评分，而后根据各指标的权重计算加权总得分，最后依据总公司定期下达的财务风险预警线确定处于安全区、预警区还是危机区。如下面公式所示：

$$T = X_1 \times r_1 + X_2 \times r_2 + \cdots\cdots + X_{10} \times r_{10}$$

式中，T 为总评分，X_1，X_2……，X_{10} 为各指标得分，r_1，r_2，……r_{10} 为指标权重。

在计算总评分时，各指标得分计算比较关键，中港集团财务风险控制制度为每一个财务指标规定了安全区、预警区和危机区的临界值，以实际值与临界值相比确定其得分。例如，某航务工程局资产负债率为80%，则根据表8-3"中港集团财务风险控制指标区间表"，该指标处于危机区，得分为100分；若为60%，则处于安全区，得分为0分；若为72%，则根据临界值70%、75%以及分别对应的0分、100分采用插值法计算得分：

$$X_6 = \frac{100}{75\% - 70\%} \times (72\% - 70\%) = 40(分)$$

各指标得分计算出来以后乘以各自权重即可纳入总评分，如上述航务工程局资产负债率为72%时，入总评分的分值为3.2分（40×8%）。

3. 明确财务风险报告与分析的内容

中港集团各单位应于季度终了10个工作日内，年度决算20个工作日内，计算本单位各项财务风险控制指标，并编制财务风险评分表，报总公司备案。如财务风险评分结果在40分以上的，还应附由财务负责人和企业主要负责人签字的财务风险分析报告，并明确了财务风险分析报告的主要内容：① 本单位财务风险所处的级次；② 指标当期值与上期变动情况以及发生异常变动（10%以上）的原因；③ 指标处于预警区或危机区的原因分析；④ 降低财务风险和改善财务状况拟采取的措施和建议。

4. 严格财务风险控制

中港集团财务风险控制制度不仅根据总得分所归属的财务风险区间进行风险控制，还根据各指标所属的财务风险区间进行风险控制，如第九条、第十条、第十一条所述。这种财务风险评分方法形式上类似于企业财务状况综合评价中的沃尔评分法、综合评价法以及国有资本效绩评价方法。不同之处是财务风险预警评分制度指标选择更注重反映财务风险，而且得分越大表示财务危机的可能性越大，而财务状况综合评价方法中的评分越高表示财务状况越好。

三、问题探讨

1. 关于财务指标的选择问题

我们注意到，在中港集团财务风险控制制度中，选择的财务指标大多数属于反映企业偿债能力的指标，少数属于盈利能力指标（净资产收益率）和资产运营能力指标（应收账款周转率），而反映企业发展能力的指标没有选取。这种财务指标的选择方案在一定程度上使得总公司发现下属子公司存在财务危机的时候，可能已经缺乏回旋的余地，如果能够补充一些反映企业盈利能力的指标的话，可以在企业盈利能力下降，财务危机萌芽的时候便采取措施，控制财务风险。

另外，由于会计政策选择范围的扩大、会计职业判断要求的提高、盈余操纵可能性的存在等原因，会导致会计信息失真。因此，企业不仅应该注重资产负债表、损益表的会计信息，更应该考虑现金流量表的信息，在选择财务指标时加入关于现金流量的信息。因为：

（1）权责发生制基础上的资产负债表和利润表的信息具有较大的主观性。因为权责制要求企业管理人员在许多问题上必须做出个人判断，比如在会计准则允许的范围内，管理人员常常可以主观选择计算收益的方法：可决定厂房的折旧年限、预计残值；可选择计提坏账准备的比例、存货的计价方法、折旧的计提方法等，管理者还可以通过主观选择进行有利于收益项目的调整。比较而言，现金流量的计量极为明确简单，基本上不涉及对会计政策、方法的主观选择。与收益计量相比，现金流量的计量要整齐划一得多，具备较强的可比性和客观性。

（2）随着商业信用日益膨胀，企业账面的销售收入与实际现金流量相去甚远，企业的现金支付能力日益成为导致企业财务风险的最重要因素，因此有必要对企业的现金流量进行分析预测，了解企业有多少现金可以用来偿付到期债务，有多少现金可以用来发放股利或以备未来使用；判断企业是否存在因在短期内无力创造足够的现金流量而面临偿债危机和流动性危机的可能。

（3）国外大量的研究证明，在预测企业发生破产和财务危机时，经营活动现金流量是最为及时的标志，因为它比净利润和营运资金能够更早地揭示企业的颓势，在与资产流动性和偿债能力相关的市场风险方面，现金流量则比营运资金更富有解释力。

2. 关于财务风险预警评分制度问题

财务预警评分制度和财务综合评价方法一样，虽然可以了解企业的整体财务状况、企业面临的财务风险大小，但是它无法反映企业各方面财务状况之间的关系，无法回答风险由何而来，各项因素的变动如何对整体评分产生影响。因此，评分方法可以作为集团财务风险控制的手段，但对于下属单位、子公司来说是远远不够的。下属单位、子公司还应该利用杜邦分析法等工具深入了解财务风险的产生源泉，撰写财务风险报告以供总公司分析、决策。

思 考 题

1. 什么叫财务失败？简述企业财务失败的原因。
2. 什么叫筹资风险？按照风险产生的原因不同，筹资风险可分为几类？并分析它们的特点。
3. 论述财务预警指标的选择原则。

4. 简述判别分析得到的预警函数有何局限性。

5. 中港集团财务风险控制制度赋予用以财务预警的各个指标的权重着眼于短期预警还是长期预警?为什么?这种方法得出的评分结果会导致什么样的后果?中港集团财务风险控制制度哪几条弥补了这种综合得分的缺陷?

6. 中港集团财务风险控制制度规定财务风险控制的权利具体归属于什么机构?如果有具体机构,这种机构如何对预警报告主体进行控制或影响?如果没有具体机构,会造成什么样的后果?你认为应该由什么样的机构来执行?为什么?

7. 财务预警方法有哪些?单变量方法有何局限性?

8. 你认为应该如何建设财务预警机制?

9. 案例研究。

案 例 一

(一) 资料

现金流动比率 = 0.25,速动比率 = 0.9,流动比率 = 1.15,短期借款占流动负债的比重 = 0.25,长期债务与营运资金比率 = 1.4,资产负债率 = 74%,已获利息倍数 = 1.75,净资产收益率 = 3,应收账款周转率 = 2.5,对外担保占净资产的比重 = 60%。

(二) 要求

根据表 8-3 的区间表,计算 10 个指标的指标得分和预警得分,并累计预警得分判断航务工程局是否要附财务风险分析报告。

案 例 二

(一) 资料:航务工程局是中港集团公司的一个全资子公司,航务工程局财务风险控制指标区间表如下:

指标	指标值	权重	安全区	预警区	危机区
现金流动比率	0.10	20	大于 0.20	0.15~0.20	小于等于 0.15
流动比率	1.15	12	大于 1.25	1.10~1.25	小于等于 1.10
速动比率	1.11	16	大于 1	0.8~1.00	小于等于 0.8
短期借款占流动负债的比重	0.25	8	小于等于 0.24	0.24~0.31	大于 0.31
长期债务与营运资金比率	1.4	8	小于等于 1.50	1.50~3.00	大于 3.00
资产负债率(%)	73	8	小于等于 70	70~75	大于 75
已获利息倍数	3	8	大于 2.00	1.50~2.00	小于等于 1.50

续表

指标	指标值	权重	安全区	预警区	危机区
净资产收益率	2	7	大于2.50	1.60~2.50	小于等于1.60
应收账款周转率	2.5	7	大于3.00	2.00~3.00	小于等于2.00
对外担保净资产的比率（%）	60	6	小于等于50	50~70	大于70

（二）要求

根据上述资料，计算分析指标得分和预警得分并判断是否要附财务风险分析报告。